Lehrbuch

des

Gemeinen Deutschen

so wie des in der

Allgemeinen Deutschen Wechsel-Ordnung enthaltenen

Wechselrechts.

Von

Dr. Achill Renaud,

Großherzogl. Badischem Hofrathe
und
ordentlichem Professor der Rechte in Heidelberg.

Zweite vermehrte und verbesserte Auflage.

Gießen, 1857.
J. Ricker'sche Buchhandlung.

Vorwort
zur ersten Auflage.

Der Verfasser beabsichtigte ursprünglich erst nach Vollendung seines Lehrbuchs des Gemeinen Deutschen Privatrechts eine Bearbeitung des Wechselrechts, welches wie das übrige Handelsrecht von jenem Werke aus den in dessen Vorrede angedeuteten Gründen ausgeschlossen bleiben sollte, zu veröffentlichen. Nachdem aber in Folge der Auflösung der Verlags-Firma eingetretene Verhältnisse das Erscheinen des Zweiten Bandes seines Privatrechts, dessen Beendigung durch die seit der Herausgabe des ersten Theils stattgehabte zweimalige Wohnorts-Veränderung des Verfassers verzögert worden war, in Zweifel gestellt haben, wollte derselbe mit der Veröffentlichung gegenwärtiger Schrift nicht länger anstehen.

Das Erscheinen der Schrift selbst aber dürfte kaum einer Rechtfertigung bedürfen. So treffliche Arbeiten auch über die

Deutsche Wechsel-Ordnung ein Liebe, Brauer, Koch, Bluntschli u. A. geliefert haben, so hat doch das neue Wechselrecht noch keine systematische Behandlung erfahren. Der Verfasser, der eine solche Bearbeitung für ein Bedürfniß hielt, glaubte nun damit eine Darstellung der Grundsätze des Gemeinen Deutschen Rechts aus dem zweifachen Grunde verbinden zu sollen, weil dasselbe die Grundlage der Deutschen Wechsel-Ordnung bildet, und neben dieser, die noch keineswegs in allen Gebietstheilen Deutschlands eingeführt worden, eine unmittelbare practische Anwendbarkeit bewahrt hat.

Heidelberg, den 24. October 1853.

Der Verfasser.

Vorwort
zur zweiten Auflage.

Indem der Verfasser die zweite Auflage seines Lehrbuchs des Wechselrechts der Oeffentlichkeit übergiebt, sieht er sich nur zu der Bemerkung veranlaßt, daß er, ermuntert durch den Beifall, welcher seiner Schrift namentlich auf den bedeutendsten Handelsplätzen Deutschlands zu Theil geworden, vorzüglich dahin strebte, die practische Brauchbarkeit des Werks sowohl durch eine umfassende Benutzung der Jurisprudenz der A. Deutschen Wechsel-Ordnung, als auch durch eine vollständigere Zusammenstellung der Bestimmungen der Einführungs-Gesetze zu erhöhen.

Daß übrigens der der D. W. O. nachgebildete und nunmehr definitiv abgeschlossene Entwurf einer schweizerischen Wechselordnung mehr wie andere Entwürfe in seiner Schrift berücksichtigt worden, rechtfertigt sich wohl dadurch, daß derselbe demnächst die Wechselgesetzgebung einer Mehrzahl schweizerischer Cantone, welche in den lebhaftesten Handelsbeziehungen zu Deutschland stehen, bilden dürfte.

Heidelberg, den 22. August 1857.

Der Verfasser.

Inhalts-Verzeichniß.

Einleitung.

Erstes Buch.

Allgemeine Lehren.

Erstes Kapitel.

Wechselversprechen und Wechselverträge.

Seite

Zweites Kapitel.

Der Wechselbrief.

A. Das ältere Recht.

B. Das heutige Recht.

Drittes Kapitel.

Die Wechselstrenge und die Wechselfähigkeit.

A. Das ältere Recht.

B. Das heutige Recht.

Viertes Kapitel.

Die Formen zur Geltendmachung und Wahrung der wechselmäßigen Rechte: Präsentation und Protest. — Die Wechselpräjudizirung.

Zweites Buch.

Die einzelnen Wechselrechts-Institute.

Erstes Kapitel.

Der gezogene Wechsel.

A. Das ältere Recht.

B. Das heutige Recht.

I. Das Verhältniß des Wechselnehmers zum Bezogenen.

II. Das Verhältniß des Wechselnehmers zum Trassanten.

III. Das Verhältniß des Trassanten zum Trassaten.

IV. Besondere Bestimmungen, die auf einzelne eigenthümlich gestaltete Arten gezogener Wechsel Anwendung finden.

Seite

Zweites Kapitel.

Der eigene Wechsel.

Drittes Kapitel.

Das Indossament.

A. Das ältere Recht.

B. Das heutige Recht.

I. Das eigentliche Indossament.

II. Das uneigentliche Indossament.

Viertes Kapitel.

Die Wechselzahlung.

Seite

Fünftes Kapitel.

Die Intervention.

I. Die Nothadressaten.

II. Die Ehreninterventienten im engeren Sinne des Worts.

Sechstes Kapitel.

Der Aval.

Siebentes Kapitel.

Die Klagen aus dem Wechsel. — Die Wechselverjährung.

I. Die Klagen aus dem Wechsel im Allgemeinen.

II. Die einzelnen Klagen aus dem Wechsel.

A. Die Wechselklage.

Einleitung.

§. 1.

Die verschiedenen Bedeutungen des Worts Wechsel *.

Wechsel (cambium) heißt ursprünglich so viel wie Tausch [1], dann ein Tausch von Geld gegen Geld [2]. Heutzutage bezeichnet man mit dem Ausdruck Wechsel ein eigenthümliches Geschäft, welches aus dem zuletzt genannten sich entwickelt hat [3], dann aber das jenem Geschäfte zum Grunde liegende Versprechen (Wechsel-

* Sigismundi Scacciae juriscons. rom. tractatus de commerciis et cambio, edit. tertia, Genevae 1664, §. 1. Quaest. IV. No. 1 sqq.

[1] Lex Salica (Ausg. von Merkel) tit. XLVII. — Lex Bajuw. tit. XV. c. 8. — Cap. 6 X. de except. (2, 25).

[2] Thomas de Vio tract. de cambiis (1499) cap. 7 : „est contractus em-„tionis et venditionis per quandam analogiam ad cambia pertinentem; com-„mutatur enim numisma praesens cum numismate distante localiter et numisma „in hac commutatione materialiter et ut res quaedam accipitur...“ Scaccia tractat. §. 1. Quaest. V. No. 3 : „.. cambium, quod fit de pecunia praesenti „cum pecunia absenti . . .“ — Bologneser W. O. vom J. 1569 (bei Siegel corp. jur. camb. Th. I. S. 500) §. 1 : „Ein würcklicher Wechsel „ist, wenn man in der That Geld giebet, dafs selbiges an einem andern Orte, „nach Inhalt des Wechselbriefs, bezahlet werden soll. . .“

[3] Oesterr. W. O. vom 1. October 1763. Art. I : „Der Wechsel ist ein „Handel, oder eine Verkehrung des Geldes oder Geldwerths, um dasselbe in „gewisser Zeit an einem andern Ort in gedungenem Werth wiederum zu „empfangen“. Bad. Einf. Ges. der D. W. O. Art. 7 : „Als Handelsge-schäfte . . . . werden auch eigene Wechsel . . . betrachtet.“ — Frémery, études de droit commercial, p. 91.

versprechen [4]), sowie endlich auch die Urkunde (Wechselbrief), mittelst welcher dieses Versprechen gegeben wird [5].

§. 2.

Die Entstehung des Wechselinstituts *.

Die Entstehung des Wechselgeschäfts wurde im Mittelalter [1] durch ein Bedürfniß der Kaufleute veranlaßt, welches in dem geographisch beschränkten Curse der Münzen, so wie in der Seltenheit und Unsicherheit der Mittel zu entfernten Geldsendungen seinen

---

[4] Thöl, Handelsrt. II. §. 151.

[5] Biener, Abhandlungen aus dem Gebiete der Rechtsgeschichte, S. 107.

* Büsch, von dem wahren Grunde des Wechselrechts, sammt einem Beitrage zur Geschichte desselben, in dessen sämmtlichen Schriften über die Handlung, Th. VI. S. 155 f. — G. F. v. Martens, Versuch einer historischen Entwicklung des wahren Ursprungs des Wechselrechts, Göttingen 1797. 8. — Leisewitz, Abhandl. über den Ursprung des Wechsels, in v. Selchow jur. Bibl. Th. V. S. 750 f. — Frémery, études de droit commercial, ou du droit fondé par la coutume universelle des commerçans. Paris 1833. 8. p. 87 sqq. — Holtius, das Wechselrecht im 14. Jahrh. nach den Consilien des Baldus (in den Abhandlungen civilistischen und handelsrechtlichen Inhalts, übersetzt von Sutro. Utrecht 1852). — J. L. U. Dedekind, Abriß einer Geschichte der Quellen des Wechselrechts und seiner Bearbeitung in sämmtlichen Staaten Europa's. Braunschweig 1843. 8. S. 87 f. — Derselbe: Vergangenheit und Gegenwart des deutschen Wechselrechts... Braunschweig 1844. 8. S. 1 f. — Noback, über Wechsel und Wechselrecht. Berlin 1845. S. 26 f. — F. A. Biener, historische Erörterungen über den Ursprung und den Begriff des Wechsels (in dessen Abhandlungen aus dem Gebiete der Rechtsgeschichte. Leipzig 1846), S. 62 f.

[1] Mit römischen Verhältnissen, wie ältere Rechtslehrer meinten, hängt das Wechselinstitut nicht zusammen. Koch, Wechselrecht, S. 6 not. *. — Ueber die verschiedenen älteren Ansichten über den Ursprung des Wechselinstituts ist zu vergleichen: v. Martens, Versuch, S. 4 f. — Bender, Grundf. des Wechselrechts. Bd. I, S. 16 f. — Noback, über Wechsel und Wechselrecht, S. 22 f. Kheil, Wechselrecht, S. 2 f. — Gengler, Lehrb. des pract. deutsch. Privatr., S. 548 f.

Grund hatte [2]. Die Art nämlich, wie diese zwiefache Schwierigkeit bei Geldzahlungen an einen entfernten Ort überwunden wurde, war die, daß man einem Geldwechsler (campsor [3]) eine Geldsumme gab, wogegen derselbe entweder unter Ausstellung einer Urkunde (schedula cambiaria, literae cambiales, cambiariae oder cambitoriae[4]), oder ohne dieses [5] sich verpflichtete, eine bestimmte Summe [6] an dem andern Platze [7] durch einen Dritten zahlen zu lassen [8], oder selbst zu zahlen [9].

---

[2] Koch, a. a. O. S. 7. — Phillips, Grundſ. des G. D. Privatrechts, §. 288. — Mittermaier, Grundſ. des G. D. Privatrechts, §. 319. — S. auch Frémery a. a. O. p. 88.

[3] v. Martens, a. a. O. S. 21 f. — Daniels, Grundſ. des Wechſelr. S. 5 f. — Koch, a. a. O. S. 6. — Kheil, a. a. O. S. 17 f. — Stadtrecht von Straßburg. Art. LXIV. (b. Gaupp, Stadtrechte I, S. 65). — Die campsores scheinen auch in Deutschland ursprünglich Lombarden gewesen zu sein. — Dedekind, Abriß einer Geschichte der Quellen des Wechselrechts. S. 87 und 88. — Noback, über Wechsel und Wechselrecht. S. 33. — Ueber Frankreich ſ. Frémery, études, p. 14 sqq.

[4] „Cambium per litteras" (Scaccia, tractat. §. 1. Quaest. V. No. 3).

[5] Handelsprivileg. Johannes v. Brabant für die Hanse v. J. 1315 (bei Willebrandt, Hanseat. Chronik, Abth. III, S. 19) : „Item „volumus et concedimus eisdem mercatoribus, quod possint cambiare et cam„bia facere cum quibuscunque, et solutiones facere ac recipere unus cum alio „cum litteris vel sine litteris, prout sibi visum fuerit expedire." Das cambium sine litteris wurde cambium da buono a buono genannt. — Biener, Abhandl. S. 73.

[6] Nicht nothwendig dieselbe, die gegeben worden. Scaccia, tractat. §. 1. Quaest. VII. Par. I. No. 43 sqq. und Ampl. VI.

[7] Zum ursprünglichen Geschäfte der Wechsler, dem cambium manuale oder minutum (Daniels, a. a. O. S. 4, Biener, a. a. O. S. 67, Noback, a. a. O. S. 30) kam also ein anderes hinzu. Scaccia, tractat. §. 1. Quaest. IV. No. 14 : „ . . . in cambio saltem reali et vero, quod fit ratione loci, et per „litteras, necesse est, ut commutetur pecunia unius loci pro pecunia alterius „loci". v. Martens a. a. O. S. 31. Frémery, études, p. 89.

[8] Der Auftrag, der hier nöthig ward, wurde an einen socius des Wechslers gerichtet. — Ueber die Innungen der campsores vergl. v. Martens, a. a. O. S. 25 f. Mittermaier, Grundſ. §. 319.

[9] Biener, a. a. O. S. 118. — Dieß war der Fall, wenn der Aussteller die Aussicht hatte, persönlich zur Zahlungszeit am Zahlungsorte, so z. B. zur

In dieser Gestalt bot aber das Wechselgeschäft (contractus cambii [10]), welches als bloßer Geldtausch de loco in locum erschien [11], keine juristische Eigenthümlichkeit dar, und namentlich lag eine solche nicht in dem strengen Verfahren, welches im Falle der nicht rechtzeitigen Zahlung der Wechselsumme gegen den Schuldner Statt hatte [12].

Als ein eigenthümliches Rechtsinstitut gestaltete sich vielmehr der Wechsel erst spät [13], wie sich die Ansicht festgestellt hatte, daß Wechselverträge ohne Wechselbrief nicht möglich [14],

---

Messe, zu sein. Biener, a. a. O. S. 68. — S. auch v. Martens, a. a. O. S. 28. — Das Versprechen hinderte jedoch nicht, am dritten Orte durch einen Mandatar zu zahlen. — Biener, a. a. O. S. 92.

[10] Ordonn. Carl's VI. v. Frankreich v. J. 1385 bei v. Martens, a. a. O., S. 39 Not.

[11] S. oben §. 1, Not. 2 und Biener, a. a. O. S. 91 f.

[12] Denn dieses Verfahren fand für alle Handels- oder Meßschulden Statt (Biener, a. a. O. S. 78 und Noback S. 31), und erklärt sich theils aus dem Umstande, daß die Gerichtsbarkeit in Handelssachen durch die Innungen der Kaufleute ausgeübt wurde (v. Martens, a. a. O. S. 50 f., Biener, a. a. O. S. 77), theils daher, daß auf den Messen die Contracte der Kaufleute unter öffentlicher Auctorität (sous scel de foire) abgeschlossen zu werden pflegten (v. Martens, a. a. O. S. 18 a. E. u. f. u. S. 31; Schäffner, franz. Rechtsgesch. III. S. 285), und daß die Scheine der campsores öffentlichen Urkunden gleichgeachtet wurden. — Noback, S. 31.

[13] S. auch Holtius, a. a. O. S. 171 f., S. 177 f. und das. S. 184 f. die Auffassung von Baldus über Wechsel, aus welcher hervorgeht, daß zu dessen Zeit der Wechsel noch nicht als eigenthümliches Rechtsgeschäft bestand; ferner S. 196 u. S. 203.

[14] Die ältesten deutschen Gesetze, welche sich auf die Wechselverhältnisse beziehen, setzen alle einen Wechselbrief voraus. Churfürstl. Sächs. Leipzig. Markt-Rescript v. J. 1621 (bei Siegel, corp. jur. camb. I. p. 61). (In Italien erkannte jedoch noch im Jahr 1618 Scaccia, tract. de commerc. et cambio, §. 1. Quaest. V. No. 10, Wechsel ohne Schrift an; — „potest fieri „(cambium) etiam sine litteris, quando fides haberetur mercatori sine litteris, „seu fieret per nuntium . . . . “ S. auch Frémery, étud. p. 98. —). Das Verfahren per paratam executionem war nunmehr, auch nachdem die eigene Procedur in Handelssachen außer Gebrauch gekommen, und Wechselgeschäfte von Nichtkaufleuten eingegangen wurden, dadurch begründet, daß die Wechselschuld in Folge des Wechselbriefes eine unleugbare war. Eichhorn, Rechtsg. §. 574 (IV. S. 468). — Mein Lehrb. des G. deutsch. Privatrechts, §. 78. — Ueber den Wechselarrest s. jedoch dies. Lehrb. §. 19.

wie ferner die Geltendmachung der Rechte aus dem Wechsel durch besondere Förmlichkeiten, wie Präsentation und Protest, bedingt worden war, und endlich hiermit im Zusammenhange das Interesse des kaufmännischen Credits die Ausschließung der exceptio non numeratae pecuniae nach sich gezogen hatte [15], so daß die Wechselverträge nunmehr als rein formelle Verträge erschienen [16].

§. 3.

Das Wechselrecht im Allgemeinen.

Das Wechselgeschäft bedurfte, so lange es ein bloßer Geldtausch de loco in locum war, an sich besonderer Rechtsnormen nicht. Doch setzten sich schon früh im Interesse des kaufmännischen Verkehrs einzelne eigenthümliche Bestimmungen für dasselbe auf dem Wege des Handelsgebrauchs fest [1]. — Dieser Handelsgebrauch

[15] Leipzig. Handelsgerichts-Ordn. v. J. 1682. Art. XI. (bei Siegel, corp. jur. camb. I. S. 104) : »Allermassen ferner die exceptio non numeratae pecuniae wider einen Wechselbrief, ungeachtet die Valuta nicht »darinnen begriffen, nicht zulässlich, also ist auch darauf, wenn aus einem »Wechsel-Briefe geklaget wird, nicht zu sehen, es wäre denn, dass durch »des Creditoris eigenhändigen Schein oder Verschreibung alsobald dargethan »werden könnte, dass der Ausgeber des Wechsel-Briefs von demselben nichts »empfangen.« Doch behauptet noch Scaccia tract. §. II. Glos. 8 die Statthaftigkeit der exceptio non numeratae pecuniae. — Ueber die Ausschließung der exc. n. n. pec. auf Seiten des Acceptanten, s. dies. Lehrb. §. 30 zu Note 7.

[16] W. O. von Bergamo v. J. 1591, §. 10 (bei v. Martens, Anhang, S. 33) : »Alle dette Lettere di cambio reale, che ritornassero indietro ricu»sate, col protesto, non si possa opponere eccezione alcuna, salvo o che la »Lettera non sia scritta ovvero sottoscritta di mano di chi vi è nominato per »scrivente, ovvero sottoscrivente, o di suo institore, o veramente ch'ella sia »stata pagata.«

[1] So bemerkt schon Baldus (geb. um 1327) in seinen Consilia, daß »secundum consuetudinem mercantiae« auf Verlangen secundae et tertiae ausgefertigt werden müßten (Biener, Abh. S. 94); — so war bereits im 14. Jahrh. der Uso zwischen Florenz und einer Mehrzahl von andern

(consuetudo mercantiae, stylus mercantilis) aber war es, der, indem er die Formen [2] und Arten des Wechsels [3], die Solennien für die Ausübung der Rechte aus demselben [4], sowie die Verpflichtungen des Wechselschuldners [5] und die Rechte des Wechselgläubigers [6] in eigenthümlicher Weise feststellte, das Wechselinstitut und das dasselbe beherrschende Recht als ein selbstständiges schuf und fortbildete [7].

Das Wechselrecht war demnach ursprünglich lediglich ungeschriebenes Recht, und zwar ein solches, welches bei dem Umstande, daß dessen Entstehung vorzüglich durch die Handelsleute vermittelt worden [8], daß deren Ansichten und Gebräuche aber in

---

Handelsplätzen durch den Handelsgebrauch festgestellt. Siehe die Auszüge aus Francesco Balducci Pegolotti pratica della mercatura vom Anfange des 14. Jahrh. bei v. Martens, Versuch, Anh. S. 2 f.

[2] Leipzig. W. O. v. J. 1682. §. III. (bei Siegel, corp. jur. camb. I. S. 5): „So viel nun die Form und Art der Wechselbriefe betrifft, dieweil „selbige unter Handelsleuten genugsam bekannt und eingeführt, „so hat es damit auch forthin sein Bewenden . . “

[3] Reichsgutachten v. 31. Juni 1668: „ . . . nach der bekannten „Handelsregel: Qui acceptat, solvat . . “

[4] Ordonn. Ludwigs XI. v. J. 1462 (Ord. XV. 644) Art. 8: „ . . . „en faisant aucune protestation, ainsi que ont accoustumé faire mar„chands fréquentans foire, tant à nostre royaume que ailleurs . . “

[5] Antwerp. W. O. v. J. 1578. §. 2 (b. Siegel I. S. 409): der Trassant ist im Falle der Nichtacceptation „nach Börsengebrauch“ zur Bürgschafts-Stellung verpflichtet.

[6] Erneuerte W. O. der Stadt Frankfurt a. M. v. J. 1666 (bei Siegel I, S. 384) §. XII: — der Präsentant soll „wie bishero allhie üblich gewesen“ nach dem Verfalltage des Wechsels noch 4 Discretionstage haben.

[7] Leipz. W. O. v. J. 1682 (b. Siegel I. S. 18) §. XI: — bei der vielfältigen Girirung, die anderswo verboten, soll es sein Verbleiben haben, „dieweil . . . selbige sowohl hier als anderer Orten in starkem Brauch ist . . . “

[8] Die Ansichten und Gebräuche der Handelsleute, welche dieselben als Mitglieder von Handelsgerichten, ferner in Parere's nnd schriftstellerischen Arbeiten zur Geltung zu bringen wußten, bildeten die Grundlage, aus welcher sich das Wechselrecht als Gewohnheitsrecht entwickelte. In diesem Sinne wurde das

den verschiedenen Plätzen und Ländern wesentlich übereinstimmten [9], in höherem Maße als andere Theile des Privatrechts den Character der Allgemeinheit an sich trug.

Doch wurde das Wechselrecht seit dem 16. Jahrhundert [10] allmählig für einzelne Handelsplätze in authentischer Weise aufgezeichnet [11], womit denn, da die Gesetzgebung hierbei vielfach in selbstständiger Weise einzelne Seiten des Wechselinstituts ordnete, ein weiteres Auseinandergehen des Wechselrechts in seinen localen Gestaltungen herbeigeführt ward [12].

Wechselrecht durch den Handelsgebrauch geschaffen und fortgebildet. Die Handelsleute wirkten hier auf die Rechtsbildung in ähnlicher Weise wie sonst die Juristen ein (Mein Lehrb. des G. D. Privatr. I. S. 89), welche letztern übrigens auch auf die Gestaltung des Wechselrechts nicht ohne Einfluß blieben. Ueberdieß erlangten die Handelsleute vielfach die ausdrückliche Anerkennung ihrer Gebräuche durch die Staatsgewalt. — Frémery, étud. p. 88 und 89. — Mit der bezeichneten Bedeutung des Handelsgebrauchs ist die andere nicht zu verwechseln, nach welcher es das Erkenntnißzeichen des ungeschriebenen Wechselrechts ist. Mein Lehrb. des G. D. Privatr. §. 28.

[9] S. oben Note 4. — Frémery, étud. p. 13. — — Bender, Wechselr. I. S. 93 f. — Gaupp, deutsche Stadtrechte des Mittelalters, Bd. II. S. 20, Nro. 7.

[10] Vor dieser Zeit wurde nur Einzelnes aus dem Wechselrechte einzelner Plätze aufgezeichnet. — Daniels, Wechselr. S. 20 und 21. (Ueber das statutum Avenionense vom J. 1243 f. Mittermaier, Grundf. §. 319, Note 21.) — Im 15. Jahrh. wurden bereits einzelne Wechselgesetze erlassen; so z. B. die Ord. Ludwigs XI. von Frankreich v. J. 1462. S. auch Schäffner, Gesch. der Rechtsverfassung Frankreichs, Bd. III. S. 285 f.

[11] Die ältesten bekannten W. O. sind: die von Bologna v. J. 1569 (bei Siegel, corp. jur. camb. I. p. 499 sqq.), — die Rechten en Costumen van Antwerpen van Wisselen v. J. 1578 (bei Siegel I. p. 408 f.), die W. O. von Genua v. J. 1589 (ein Inbegriff wechselrechtlicher Bestimmungen, welche in den „statutorum civilium reipublicae Genuensis nuper reformatorum libri VI“ enthalten sind; s. v. Martens, Anhang. S. 40 f.), „die Willekeuren der Stadt Amsterdam van Wisselen vom J. 1601—1683 (bei Siegel I. p. 481 sqq.), das Hamburger Stadtbuch v. J. 1603, Buch II. Tit. 7 „von Wechseln und Wechselbriefen“, — die Nürnberger W. O. v. J. 1621 u. a. m. — S. Dedekind, Abriß einer Geschichte der Quellen des Wechselrechts, S. 92.

[12] Dedekind, a. a. O. S. 92. — Noback, über Wechsel und Wechselr.

§. 4.

Das deutsche Wechselrecht. — Das gemeine und das particuläre Recht.

Das deutsche Wechselrecht ist theils gemeines, theils particuläres Recht.

1. Das gemeine deutsche Wechselrecht [1] beruht im Wesentlichen auf gemeinen deutschen Gewohnheiten, welche nicht in authentischer Weise gesammelt und niedergeschrieben worden sind [2]. Daneben erscheinen als Quellen desselben die Reichsgesetze [3] und die Praxis der obersten Reichsgerichte [4]. Von der practischen Anwendbarkeit des gemei-

---

S. 28. — Ditscheiner, das allgem. deutsche und neue österr. Wechselrecht, S. 15.

[1] Die Frage, ob es ein gemeines deutsches Wechselrecht giebt, ist bestritten. Verneint wird dieselbe vorzüglich aus dem Grunde, weil der Personalarrest das Characteristische der Wechselschuld bilde, derselbe aber nur auf particulärer Gesetzgebung beruhe (Eichhorn, Einl. §. 127); — doch fällt, abgesehen davon, daß die letztere Behauptung unrichtig ist (dies. Lehrb. §. 19), dieser Grund mit der richtigen Erkenntniß des Wesens der Wechselschuld hinweg. — Vergl. über die verschiedenen Ansichten: Dedekind, Abriß, S. 139 f. — Auf einer Verwechslung der Begriffe allgemeines und gemeines Recht beruhen die Ausführungen bei Daniels, Grunds. S. 36 f.

[2] Das Vorhandensein solcher gemeiner deutscher Gewohnheiten läßt sich nicht in Abrede stellen. Gemeines deutsches Gewohnheitsrecht ist es z. B., daß das Wort „Wechsel" in der Wechselurkunde wesentlich, die Zahl der Indossamente unbeschränkt ist, daß der Wechsel nicht de loco in locum zu gehen braucht, u. a. m. — Dieß gegen Treitschke, Encyc. I. S. 337. — Eine Verordnung vom 2. Januar 1728 erkannte das gemeine Wechselrecht für Hessen-Darmstadt an, während das Großh. Hess. Einf. G. der D. W. O. §. 26 dasselbe in den Provinzen Starkenburg und Oberhessen wieder außer Kraft setzte. — S. auch Platner im Arch. f. d. W. IV. S. 60.

[3] I. R. A. §. 107. — Der Reichsschluß v. 1671, §. 5, welchem Reichsgutachten von den J. 1668 und 1669 vorhergiengen (Thöl, Handelsr. II. S. 8 Not.), wurde nicht publicirt. S. Dedekind, Abriß, S. 138 f.

[4] Eichhorn, Einl. §. 127, Note g.

nen deutschen Wechselrechts aber gilt das Nämliche, was von derjenigen des gemeinen deutschen Privatrechts überhaupt [5].

2. Das particuläre deutsche Wechselrecht ist im Wesentlichen gesetzliches Recht; dem Umfange seiner Geltung nach aber ist dasselbe das Recht einzelner Handelsplätze (Platzrecht) oder Provinzen oder Staaten [6].

§. 5.

Fortsetzung. Die allgemeine deutsche W. O.

Die große Zahl der particulären Wechselrechte und das Auseinandergehen derselben sowohl in den Grundprincipien als auch in den einzelnen Bestimmungen, wodurch das Wechselinstitut, seinem eigentlichen Zwecke entgegen, für den internationalen Verkehr beinahe untauglich geworden war [1], rief das Bedürfniß nach einem gemeinsamen Wechselrechte, und zwar zunächst für die Zollvereinsstaaten, hervor [2]. Durch die auf verschiedenen Zollconferenzen deß-

---

[5] Mein Lehrb. des G. D. Privatr. §. 5. — Anders Thöl, II. S. 6 und §. 152, welcher nur eine gemeinrechtliche Theorie des Wechselinstituts, das Wechselversprechen selbst aber nicht als ein Institut des gemeinen Rechts anerkennt. Hiergegen spricht aber der Umstand, daß auch in deutschen Ländern ohne Wechselgesetzgebung (dies. Lehrb. §. 6) die Praxis das Wechselversprechen mit der ihm eigenthümlichen sog. materiellen Wechselstrenge anerkennt. — Thöl, §. 152, Note 3. — S. auch Mittermaier, Grunds. §. 320. VI. — Treitschke, Encyc. II. S. 751 f., der jedoch ohne zureichenden Grund das eigene Wechselversprechen hier ausschließt.

[6] Eine Uebersicht der particulären deutschen Wechselrechte, die heute noch gelten, oder doch bis zur Einführung der D. W. O. gegolten haben, giebt Dedekind, Abriß, S. 93—133. — Diese Wechselrechte, 56 an der Zahl (Noback, über Wechsel und Wechselrecht, S. 39, die allg. D. W. O. mit Einleit. und Erläuter., Leipz. 1848, S. XV und XVI), sind abgedruckt in J. K. Meißner, Coder der europäischen Wechselrechte, Bd. I. Nürnberg 1836. — Die Entwürfe projectirter neuer particulärer W. O. sind verzeichnet bei Dedekind, Abriß, S. 133—137.

[1] Brauer, die allgem. D. W. O., 2. Aufl. S. 2. — Koch, Wechselr. S. 1.

[2] Mittermaier, über den Zustand der Gesetzgebung für das Wechselr., über die an den Gesetzgeber in dieser Beziehung zu stellenden Forderungen und

halb stattgehabten Verhandlungen veranlaßt [3], berief Preußen mittelst Denkschrift vom 31. August 1847 [4] die Regierungen sämmtlicher deutschen Bundesstaaten auf den 20. October d. J. zu einer Conferenz nach Leipzig, deren bis zum 9. December 1847 auf die Grundlage eines von Preußen ausgearbeiteten Entwurfs [5] gepflogene Berathungen einen Entwurf einer allgemeinen deutschen Wechselordnung ergaben [6]. Dieser Entwurf wurde nun durch Beschluß der inzwischen zusammengetretenen Reichsversammlung vom 24. November 1848 unverändert als Reichsgesetz angenommen [7], und als solches durch den Reichsverweser unterm 26. November d. J. verkündet.

Bezweckte nun die Reichswechselordnung die Aufstellung eines gemeinen sowohl als auch eines allgemeinen [8] deutschen

---

über das Bedürfniß einer gleichförmigen Wechselgesetzgebung für die Staaten des deutschen Zollvereins, im Archiv für die civilistische Praxis, Bd. XXV, S. 114 f.

[3] Brauer, a. a. O. S. 2—6.

[4] S. deren Inhalt in der D. W. O. mit Einleit. und Erläut. Leipz. 1848. S. XII f. Not.

[5] Brauer, a. a. O. S. 5, 6 und 8.

[6] Ausgabe: Protocolle der zur Berathung einer Allgem. D. W. O. in der Zeit vom 20. October bis zum 9. December 1847 in Leipzig abgehaltenen Conferenz, nebst dem Entwurfe einer W. O. für die Preussischen Staaten, den Motiven zu demselben, und dem aus den Beschlüssen der Conferenz hervorgegangenen Entwurfe, Leipzig b. Hirschfeld, 1848. 4. — Sowohl die Berathungen der Leipz. Conferenz als auch die Preuss. Motive sollen im Folgenden nach dieser Ausgabe citirt werden. — Eine andere Ausgabe der Leipz. Protocolle ist in Mannheim 1848 erschienen.

[7] Brauer, a. a. O. S. 9 f. — Ueber die Auslegung der D. W. O. s. Brauer, im Arch. f. deutsch. Wechselr. Bd. III. S. 160 f.

[8] Einführungsgesetz, Art. 1: „Die nachstehende allgemeine deutsche „Wechselordnung tritt mit dem 1. Mai 1849 in dem deutschen Reiche in Ge„setzeskraft.“ — Art. 2: „Die zur Ausführung dieser Wechselordnung in den „Einzelstaaten etwa erforderlichen, von diesen zu erlassenden Bestimmungen „dürfen keine Abänderungen derselben enthalten.“ — Mit Grund ist darauf aufmerksam gemacht worden, daß eine Rechtseinheit ohne

Wechselrechts, so ist das darin enthaltene Recht in Wirklichkeit weder ein gemeines [9], noch ein allgemeines. Vielmehr gilt dasselbe nur als das particuläre Recht der Mehrzahl der deutschen Staaten, nämlich derjenigen, in welchen die Reichswechselordnung auf dem Wege der Landesgesetzgebung angenommen worden ist [10].

Diese Staaten sind [11]: Sachsen-Meiningen [12], Nas-

ein oberstes Reichsgericht nicht zu erreichen war. Mittermaier, im Arch. f. civil. Prax. B. XXXII. 1. S. 124; Brauer, im Arch. f. deutsch. Wechselr. Bd. III. S. 160 f.

[9] S. den Bescheid des O. A. G. in Cassel vom 14. September 1850 (wörtlich mitgetheilt im Archiv f. deutsch. Wechselrecht, Bd. I. S. 421 f. und dazu Fick, a. a. O., S. 426 f.; im Auszuge in Seuffert, Archiv, Bd. IV, Nr. 1). — Walter, System des gemeinen deutschen Privatrechts, §. 330. — Dagegen Beseler, System, §. 232. Not. 6, der aber doch zugiebt, daß die D. W. O. nicht als gemeinrechtliche Quelle im strengsten Sinne des Worts aufgefaßt werden könne!

[10] Nicht aber derjenigen, in denen die D. W. O. blos durch Einrücken in's Gesetzesblatt zur öffentlichen Kenntniß gebracht worden ist. — Ueber die Erfolge der D. W. O. s. Borchardt im Arch. f. deutsch. Wechselrecht, Bd. II. S. 25 f.

[11] Sammlungen der in den betreffenden Staaten erlassenen Einführungs- und Wechselproceßgesetze sind erschienen unter dem Titel: Allgemeine deutsche Wechselordnung nebst sämmtlichen Ein- und Ausführungsgesetzen, Verordnungen, Zusatzartikeln &c. aller der Staaten, wo solche erschienen . . . ., so wie den neuen Gesetzen über Wechselprozeß, kaufmännische Anweisungen u. s. w., Lützen 1849. — Taschenbuch der Handelsgesetzgebung Deutschlands, Heft 2; Leipzig bei Otto Spanner, 1850. — Am vollständigsten abgedruckt sind die Einführungsgesetze im Anhange der 2. Aufl. von Brauer, die Allg. D. W. O., Erlangen 1851; S. 157 f.; — ferner bei Kalessa, Handbuch des österreich. und gesammten deutschen Wechselr. Wien 1852. S. 205 f., u. Kletke, die Wechselgesetzgebung sämmtlicher deutschen Staaten, enthaltend die Allg. D. W. O. nebst den Einführungsgesetzen, den bezüglichen Verordnungen über den Wechselproceß, den Entscheidungen der höchsten Gerichtshöfe und sonstigen Erläuterungen und Ergänzungen aus älteren noch in Kraft bestehenden Gesetzen oder Verordnungen. Berlin 1854. — Eine Zusammenstellung der verschiedenen Bestimmungen der Einführungs-Ordnungen zu den einzelnen Artikeln der W. O. hat gegeben Borchardt im Arch. f. deutsch. Wechselr. Bd. I. S. 63 u. f. und S. 331 f.; ferner in seiner Allg. D. W. O., 2 Aufl. Berlin 1851.

[12] Gesetz vom 22. April 1848.

sau [13], Preußen [14], Braunschweig [15], Reuß-Schleiz [16], Baden [17], Hamburg [18], Frankfurt [19], Oldenburg [20], Hannover [21], Holstein [22], K. Sachsen [23], Coburg-Gotha [24],

---

[13] Gesetz vom 25. October, publ. 7. November 1848, die provisorische Einführung der zu Leipzig vereinbarten W. O., so wie eine Wechselproceßordnung betreffend.

[14] Gesetz vom 6. Januar 1849. — S. Gelpke, Beitr. zur Kenntniß des Handels- und Wechselrechts, Heft 2. Berlin 1849 (die Allgem. D. W. O., ihre Bedeutung für Preußen, ihr Einfluß auf Deutschland). Derselbe im Arch. f. deutsch. Wechselrecht, Bd. I. S. 446 f.

[15] Patent vom 11. Januar 1849, die Einführung der Allgemeinen Wechselordnung für ganz Deutschland und eines Wechselproceßgesetzes betreffend.

[16] Höchste Verordnung vom 15. Januar 1849, die Einführung der Allgem. W. O. für Deutschland betreffend.

[17] Gesetz vom 19. Februar 1849, die Einführung einer Allgem. W. O. für Deutschland betreffend. — S. auch Zentner im Arch. f. deutsch. Wechselrecht. Bd. I. S. 216 f.

[18] Verordnung in Bezug auf die Einführung der Allgem. D. W. O. in Hamburg. Beliebt durch den Rath- und Bürgerschluß vom 21. Februar 1849. Auf Befehl eines Hochedlen Raths . . . publicirt den 5. März 1849.

[19] Einführungsgesetz zu der Allgem. D. W. O. vom 10/27. März 1849.

[20] Gesetz betreffend die Einführung der W. O. vom 31. März 1849 (mit Zusatzartikeln [Art. 101—132], welche von Art. 103 an das gerichtliche Verfahren in Wechselsachen betreffen).

[21] Gesetz vom 7. April 1849, die Einführung der Allgem. D. W. O. betreffend. S. auch v. Düring im Arch. f. deutsch. Wechselrecht, B. IV. S. 216 f.

[22] Gesetz vom 10. April 1849 für Schleswig und Holstein (erlassen durch die von der Centralgewalt Deutschlands für die Herzogthümer eingesetzte Statthalterschaft). Durch Dänische Bekanntmachung vom 23. Juni 1851 wurde jedoch dieses Gesetz und hiermit die D. W. O. für Schleswig aufgehoben. Nickels im Arch. f. deutsch. Wechselrecht, Bd. II. S. 453 f.

[23] Gesetz vom 25. April 1849, die Einführung der Allgem. D. W. O. betr. — Gesetz über den Schuldarrest und den Wechselproceß vom 7. Juni 1849. — S. auch Du Chesne im Arch. f. deutsches Wechselr. Bd. I. S. 227 f. und S. 356 f.

[24] Ausführungsgesetz, die Allgem. W. O. für Deutschland betr. v. 25. April 1849, für Gotha. — Gesetz vom 27. Juni 1849 für Coburg (§. 6—24 betr. den Wechselproceß).

Bremen [25], Lübeck [26], Mecklenburg-Schwerin [27], Mecklenburg-Strelitz [28], Würtemberg [29], Waldeck [30], Hessen-Darmstadt [31], Lippe-Detmold [32], Weimar-Eisenach [33], Oesterreich [34] und Bayern [35].

---

[25] Verordnung, die Einführung der Allgem. D. W. O. betr., vom 23. April 1849, publicirt den 25. April; — (enthält auch Bestimmungen über den Wechselproceß).

[26] Gesetz, die Anwendung der Allgem. D. W. O. im Freistaate Lübeck betreffend, vom 28. April 1849. — Gesetz vom 28. April 1849 über den Wechselarrest.

[27] Verordnung, betreffend die Ausführung der Allgem. D. W. O. vom 28. April 1849.

[28] Verordnung, betreffend die Ausführung der Allgem. D. W. O. vom 28. April 1849.

[29] Gesetz in Betreff der Einführung der Allgem. D. W. O. im Königreiche, vom 6. Mai 1849. — J. Heß, im Arch. f. deutsch. Wechselr. Bd. II. S. 102 f.; s. auch S. 123 f.

[30] Einführungsgesetz zur Allgem. D. W. O. vom 30. Mai 1849. — Wechselproceß-Ordn. vom 30. Mai 1849.

[31] Gesetz, die Ausführung der Allgem. D. W. O. im Großherzogthum betr., vom 4. Juni 1849. — Gesetz, das Wechselverfahren in den Provinzen Starkenburg und Oberhessen betr., vom 4. Juni 1849.

[32] Einführungs-Bestimmungen zu der Allgem. D. W. O. vom 5. Juli 1849. — Wechselproceßgesetz vom 5. Juli 1849.

[33] Gesetz über die Ausführung der Allgem. D. W. O. vom 13. Juli 1849.

[34] Jedoch mit einigen unwesentlichen Abänderungen. — Kaiserliches Decret vom 25. Januar 1850, wodurch für den Umfang des österreichischen Kaiserthums eine Allgem. W. O. erlassen, kundgemacht und vom 1. Mai 1850 angefangen, in Wirksamkeit gesetzt wird. — Verordnung des K. K. Justizministeriums vom 25. Januar 1850, giltig für jene Kronländer, in welchen das allg. bürgerl. Gesetzbuch in Wirksamkeit ist, mit Ausnahme des lombardisch-venetianischen Königreichs und der Militärgränze, womit die von Sr. Majestät sanctionirte provisorische Vorschrift über das Verfahren in Wechselsachen kundgemacht wird. — Verordnung des K. K. Justizministeriums vom 25. Januar 1850, wirksam für die Kronländer Ungarn, Croatien und Slavonien, die Woiwodschaft Serbien und das Temeser Banat (gleichen Betreffs wie die vorige). S. auch Blaschke, im Arch. f. deutsch. Wechselrecht, Bd. I. S. 476 f.; Bd. II. S. 212 f.; Bd. III. S. 234 f. und Ditscheiner, das allgem. deutsche und neue österr. Wechselrecht, S. 41 f.

[35] Einführungsgesetz vom 25. Juli 1850. — S. auch Petersen im Arch. f. deutsch. Wechselr., Bd. I. S. 336 f.

Die in den genannten Staaten bisher geltenden Wechselrechte sind daselbst durch die Einführung der D. W. O. aufgehoben worden [36], insoferne als diese selbst nicht auf dieselben verweist [37], oder nicht durch die Einführungsgesetze die fortdauernde Geltung einzelner Bestimmungen [38] oder auch des gesammten frühern der D. W. O. nicht entgegenstehenden Rechts [39] vorbehalten ist, so wie endlich

[36] Durch die meisten Einführungsgesetze ausdrücklich: Einf. Ges. f. Meiningen Art. 4; Preußen §. 1; Braunschw. §. 1; Baden Art. 2; Hamburg §. 1; Frankfurt §. 1; Holstein §. 1; Bremen Eing.; — Lübeck Art. 2; Mecklenb. §. 5; Würtemb. Art. 1; Großh. Hessen §. 26; Sachsen-Weimar §. 5; Oesterreich §. 5 u. 6; Bayern Art. 1.

[37] D. W. O. Art. 2 a. E.; A. 18, A. 35, A. 98. — S. auch Gengler, deutsch. Privatr. S. 565, Not. 30.

[38] K. Sächs. Einf. Ges. §. 10: „Doch bewendet es ferner bei der in „dem Decisivbefehle vom 4. Sept. 1669. §. 3, der Leipz. W. O. §. XXXIV „u. der erläuterten Processordnung ad tit. XLI, §. 1 a. E. zum Vortheile „der Waarencommissionäre enthaltenen Bestimmung. — Grofsh. Hessen §. 14: „Der Art. 176 des rheinhess. Handelsgesetzb. bleibt soweit in Kraft, als er „hinsichtlich der von den Notarien oder Gerichtsboten zu führenden Register „das Versehen mit Seitenzahlen u. das Paragraphiren, so wie die Beobachtung „der für die Repertorien bestimmten Formen vorschreibt.“ Oesterr. §. 7: „Ebenso treten von diesem Tage an in denjenigen Kronländern, in welchen „das ungar. Wechselrecht vom J. 1840 in Wirksamkeit ist, das in dem ersten „Theile des XV. ungarisch. Gesetzartik. vom J. 1840 enthaltene Wechselrecht „u. die auf diesen ersten Theil bezüglichen Bestimmungen des VI. ungarisch. „Gesetzartik. vom J. 1844 mit Ausnahme der in den §§. 39. 40. 54. 55. 56. „57. 97. 109. 112. 135 u. 193—200 des I. Theils des XV. Gesetzartik. vom „J. 1840 u. der §§. 2 u. 28 des VI. Gesetzartik. vom J. 1844 enthaltenen „Vorschriften, welche hiermit ausdrücklich aufrecht erhalten werden, ausser „Kraft.“ Bayer. Einf. G. Art. 2: „Personen, gegen welche der Wech- „selarrest in Gemässheit der in den einzelnen Landestheilen dermalen beste- „henden Vorschriften über Wechselfähigkeit u. Wechselarrest nicht Platz „greifen würde, können auch nach dem im Art. 1 eingeführten Zeitpunkte „dem Wechselarrest nicht unterworfen werden.“

[39] Reuß-Schleiz §. 1: „Durch die Allg. D. W. O. sind alle davon ab- „weichenden Vorschriften des hiesigen Wechselmandats vom 6. Febr. 1717, „welche in die Materie des Wechselrechts gehören, für aufgehoben zu achten.“ Gotha §. 11: „Alle landesgesetzlichen Bestimmungen über Wechselrecht „u. Wechselprocess, welche dem Inhalte der Allg. W. O. entgegenstehen, „sind . . . aufgehoben.“

dadurch der in den betreffenden Gebieten beſtehende Wechſelproceß keineswegs außer Kraft geſetzt worden [40].

Eine Nachbildung der D. W. O. aber iſt der nunmehr definitiv abgeſchloſſene Entwurf einer ſchweizeriſchen W. O. [41].

§. 6.

Fortſetzung. — Die außer der Allgemeinen D. W. O. in Deutſchland geltenden Wechſelordnungen. — Die deutſchen Staaten ohne Wechſelordnungen.

Außer der Allgemeinen D. W. O. gelten in den einzelnen deutſchen Staaten, Gebietstheilen und Plätzen noch folgende Wechſelordnungen [1]: Die Däniſch-Norwegiſche Wechſelordnung (auch Kopenhagener W. O. genannt) vom 16. April 1681 [2] und das am 23. Juni 1683 publicirte Danske Low [3] in Friedrichsſtadt [4]; die Leipziger W. O. vom 2. Oct. 1682 [5] in

---

[40] Gengler, deutſch. Privatr. S. 564. Wohl aber durch die Einführung anderer Wechſelproceßgeſetze, welche in mehreren deutſchen Staaten zugleich mit derjenigen der W. O. Statt gefunden. Dieſ. Lehrb. §. 78.

[41] V. Meine Kritik des Entw. einer ſchweizer. W. O., Erlangen 1855; ferner Meine Anzeige in der krit. Ueberſchau. Bd. IV. S. 353 f., und Burkhardt-Fürſtenberger, Entw. einer ſchweiz. W. O. mit Motiven, Zürich 1857.

[1] S. auch §. 5 Not. 38 u. 39.

[2] Abgedruckt bei Siegel, corp. jur. camb. I. S. 333 f. und Meißner, Codex der europäiſchen Wechſelrechte, Bd. I. S. 561 f. — S. auch Dedekind, Abriß, S. 115.

[3] Enthält eine W. O. im Buch V, Kap. XIV, Art. 8—28 (abgedruckt bei Siegel a. a. O. S. 329 f. und Meißner a. a. O. S. 558 f.).

[4] Dieſ. Lehrb. §. 5, Note 22. — Doch iſt das Verhältniß, in welchem beide W. O. zu einander ſtehen, beſtritten. — S. D. Voß, die in der Stadt Altona geltende Däniſch-Norweg. W. O. vom J. 1681 u. ſ. w., Altona 1836. 8, S. 1—5. — Dedekind, Abriß, S. 64 f.

[5] Abgedruckt bei Siegel, a. a. O. I. S. 1 f. und Meißner, a. a. O. I. S. 280 f. — Beſondere Ausgaben ſind die von J. C. Königke, Leipzig 1714 und 1717. 4. und von D. J. L. C. Püttmann, die Leipz. W. O. mit

Schwarzburg-Sondershausen[6] und Reuß-Greiz[7]; — die Hessen-Hanauische W. O. vom 15. Juli 1737[8] im Gebiete der vormaligen Grafschaft Hanau[9]; — die Frankfurter W. O. vom 26. Mai 1739[10] mit subsidiärer Gültigkeit in der ehemaligen Grafschaft Hanau[11]; — die Sachsen-Altenburgische neue W. O. vom Jahre 1750[12], die W. O. von Schwarzburg-Rudolstadt vom 20. März 1755[13], die W. O. für die Anhaltischen Alt- und Neucöthnischen Lande vom 31. August 1802[14], die Anhalt-Dessauische W. O. vom J. 1822[15], der

---

Anmerkungen und Beilagen, Leipz. 1787. 4. — S. auch Dedekind, Abriß, S. 96.

[6] Seit längerer Zeit daselbst im Gebrauche und förmlich eingeführt durch Gesetz vom 20. Februar 1834. — Meißner, a. a. O. I. S. 829. — Dedekind, Abriß, S. 128.

[7] Meißner, a. a. O. I. S. 847. — Doch bestritten. S. Dedekind, a. a. O. S. 130.

[8] Abgedr. bei Meißner, a. a. O. I. S. 516 f.

[9] Dedekind, Abriß, S. 125.

[10] Abgedruckt bei Meißner, a. a. O. I. S. 854 f. — Vergl. auch Dedekind, Abriß, S. 95.

[11] Hessen-Hanauische Hof- u. Ehegerichtsordn. vom J. 1747, §. 192: „Insolange, bis wir eine besondere Wechselordnung werden ergehen „lassen, die zu Frankfurt am Main übliche davor geachtet, und in vorkom„menden Fällen beobachtet werden soll“ (bei Meißner, a. a. O. I. S. 519 f. — S. ferner die Ordnung des Hanauischen Wechselgerichts vom 31. Januar 1737 (b. Meißner, a. a. O. I. S. 511 f.).

[12] Abgedr. bei Meißner, a. a. O. I. S. 714 f. Officielle Ausg. Altenburg, 1750. 4. — Durch Declaration vom 26. Juni 1833 (bei Meißner, a. a. O., S. 763) wurde Kap. II. §. 3 derselben abgeändert. — S. auch Dedekind, Abriß, S. 99 a. E. f.

[13] Abgedr. bei Meißner, a. a. O. I. S. 841 f.

[14] Abgedr. bei Meißner, a. a. O. I. S. 807 f. — Besondere Ausgabe, Cöthen, bei Aue, 1802. 4. — S. dazu die Verordnungen vom 29. Juli 1823 und vom 11. Mai und 9. November 1824. — Dedekind, Abriß, S. 100 f.

[15] Enthalten in den „Erläuterungen, Veränderungen und Zusätzen zu einigen Titeln der Anhaltischen Landesordnung“, zum Tit. XI. von Schulden. — Abgedr. bei Meißner, a. a. O. I. S. 773 f. — S. auch Dedekind, Abriß, S. 102 f.

Code de commerce v. J. 1807 [16] in Luxemburg [17] und der Hessen-Homburgischen Herrschaft Meisenheim [18], das Holländische Handelsgesetzbuch vom J. 1838 [19] in Limburg [20] und endlich die W. O. vom 17. August 1843 für die Stadt Flensburg [21].

Hiernach sind ohne Wechselordnungen, wiewohl zum Theile mit einzelnen in das Wechselrecht einschlagenden gesetzlichen Bestimmungen folgende deutsche Staaten und Gebietstheile: Churhessen mit Ausnahme der Grafschaft Hanau [22], Anhalt-Bernburg [23], die beiden Hohenzollern [24], Liechtenstein [25], Schaumburg-Lippe [26], Hessen-Homburg mit Ausnahme von

---

[16] Buch I. Tit. 8. Art. 110—189. — S. Dedekind, Abriß, S. 15 f.

[17] Dedekind, Abriß, S. 116.

[18] Dedekind, Abriß, S. 120.

[19] Das Wechselrecht bildet den 7. Titel des I. Buchs und beruht auf einem Gesetze vom 23. März 1826. Dazu kömmt ein Gesetz vom 23. December 1834, Abänderungen und Berichtigungen im ersten Buch des Handelsgesetzbuchs betreffend. — Dedekind, Abriß, S. 24. — Beide Gesetze sind abgedruckt im Urterte und in deutscher Uebersetzung bei Meißner, a. a. O. II. S. 140 f.

[20] Dedekind, Abriß, S. 116.

[21] Voß, Beitrag zur Kritik der für die Stadt Flensburg erlassenen W. O. in der Jurist. Zeit., herausgegeben von dem Schleswig-Holstein-Lauenburg- und dem Holstein. Advocaten-Vereine, Kiel 1844, S. 1 f.).

[22] Churhessen hat aber eine Reihe von Verordnungen in Wechselsachen, welche mit dem 9. Januar 1732 beginnt und mit dem 12. August 1771 schließt. Dieselben sind nirgends vollständig gesammelt. Dedekind, Abriß S. 125. — Bestritten ist jedoch, ob nicht, wie für Hanau, so auch für die übrigen kurhessischen Lande das Frankfurter Wechselrecht subsidiarisch gilt. — B. W. Pfeiffer, practische Ausführungen, Bd. I. S. 131; Platner, Vergleichung der D. W. O. mit dem churhess. Wechselrecht im Arch. f. W. Bd. IV. S. 60 f., S. 285 f., Bd. V. S. 167 f.

[23] Dedekind, S. 131.

[24] Dedekind, S. 131 f.

[25] Doch soll man sich daselbst im Allgemeinen nach den österreichischen Wechselpatenten und Verordnungen richten. — Meißner, a. a. O. I. S. 846.

[26] Meißner, a. a. O. I. S. 853. — Dedekind, Abriß, S. 132.

Meisenheim [27] und Schleswig mit Ausnahme von Friedrichsstadt und Flensburg [28].

§. 7.

Die Regeln über die Collisionen der coordinirten Wechselrechtsquellen *.

Bei Collisionen der von einander unabhängigen Wechselrechtsquellen verschiedener Gebiete kommen nach gemeinem Rechte die allgemeinen Grundsätze über Collisionen coordinirter Statuten in Anwendung [1]. Diese Grundsätze entscheiden auch, wiewohl unter gewissen Modificationen, in den Ländern, in welchen die D. W. O. gilt. — Die Hauptanwendungen derselben auf dem Gebiete des Wechselrechts sind aber folgende:

1) Die Wechselfähigkeit des einzelnen Wechselschuldners ist nach dem Gesetze seines Wohnorts zu beurtheilen [2].

Doch bestimmt die D. W. O. in Abweichung vom gemeinen Rechte, daß ein nach den Gesetzen seines Vaterlandes nicht wechsel-

---

[27] Dedekind, Abriß, S. 132.

[28] Paulsen, Holstein. Privatr. §. 95, Note 4 und §. 224, Note 4.

* Brackenhoeft, im Arch. f. deutsch. Wechselr. Bd. II. S. 129 f. und S. 278 f. — Hoffmann, im Arch. f. pract. Rechtswissenschaft, Bd. I. Heft 3. S. 46 f.

[1] Mein Lehrb. des G. D. Privatrechts, §. 41 u. 42. — Ueber die Regel „jura noscit curia“ in ihrer Anwendung auf fremde Wechselgesetzgebungen s. Seuffert, Arch. Bd. II. Nr. 322. — Arch. f. deutsch. Wechselr. Bd. II. S. 431. Anders die Dessau. W. O. §. 47. — Eigenthümlich ist die Bestimmung der Cöthen. W. O. Art. 66: „Wir befehlen demnach gnädigst: „In allen Wechselsachen, die vom heutigen Tage an allhier in Ober- und „Niedergerichten angebracht werden, ohne alle Rücksicht auf die Länder oder „Orte, woselbst die Wechsel ausgestellt, oder wonach sich die Schuldner „verschrieben, nach dieser unserer Wechselordnung zu verfahren und zu „erkennen“.

[2] Die D. W. O. Art. 84 bestimmt: „Die Fähigkeit eines Ausländers „wechelmässige Verpflichtungen zu übernehmen wird nach den Gesetzen des „Staats beurtheilt, welchem derselbe angehört.“ Arch. f. deutsch. Wechselr. IV. S. 180. Ob hier die lex domicilii oder das Gesetz des Orts, woselbst die betreffende Person das Bürgerrecht hat, entscheidet (Mein Lehrb. d. deutsch. Privatr. §. 42, Note 1), ist durch diese Bestimmung nicht gesagt.

fähiger Ausländer durch Uebernahme von Wechselverbindlichkeiten im Inlande verpflichtet wird, insoferne er nach den Gesetzen des Inlandes wechselfähig ist [3]. Als Ausländer werden aber nach einzelnen Einführungsgesetzen nur die Angehörigen solcher Staaten betrachtet, in welchen die D. W. O. nicht gilt [4]. Diese Auffassung hat jedoch, wo sie nicht durch die Landesgesetzgebung anerkannt ist, keinen Anspruch auf Geltung [5].

2) Die Form des Wechselbriefs ist nach den Gesetzen des Orts zu beurtheilen, woselbst derselbe ausgestellt worden [6], die Form der verschiedenen anderen Wechselerklärungen nach den Gesetzen der

---

[3] D. W. O. Art. 84. — Leipzig. Protoc. S. 144 f. — Ditscheiner, Wechselr. S. 117. — Aehnlich das Preuss. Landr. Einl. §. 34 und 35. II. 8. §. 931. 932. — Der Ausländer, der im Inlande eine Wechselverpflichtung übernommen, gilt demnach als wechselfähig, wenn er fähig ist, sich durch Verträge zu verpflichten (D. W. O. Art. 1), und zwar nicht nach den Gesetzen seines Wohnorts, sondern nach denjenigen des Staats, in welchem er die Wechselverbindlichkeit eingegangen. Schweiz. Entw. §. 93: „Angehörige der Cantone, welche dem Concordate nicht beigetreten, so wie Ausländer, werden bei Uebernahme von Wechselverbindlichkeiten in den concordirenden Cantonen als wechselfähig betrachtet, insofern sie sich nach den ihre Vertragsfähigkeit bestimmenden Gesetzen durch Verträge verpflichten können."

[4] Bad. Einf.-Ordn. §. 6. — K. Sächs. Einf.-Ordn. §. 2. — Weimar. Einf.-Ordn. §. 1. — Bayer. Einf.-Ordn. §. 7.

[5] Bluntschli, D. W. O., S. 128. 3. — Dagegen Brauer, Erläut. S. 142.

[6] Bender, Grundſ. II. S. 326 f. — Seuffert, Arch. Bd. II. Nr. 121. VI. Nr. 1. — Der Kläger im Wechselprocesse hat bei Einreichung seiner Klage den liquiden Beweis beizubringen, daß der im Auslande ausgestellte Wechsel nach dem betreffenden ausländischen Rechte als Wechsel gilt (O. A. G. in Darmstadt, im Arch. f. pract. Rechtsw. Bd. I. H. 2. S. 60 f.), wenn nicht das der Klage zu Grunde gelegte Schriftstück den Bestimmungen des deutschen Wechselrechts entspricht (O. A. G. zu Rostock im Arch. f. deutsch. W. IV. S. 211 f.). Doch hat der Richter die Befugniß, ausländisches Recht bei der Entscheidung in Anwendung zu bringen, wenn ihm Kenntniß davon beiwohnt (O. A. G. zu Dresden; Wochenblatt für merkwürdige Rechtsfälle im K. Sachsen, 1849. S. 188).

Orte, wo sie erfolgt sind [7]. Wird aber eine Wechselerklärung im Inlande auf einen im Auslande ausgestellten Wechsel gesetzt, so ist dieselbe der Form nach verbindlich, wenn auch der Wechsel nur den Anforderungen des inländischen Gesetzes entspricht [8].

Dem gemeinen Rechte fremd ist dagegen die Bestimmung der D. W. O., daß Wechselerklärungen, durch welche sich ein Inländer einem andern Inländer im Auslande verpflichtet, rücksichtlich ihrer Form Wechselkraft haben, wenn sie auch nur den Anforderungen der inländischen Gesetzgebung entsprechen [9].

3) Die Wirkungen der Wechselerklärungen richten sich nach den Gesetzen des Orts ihrer Ausstellung [10]; diese entscheiden sonach über die Anwendbarkeit der sog. materiellen Wechselstrenge, über die Wirksamkeit des Indossaments [11], über den Umfang der Regreßansprüche [12], über die materielle Zulässigkeit der

---

[7] D. W. O. Art. 85, Abs. 1.

[8] D. W. O. Art. 85, Abs. 1 u. 2: »Die wesentlichen Erfordernisse eines »im Auslande ausgestellten Wechsels, so wie jeder anderen im Auslande aus»gestellten Wechselerklärung werden nach den Gesetzen des Orts beurtheilt, »an welchem die Erklärung erfolgt ist.

»Entsprechen jedoch die im Auslande geschehenen Wechselerklärungen »den Anforderungen des inländischen Gesetzes, so kann daraus, dafs sie nach »ausländischen Gesetzen mangelhaft sind, kein Einwand gegen die Rechtsver»bindlichkeit der später im Inlande auf den Wechsel gesetzten Erklärungen »entnommen werden.«

Daß im zweiten Absatze keine Ausnahme von der Regel statuirt ist, s. bei Koch, Wechselr. S. 330. — Brackenhoeft, a. a. O., S. 140.

[9] D. W. O. Art. 85, Abs. 3. — Koch, Wechselr., S. 330 a. E. — Der Schw. Entw. §. 94 kennt diese Bestimmung nicht.

[10] Seuffert, Arch. Bd. VI. Nr. 1. — Hoffmann, a. a. O. S. 47 f. Dagegen Treitschke, Encyc. I. S. 270.

[11] Seuffert, Arch. Bd. II. S. 3, Note 1.

[12] Die D. W. O. Art. 52: »Durch die Bestimmungen der Art. 50 u. 51 „Nr. 1 und 3 wird bei einem Regresse auf einen ausländischen Ort die Be»rechnung höherer, dort zulässiger Sätze nicht ausgeschlossen«, spricht hiergegen nicht. Dieser Art. hat unzweifelhaft nicht den Sinn, daß, wenn gegen einen

Einwendungen [13], über die Wechselverjährung [14] u. a. d. m. — Doch ist nicht die Gesetzgebung des Ausstellungsorts, sondern vielmehr diejenige des Zahlungsorts dann maßgebend, wenn aus der Natur der Wechselerklärung die Absicht der Interessenten, sich dieser letzteren zu unterwerfen, zu entnehmen ist [15]. Hierbei versteht es sich aber von selbst, daß die Gesetze des Ausstellungs- resp. Zahlungsorts nur insoweit am Proceßorte in Anwendung gebracht werden können, als die an diesem letzteren geltenden absoluten Rechtsbestimmungen nicht entgegenstehen [16].

4) Ueber die Form der mit einem Wechsel an einem bestimmten Orte zur Ausübung oder Erhaltung des Wechselrechts vorzunehmenden Handlungen entscheidet das Recht des betreffenden Platzes [17]; so namentlich über die Form des Protestes und die Proteststunden [18], so wie über die Erfordernisse des Inhalts einer Protesturkunde [19].

---

im Auslande wohnenden Wechselverbundenen, der im Inlande die Wechselverpflichtung übernommen, in dessen forum domicilii regredirt wird, die höheren Sätze dieses letzteren Orts berechnet werden dürfen; sondern er reflectirt auf den gewöhnlichen Fall, daß der im Auslande Wohnende das Wechselversprechen auch im Auslande ausgestellt hat.

[13] Arch. f. d. W. IV. S. 180.

[14] Seuffert, Arch. Bd. VI. Nr. 1. — Mein Lehrb. des deutschen Privatr. §. 42 zu Note 31. — Eichhorn, Einl. §. 36, Note n. — v. Savigny, System, Bd. VIII. S. 273 f. — Dagegen Pöhls, II. S. 655 f. — Bender, Grundſ. II. S. 290 f. — Treitschke, Encyc. II. S. 573 f.

[15] So z. B. beim Accepte, wenn nicht der Acceptant dem Wechsel ein anderes Domicil giebt; so bei der Intervention. Brackenhoeft, a. a. O. S. 291.

[16] Dieß wird z. B. rücksichtlich der Wechselexecution wichtig. Koch, Wechselrecht, S. 328.

[17] D. W. O. Art. 86. Schw. Entw. §. 95.

[18] Hoffmann a. a. O. S. 54 f. — Nicht wesentlich ist die diplomatische Beglaubigung des im Auslande aufgenommenen Protestes (O. Trib. zu Berlin im Arch. f. deutsch. W. Bd. V. S. 412 f.). S. auch das Großh. Hess. Einf. G. §. 4: „Wechselproteste, welche im Auslande aufgenommen wurden, bedürfen keiner Beglaubigung durch eine ausländische Behörde." —

5) Die Frage endlich, welche Handlungen zur Ausübung und Erhaltung des Wechselrechts erforderlich [20], welche Zeit für deren Vornahme gestattet [21] und welche Wirkungen deren Versäumniß hat, beantwortet sich nach den Gesetzen des Zahlungsorts [22], wenn nicht die Interessenten einer anderen Gesetzgebung sich unterworfen haben [23].

§. 8.

Die Literatur des Wechselrechts.

Aus der sehr reichhaltigen Literatur des deutschen Wechselrechts [1] sind namentlich folgende Werke hervorzuheben:

Lippe-Detmold. Wechselproc. Ges. §. 5: „Bei Wechselprotesten, „welche in Deutschland aufgenommen sind, und bei Urkunden, deren Aufnahme „oder Beglaubigung in Deutschland durch einen Notar oder Gerichtsbeamten „erfolgt ist, bedarf es keiner weiteren Beglaubigung Seitens anderer Behör„den (Legalisation). Ebenso Braunschweig. Wechselproc. Ges. §. 5 u. Coburg. Einf. G. §. 10.

[19] O. A. G. in Darmstadt im Arch. f. pract. Rechtswiss. Bd. IV. S. 351 f. — Der Kläger ist nicht verpflichtet, bei Einreichung der Wechselklage den Beweis anzutreten, daß der im Auslande aufgenommene Protest, welcher den Erfordernissen der D. W. O. entspricht, auch den Vorschriften des ausländischen Rechts gemäß sei (O. Tr. in Berl. b. Borchardt, die Allg. D. W. O. mit den v. den . . . Gerichtshöfen ausgesprochen. Grundს. des W. Rts. S. 82); vielmehr hat der Verklagte, welcher behauptet, daß die fremdländischen Proteste formell oder materiell dem fremden Rechte nicht genügen, die Beweislast zu übernehmen. Kletke, Samml. v. Präjudiz. S. 240 d.

[20] Präsentation und Protesterhebung. Seuffert, Arch. Bd. II. Nr. 3. — Zürich. O. G. b. Borchardt a. a. O. S. 162 Not. 59. — Eine abweichende Meinung erachtet das Gesetz des Orts der Klage für maßgebend. Borchardt a. a. O. S. 82. — Notification. Seuffert, Arch. Bd. II. Nr. 252. — S. auch Arch. für deutsch. Wechselr. Bd. I. S. 437 f.

[21] Ob und wie viele Respittage? Seuffert, Arch. III. Nr. 294. — Anders jedoch bezüglich der Zeit für die Präsentation eines Nachsicht-Wechsels zur Annahme. B. §. 33.

[22] Im Zweifel ist anzunehmen, daß sich die Interessenten diesem Gesetze unterworfen haben.

[23] Seuffert, Arch. Bd. II. Nr. 3. — Koch, Wechselr. S. 331.

[1] Ausführlichere Zusammenstellungen der in- und ausländischen Literatur des Wechselrechts finden sich bei Bender, Wechselrecht, Bd. I. S. 104—135; —

I. Encyclopädische Werke: G. C. Treitschke, Alphabetische Encyclopädie der Wechselrechte und Wechselgesetze, Leipzig 1831. 8. 2 Bde.

II. Systematische Bearbeitungen. Außer den verschiedenen Lehrbüchern des gemeinen deutschen Privatrechts sind hier zu nennen: G. F. v. Martens, Grundriß des Handelsrechts, insbesondere des Wechsel- und Seerechts, 1. Aufl. Göttingen 1797. 8.; 3. Aufl. 1820 [2]. — Schiebe, die Lehre der Wechselbriefe, theoretisch und practisch dargestellt, Straßb. und Frankf. a. M. 1818. 8.; 2. Aufl. Grimma 1834. — G. K. Treitschke, Handbuch des Wechselrechts, Leipz. 1824. 8. — H. G. W. Daniels, Grunds. des Wechselrechts, nach Herrn v. Selchow, mit besonderer Rücksicht auf das allgemeine Preussische Landrecht und das Französische Handelsgesetzbuch, Köln 1827. 8. — J. H. Bender, Grundsätze des deutschen Wechselrechts, mit steter Berücksichtigung der Gesetzgebung und Wissenschaft des Auslandes, für Juristen und Kaufleute bear-

---

Dedekind, Abriß einer Geschichte der Quellen des Wechselrechts und seiner Bearbeitung in sämmtlichen Staaten Europa's für Juristen und Kaufleute. Braunschweig 1843, S. 14—86 (die ausländische Literatur, stellenweise) und S. 143—156 (die deutsche Literatur) und Mittermaier, Grunds. des G. D. Privatrechts, Bd. II. S. 151 u. 152 (der 7. Aufl.). — Die rechtsgeschichtlichen Werke s. in diesem Lehrb. §. 2, Note *. — Von Sammlungen particulärer Wechselrechtsquellen sind zu nennen: Siegel, corpus juris cambialis, das ist: Vollständige Sammlung derer auf den vornehmsten Handelsplätzen, auch anderer Orten in Europa üblichen allerneuesten Wechselordnungen u. s. w., Leipz. 1742. 2 Theile in Fol. — (Der 2. Theil enthält Parere's, ferner J. Phoonsen, Amsterdamer Wechsel-Gebrauch, und endlich eine Einleitung zum Wechselrechte). — Joh. Ludw. Uhl, Erste Fortsetzung des corp. juris cambialis, welches ... Siegel ... in Druck gegeben, Leipz. 1757 (2. Aufl. 1772). — Zweite Fortsetz. 1764, dritte 1771 und vierte 1786. — J. C. Meißner, Codex der europäischen Wechselrechte, oder Sammlung der heutzutage in Europa geltenden Wechselgesetze, Nürnberg, Bd. I. 1836 (die deutschen Wechselgesetze enthaltend), Bd. II. 1837 (die ausländischen Wechselgesetze umfassend). 8.

[2] Morstadt's Commentar über das Handelsrecht Deutschlands und Frankreichs, kritisch-pragmatisch: auf der Basis des (mitgedruckten) Grundrisses von Martens, erster Theil, Heidelberg 1849, umfaßt das Wechselrecht nicht.

beitet. Darmstadt 1828. 2. Abth. 8.[3] — M. Pöhls, Darstellung des Wechselrechts nach Gemeinem und Hamburgischem Rechte, und nach den Gesetzen der vorzüglichsten handelnden Staaten Europa's. Hamburg 1819. 8. 2 Th.[4] — Thöl, das Handelsrecht, Bd. II (enthaltend das Wechselrecht), Göttingen 1847. — E. Stern, die Lehre von den Wechseln und dem Wechselverkehr u. s. w., Gießen 1853.

III. Kritische Bearbeitungen: C. Einert, das Wechselrecht nach dem Bedürfniß des Wechselgeschäfts im 19. Jahrhundert. Leipzig 1839. 8.[5].

IV. Erläuterungen der Allgemeinen D. W. O. — Die Allgemeine D. W. O. mit Einleitung und Erläuterungen, Leipzig, bei Brockhaus, 1848[6]. — Fr. Ortloff, Allgemeine D. W. O., mit vollständiger Erläuterung nach den Protocollen der zu Leipzig abgehaltenen Conferenz, Jena 1848. — Souchay, D. W. O. mit Anmerkungen in der Zeitschrift für deutsches Recht, Bd. XII. S. 315—366. 1848. — Kitzinger, Wechselkunde für Kaufleute und Juristen, mit steter Berücksichtigung der A. D. W. O., Leipzig 1849. — W. Brauer, die Allgemeine D. W. O. erläutert, Erlangen 1849. Zweite vermehrte Auflage, mit den in den einzelnen Staaten erschienenen Einführungsgesetzen und mit einem alphabetischen Register versehen, Erlangen 1851. — C. F. Koch, das Wechselrecht nach den Grundsätzen der Allg. D. W. O. und nach seiner Anwendung in den preussischen Ländern, Breslau 1850. — Stubenrauch, Vorlesungen über die neue W. O., Wien 1850. — Berger, die

[3] Das Werk bildet den 2. Band der Grundsätze des deutschen Handlungsrechts, Darmstadt 1828.

[4] Das Wechselrecht bildet den 2. Band der Darstellung des Gemeinen Deutschen und des Hamburgischen Handelsrechts, Hamburg 1829.

[5] V. die Schrift: Einert, namentlich in seinen Beziehungen zu der jüngsten Entwicklung des deutschen Wechselrechts dargestellt, Leipzig 1855.

[6] Diese Schrift, deren ungenannter Verfasser leicht erkenntlich ist, gehört zu den vorzüglichsten, welche über die D. W. O. geschrieben worden. Sie wird im Folgenden mit den Worten citirt werden: Allg. D. W. O. mit Einl. u. Erläut.

österr. W. O. in ihrem Unterschiede von dem früheren österr. Wechselrechte erläutert, Wien 1850. — S. Borchardt, die Allg. D. W. O. mit den Einführungs-Ordnungen zu derselben und den Abweichungen der Oesterr. W. O., nebst Bemerkungen und Vergleichungen mit den fremden Gesetzgebungen, Berlin, 2. Aufl. 1851. — Joh. Alois Ditscheiner, das allgemeine deutsche und neue österreich. Wechselrecht, nebst dem commerciellen Wechselgeschäfte, dem Wechselprocesse und dem Wechselstempel, ausführlich erklärt und durch viele Formulare erläutert, Wien 1851. — Otto Christoph, die Allg. D. W. O. aus den Motiven zum preussischen und zum Leipziger Entwurfe erläutert, Leipzig, 2. Aufl. 1851. — Kalessa, Handbuch des österreichischen und gesammten deutschen Wechselrechts, Wien, 4. Aufl. 1852. — Bluntschli, Allg. D. W. O. mit dem K. bayerischen Einführungsgesetze und dem K. bayerischen Gesetze über die kaufmännischen Anweisungen, Erlangen 1852. — A. Heckert, das preuss. Wechselrecht. Mit allen ergänzenden und erläuternden Bestimmungen, Obertribunals-Beschlüssen und Präjudicien u. s. w., Berlin 1853. — Karvasy, Lehrb. des Wechselrechts, hauptsächlich für Handels- und Industrie-Schulen, nach den A. D. W. O. und noch Kraft habenden ungarischen Wechselgesetzen, Pesth 1853. — Kitka, Erläuterungen über die österr. (deutsch.) W. O. und den österr. Wechselproceß, Wien 1854. — Kheil, Wechselrecht des österreich. Kaiserstaates, Prag 1854. — Giambattista Fava, sulla legge di cambio austriaca e germanica, Padova, fasc. I. 1854. — Haimerl, Anleitung zum Studium des Wechselrechts mit besonderer Rücksicht auf die in Oesterreich derzeit bestehenden Gesetze, Wien 1855. — Skrivan, Wechsellehre, Prag 1856. — Blaschke, das österr. Wechselr., 2. Aufl. Gratz 1856.

Sammlungen von Präjudizien zur Erläuterung der D. W. O. sind: Borchardt, die Allg. D. W. O. mit den von den inländischen und ausländischen deutschen Gerichtshöfen ausgesprochenen Grundsätzen des Wechselrechts, Berlin 1854; und Erste Fortsetzung (Nachträge und Entscheidungen bis Ende Decemb. 1855, mit fortlaufenden Seitenzahlen), Berlin 1856. — Schuster, Gerichtliche Entscheidungen, erflossen in höherer oder höchster Instanz über

Fragen der Auslegung und Anwendung der österr. (Allg. deutsch.) W. O. u. s. w., Wien 1855. — Kletke, Sammlung von Präjudizien der obersten Gerichtshöfe Deutschlands in Handels-, See- und Wechselrechts-Sachen bis zu Ende des Jahres 1856, Erlangen 1857.

V. Zeitschriften: Archiv für deutsches Wechselrecht, herausgegeben von Ed. Siebenhaar und Th. Tauchnitz, Leipz. bei Tauchnitz (seit 1850). — Gelpcke, Zeitschrift für Handelsrecht, mit Hinblick auf die Handelsrechts-Praxis in Preussen, und auf die Grundsätze des K. Obertribunals in Berlin in Handelssachen. Berlin (seit 1852). — Neben diesen Zeitschriften und den oben genannten Präjudizien-Sammlungen ist für die Kenntniß der heutigen Wechselrechts-Praxis besonders wichtig: Seuffert's Archiv für Entscheidungen der obersten Gerichte in den deutschen Staaten. — Einzelne wechselrechtliche Abhandlungen enthalten die kritische Zeitschrift für Rechtswissenschaft und Gesetzgebung des Auslandes, das Archiv für die civilistische Praxis, die Zeitschrift für deutsches Recht, das Archiv für pract. Rechtswissenschaft und Haimerl's Magazin für Rechts- und Staatswissenschaft.

Erstes Buch.

Allgemeine Lehren.

Erstes Kapitel.

Wechselversprechen und Wechselverträge.

§. 9.

Das Characteristische des Wechselversprechens.

Das Wechselversprechen ist ein Geldzahlungsversprechen [1], dessen Form [2] das Erforderniß einer materiellen causa debendi ersetzt [3],

---

[1] Preuss. Landrecht, Th. II. Tit. 8, §. 750: „Sowohl eigene als gezogene Wechsel können nur auf bestimmte Geldzahlungen, nicht auf Waarenlieferungen oder Dienstleistungen gerichtet werden“. — Dessau. W. O. §. 6. Das Versprechen der Gewährung von Werthpapieren (Actien, Staatspapieren) ist kein Wechselversprechen. Arch. f. deutsch. Wechselr. Bd. III. S. 208 f. S. jedoch dies. Lehrb. §. 13, Note 5 und Dedekind, Abriß, S. 37. — Die Bayer. W. O. von 1785, §. 3 (b. Meißner, Codex der europ. Wechselrechte, Bd. I. S. 186 und 187) kennt Wechsel auf Pretiosa, Waaren und andere Effecten.

[2] Zu dieser Form gehört eine Schrift, welche jedoch nur beim eigenen Wechsel den Inhalt des Wechselversprechens giebt (D. W. O. mit Einl. und Erläut. S. XXX).

[3] Dies. Lehrb. §. 2. — M. Pöhls, Wechselr. S. 5. — Delbrück in Eberty's Zeitschrift für volksthümliches Recht, Februar 1844, S. 144 f. — Noback, über Wechsel und Wechselrecht, S. 21. — Liebe, Entw. einer W. O.

und welches nur gegen die Wechselurkunde geltend gemacht werden kann [4].

Weitere Eigenthümlichkeiten desselben sind die Uebertragbarkeit der Wechselforderung, die Förmlichkeiten, welche zu deren Wahrung erforderlich sind, und die zu deren Geltendmachung gestattete Wechselhaft; — Eigenthümlichkeiten, welche jedoch als naturalia negotii und weil nicht bei allen Arten von Wechselversprechen zutreffend, in die Begriffsbestimmung des Wechsels nicht aufgenommen werden dürfen [5], — so wenig wie das Wechselversprechen als ein Einlösungsversprechen des Wechsels als kaufmännischen Papiergelds bestimmt werden kann [6].

---

für das Herzogthum Braunschweig sammt Motiven, Braunschw. 1843, S. 39 f. — Bluntschli, D. W. O. S. 3 f. — Dasselbe sagt Thöl, Handelsrecht, II. §. 149 u. §. 181, wenn er das Wechselversprechen als ein Summenversprechen bezeichnet. S. auch Bähr, die Anerkennung S. 274 f. — An diesem Wesen des Wechsels wird dadurch nichts geändert, daß viele W. O. die Bezeichnung des Valuten-Verhältnisses auf dem Wechselbriefe verlangen. S. dies. Lehrb. §. 17.

[4] Daher lautet der Wechselbrief „Gegen diesen Wechsel . . .“

[5] Die ältere Theorie bezeichnet als das Characteristische des Wechselversprechens die zu dessen Realisirung stattfindende Wechselhaft. Göde, jus privat. germanic. §. 116. — Musäus, Grunds. des Handlungs- und Wechselrechts, 3. Ausg. Gießen 1817, §. 138. S. auch Phillips, Grunds. des G. D. Privatrechts, §. 289. S. dagegen Einert, Wechselrecht, S. 16 f.

[6] Dieß die Ansicht von Einert, Wechselr. S. 51 f. — Derselbe: Das Wesen und die Form des Literalcontracts, 1852. Brauer, die D. W. O. S. 12 f. — Koch, Wechselr. S. 17 f. und Arch. f. deutsch. Wechselr. Bd. II. S. 35 f. (als angebliches Princip der D. W. O.). — Brackenhoeft, im Arch. f. deutsch. Wechselr. Bd. I. S. 243 f. — Stubenrauch, die neue W. O., S. 17 f. — Kitka, Erläut. S. 44. — Kheil, Wechselr. S. 30. — Diese Auffassung, deren Consequenzen bei Biener, Abhandlungen aus dem Gebiete der Rechtsgeschichte, S. 109 zusammengestellt sind, beruht auf einer Verwechslung des thatsächlichen Gebrauchs des Wechselpapieres mit der juristischen Natur des Wechselgeschäfts. — Thöl, II. S. 31, Note 1. — Noback, a. a. O. S. 18. — Liebe, Motive, S. 34 f. — D. W. O. mit Einl. und Erläut. S. XXII f. und insbesondere Ladenburg, im Arch. f. deutsch. Wechselr. Bd. III. S. 113 f. — Der Gläubiger ist nicht verpflichtet, Wechsel als Zahlung anzunehmen (Seuffert, Arch. Bd. II, Nr. 151), und zwar auch nicht von ihm acceptirte Wechsel, welche ihm vor Verfall als Rimessen eingesendet werden. Seuffert, a. a. O. II. Nr. 16.

§. 10.

Die Hauptarten des Wechsels.

Der Wechsel als Wechselbrief ist doppelter Art, ein trassirter, gezogener, oder ein eigener, trockener; das Wechselversprechen dagegen ist ein dreifaches, ein gezogenes, ein Acceptationsversprechen oder ein eigenes Wechselversprechen [1]. Die zwei zuerst bezeichneten Arten desselben werden durch einen trassirten Wechselbrief vermittelt [2], das eigene Wechselversprechen ist im eigenen Wechselbrief enthalten.

1) Der trassirte Wechselbrief ist eine Urkunde, laut welcher der Aussteller (Trassant) eine andere Person (den Bezogenen, Trassaten) beauftragt, einem Dritten (dem Remittenten [3], Wechselnehmer) eine gewisse Geldsumme an einem bestimmten Orte zu einer gegebenen Zeit zu bezahlen. — Der trassirte Wechselbrief vermittelt:

a) Das trassirte Wechselversprechen oder das Versprechen des Ausstellers, daß die in der Wechselurkunde bezeichnete Summe (die Wechselsumme) trassirtermaßen bezahlt werden solle, widrigenfalls er für das Interesse haften will [4].

b) Das Acceptationsversprechen, durch welches der Bezogene, und beziehungsweise ein Dritter, sich verbindlich macht, die trassirte Wechselsumme zu bezahlen.

2) Der eigene Wechsel ist eine Urkunde, laut welcher der Aussteller sich zur Bezahlung einer Geldsumme an eine

---

[1] Thöl, II. §. 151.

[2] D. W. O. mit Einl. und Erl. S. XX. — Ein Wechselbrief kann übrigens ein eigener und ein trassirter sein, wie der indossirte eigene Wechsel.

[3] »Creditor, qui remittit, seu transmittit pecunias ad alium locum«... Scaccia, tract. §. III. Gloss. 1.

[4] Dies. Lehrb. §. 38.

daselbst bezeichnete Person (den Wechselnehmer) verpflichtet[5]. Das in einer solchen Urkunde enthaltene Wechselversprechen des Ausstellers heißt ein eigenes[6].

§. 11.

Die Wechselverträge.

Das Wechselversprechen wird für den Promittenten durch den Abschluß des Wechselvertrags (contractus cambii) bindend. Derselbe ist ein Vertrag, durch welchen sich der Aussteller eines gezogenen Wechselversprechens (Begebungs-Vertrag) oder eines Acceptationsversprechens (Acceptations-Vertrag) oder endlich eines eigenen Wechselversprechens verbindlich macht.

Diese drei Arten von Wechselverträgen, welche so wenig wie der Wechselvertrag des Indossanten[1] für die Theorie des Wechselgeschäfts entbehrt werden können[2], sind eigenthümliche Formalgeschäfte[3], und zwar nicht allein wegen der formellen Natur des

[5] Gleichgültig ist es, ob nach Laut der Urkunde der Aussteller die Zahlung selbst oder durch einen Anderen (einen Domiciliaten) zu leisten sich verpflichtet. Daher denn die Bestimmung des Preuss. Landrechts Th. II. Tit. 8, §. 714: „Hat der Aussteller die Zahlung selbst zu leisten versprochen, so ist „ein trockner oder eigner Wechsel, wenn aber die Zahlung einem Dritten „aufgetragen worden, ein gezogener Wechsel vorhanden", ungenau ist.

[6] An der Natur desselben wird dadurch nichts geändert, daß der Aussteller durch einen Anderen (den Domiciliaten) zu zahlen verspricht, da das Versprechen, durch einen Anderen zu zahlen und das Versprechen, daß ein Anderer zahlen werde, einen verschiedenen Inhalt haben. Dagegen Einert, Wechselr. S. 66 f.

[1] Der Vertrag des Indossanten, von welchem jedoch erst weiter unten die Rede sein kann, wird auch Begebungs-Vertrag genannt. — Wiewohl das Wechselversprechen des Indossanten ein trassirtes ist, so fällt der Wechselvertrag des Indossanten mit dem Wechselnehmer nicht mit demjenigen des Trassanten zusammen; daher denn vier Wechselverträge von einander unterschieden werden müssen. Thöl, a. a. O. II. S. 116.

[2] Anderer Ansicht sind diejenigen, welche den Wechsel als Papiergeld auffassen. S. dies. Lehrb. §. 9, Note 6.

[3] D. W. O. mit Einl. und Erläut. S. XXIV f. und S. XXXII f. — Dieß gilt übrigens auch vom Wechselvertrage des Indossanten. — Der Wechsel

denselben zur Grundlage dienenden Wechselversprechens, sondern auch, weil der Vertragsabschluß selbst an eine bestimmte Form geknüpft ist [4]. Als Vermittler dieser Form erscheint aber der Wechselbrief [5], welcher sonach nicht als Wechselvertrags-Urkunde betrachtet werden kann [6].

§. 12.

Die Vertretung bei Wechselversprechen und Wechselverträgen.

Die formelle Natur der Wechselversprechen und Wechselverträge schließt die Zulässigkeit einer Vertretung bei denselben, welche übrigens nicht allein für handlungsunfähige Personen Statt finden kann, nicht aus [1]. Das Vertretungs-Verhältniß muß jedoch von Demjenigen, der ein Wechselversprechen für einen Andern giebt, auf der Wechselurkunde selbst angedeutet werden, widrigenfalls jener sich selbst verbindlich macht [2]. Ob der Vertreter zur Ausstellung der betreffenden Wechselerklärung ermächtigt war, ist nach den Grundsätzen des Civilrechts zu beantworten [3], welche ebenso rücksichtlich der Frage entscheiden, inwieferne aus einer als Wechselunterschrift angewendeten Firmen-Zeichnung eine Wechselverbindlichkeit für bestimmte Personen entstanden ist [4]. Wer aber eine Wechsel-

ist ein strenger Literalcontract, weßhalb Wechselklärungen nicht ausdehnend auszulegen sind. (Berlin. O. T. b. Kletke, Präjudiz. S. 160 Nr. 373).

[4] Thöl, a. a. O. §. 185.

[5] Die Function des Wechselbriefes ist hier aber nicht bei allen Wechselvertrags-Arten dieselbe. — Dagegen Thöl, a. a. O. §. 180 II.

[6] Einert, Wechselrecht, S. 116 f. Unrichtig definirt noch Kitka, Erläuterung. S. 1 den Wechsel als einen schriftlichen Vertrag.

[1] Arg. D. W. O. Art. 2 und Art. 95.

[2] Treitschke, Encyl. II. S. 645 f. — Pöhls, Wechselr. S. 108. — Koch, Wechselr. S. 116.

[3] Brem. Einf. Ges. §. 23: »Ist der Wechsel per procura gezeichnet u. wird die Ertheilung derselben vom Beklagten geleugnet, so kann der Kläger die Ausdehnung des Diffessionseides auf diesen Punkt verlangen.«

[4] Gelpke, in der Zeitſ. für Handelsrecht, Heft 3, S. 166 f. — Arch. f. deutsch. Wechselr. Bd. II. S. 333 f., Bd. III. S. 107 f., Bd. V. S. 438

erklärung für einen Andern ohne Vollmacht oder unter Ueberschreitung seiner Befugnisse mit seinem Namen unterzeichnet hat, ist selbst der Wechselverpflichtung unterworfen, — wobei jedoch die D. W. O. die vom Gemeinen Rechte abweichende Bestimmung hat, daß ein solcher Vertreter in gleicher Weise haftet, wie der angebliche Machtgeber gehaftet haben würde, wenn die Vollmacht ertheilt gewesen wäre [5].

§. 13.

Der Wechselschluß, Interimsschein und Interimswechsel.

Dem Abschlusse eines Wechselvertrags der einen oder der anderen Art kann ein Vertrag vorausgehen, daß ein solcher abgeschlossen werden solle (Wechselschluß, pactum de cambiando [1]). Der Wechselschluß, der als selbstständiger oder als Nebenvertrag vorkommen kann, ist klagbar [2], jedoch nicht nach Wechselrechte [3].

---

f. und S. 440 f. — Seuffert, Arch. Bd. VII. Nr. 353. — Borchardt, die D. W. O. mit den von den Gerichtshöfen ausgesprochenen Grundsätzen des Wechselrechts, S. 93 u. S. 165 f.

[5] D. W. O. Art. 95 und Art. 98. 10. — Schweiz. Entw. §. 82. Brauer, Erläut. S. 150. S. auch Bluntschli, D. W. O. S. 136.

[1] Bender, Wechselrecht, I. S. 208 f. — Thöl, Handelsr. II. §. 176. — Der Vertrag kann auch durch Mäkler abgeschlossen werden. Cöthen. W. O. Art. 24. — Nur im Verhältnisse des Trassanten und Remittenten spricht von diesem Vertrage das Preuss. Landr. II. 8. §. 947 f.

[2] Die Klage geht auf Erfüllung der von dem andern Contrahenten übernommenen Verpflichtung. — Mittermaier, Grunds. §. 326. — Wer zuerst zu erfüllen hat, s. bei Daniels, Wechselr. S. 178 a. E. f. — Ist nicht das Acceptiren, sondern das Geben und Nehmen eines Wechsels, ohne Bestimmung der Art desselben, der Verfallzeit u. s. w. versprochen, so entscheidet der Zweck, zu welchem der Promissar den Wechsel haben will. Hamburg. Einf. G. §. 11 : „Ist ein hieselbst zu verkaufender Wechsel ein eigener (A. 96 d. D. W. O.) oder mit einem Original-Accept versehener, oder Solawechsel (A. 66 d. D. W. O.), so muss solches beim Abschluss des Geschäftes angezeigt werden. In Entstehung dessen ist der Käufer zur Entgegennahme des Wechsels nicht gehalten, sondern vielmehr berechtigt, ordnungsmässige Liefe-

Ueber die durch den Wechselschluß eingegangene Verpflichtung kann aber sowohl von der einen als von der andern Seite eine

---

rung sammt Ersatz des etwaigen Schadens, oder auch Schadenersatz allein zu fordern.« Brem. Einf. G. §. 2 : »Der Geber eines Sichtwechsels ist verpflichtet dem Nehmer einen im Bremisch. Staate ausgestellten Wechsel zu liefern, sofern er demselben nicht vor Abschluss des Geschäfts einen andern Ort der Ausstellung angezeigt hat. §. 4. Der Wechselgeber hat in Ermangelung besonderer Verabredung den versprochenen Wechsel am Tage der Vereinbarung vor 5 Uhr Abends zu überliefern. Ist der Wechsel auf einen andern Ort gezogen, so muss die Ueberlieferung überdiess so zeitig geschehen, dass der Wechsel noch mit der letzten Post desselben Tags versandt werden kann. §. 5. Der Nehmer eines auswärts zahlbaren Solawechsels oder eines sonstigen auswärts zahlbaren, im Originale bereits acceptirten, Wechsels ist nicht verpflichtet, das acceptirte Exemplar zu empfangen, vielmehr ist der Geber verbunden, dem Nehmer auf dessen Verlangen eine Copie des Wechsels mit Nachweisung des acceptirten Originals zu überliefern. Als ein Solawechsel wird jeder Wechsel angesehen, welcher nicht als Prima, Secunda etc. bezeichnet ist. §. 7. Der Nehmer kann, in Ermangelung besonderer Verabredung, von demjenigen, welcher ihm den Wechsel überträgt, die Beifügung seines Indossaments verlangen, welches, im Falle der Nehmer es begehrt, vollständig auszufüllen ist.« S. Weim. Gesetz v. 13. Juli 1849 über die kaufmänn. Anweisungen, §. 5 : »Im Wechselhandel werden unter Wechseln ohne besondere Vereinbarung Anweisungen nicht verstanden.«

[3] Lübeck. Einf. G. Art. 11 : »Für den Wechselvertrag (pactum de cambiando) behält es bei den statutarischen und gemeinrechtlichen Grundsätzen über die Verträge für jetzt sein Bewenden.“ Brem. Einf. G. §. 1 : »Der das Wechselrecht begründende Vertrag zwischen dem Geber und Nehmer entsteht erst durch die Ueberlieferung der Wechselurkunde. Die sich darauf beziehenden vorbereitenden Vereinbarungen hingegen geben, wenn auch einen klagbaren Anspruch, doch keinen nach Wechselrecht. — §. 6. Die aus den nach vorstehenden. §§. (s. die vor. Note) dem Geber und Nehmer obliegenden Verpflichtungen entstehenden Klagen und Einreden können im Executiv-Processe geltend gemacht werden, wenn damit sofort der Beweis der denselben zum Grunde liegenden Thatsachen durch Urkunden oder Eideszuschiebung verbunden wird.« Particularrechte geben Wechselrecht, jedoch nur für die durch das pactum de cambiando versprochene Valuta, wenn der Wechselbrief bereits ausgehändigt worden. — Leipzig. W. O. Art. XXVI (b. Siegel, corp. jur. camb. I. p. 43). — S. auch Daniels, a. a. O. S. 179.

Urkunde (Interimsschein) ausgestellt werden [4], welche, wenn sie wegen versprochener Geld-Valuta [5] in Wechselform ausgestellt ist (Interimswechsel), einen eigenen Wechsel bildet [6].

Particularrechtlich kann der Geber eines Wechselbriefs bei creditirter Valuta ohne deßhalb getroffene Verabredung einen Interimsschein, und wenn es der Gegenstand erlaubt, einen Interimswechsel verlangen [7].

Zweites Kapitel.

Der Wechselbrief.

A. Das ältere Recht.

§. 14.

Arten und Inhalt der Wechselurkunden.

Die Wechselurkunden kamen schon in der älteren Zeit entweder in der Form eines einen Auftrag an den Adressaten enthaltenden

---

[4] Treitschke, Encyc. I. S. 509 f. — Biener, Abhandlungen, S. 121. Formulare von Interimsscheinen des Ausstellers und des Remittenten, s. bei Bender, Wechselr. II. Anh. Nr. 41 u. 42. — Der Interimsschein ist ein Schuldschein, also nicht eine Urkunde über den Wechselschluß, wie Thöl §. 178 sagt; er kann übrigens auch eine Quittung über die vom andern Theile erfüllte Verpflichtung enthalten.

[5] Brem. Einf. G. § 3: „Im Zweifel ist derjenige, welcher den Wechsel erhält, dem Geber zur baaren Zahlung der Valuta verpflichtet.“ Nach der Hannöver'schen W. O. v. J. 1822, III. §. 11 kann ein Interimswechsel auf Ueberlieferung der Wechselurkunde ausgestellt und aus einem solchen im Wechselprocesse geklagt werden. — Diese Bestimmung ist durch das Einführungsgesetz der D. W. O. vom 7. April 1849 nicht abrogirt worden.

[6] Der Interimswechsel wird als solcher durch die Bezeichnung des Valuta-Verhältnisses, z. B. „Valuta an einem Wechselbriefe auf N. N. in B. im Betrage von . . . empfangen“ erkannt.

[7] Weimarische W. O. Abschn. II. I. §. 26 und Weimar-Eisen. Gesetz über die Ausführung der Allg. D. W. O. vom 3. August 1849 §. 5 und 6. — S. auch M. Pöhls, Wechselr. S. 126 f.

Briefs [1] oder in derjenigen eines Schuldscheins [2] vor; für welche beide Formen die Ausdrücke gezogene und eigene Wechselbriefe üblich wurden [3]. Selbst sich gewöhnlich Wechsel nennend [4], bezeichnete die Wechselurkunde die Person des Ausstellers, dessen Wohnort und die Zeit der Ausstellung, diejenige Person, an welche gezahlt werden sollte [5], den vom Ausstellungsorte verschiedenen Zahlungsort [6], die Wechselsumme und die Zahlungszeit, welche gewöhnlich a uso [7]

---

[1] Noback, über Wechsel und Wechselrecht, S. 36.

[2] Frémery, étud. p. 98.

[3] Biener, Abhandl. S. 125, Note *. — Ordonnanz Carl's V. zu Antwerpen vom J. 1541 (bei Siegel, corp. jur. camb. I. p. 412). — Extr. a. dem Dänisch. Rechte vom J. 1681, Art. X (bei Siegel, a. a. O. I. p. 329). — Die Leipz. W. O. vom J. 1682, §. IV (bei Siegel, I. p. 7) unterscheidet zwischen »eigenen und andern Wechselbriefen«; in §. XVII kömmt der Ausdruck »Tratte« zur Bezeichnung der Beziehung vor.

[4] Die Worte »prima di cambio« finden sich schon früh. — Biener, a. a. O. S. 151 f. S. jedoch Holtius, Abhandl. (übersetzt v. Sutro) S. 194 zu Note 1. — Extr. a. dem Dänisch. Rechte vom J. 1681, Art. VIII (b. Siegel, a. a. O. I. p. 329): »Wechselbriefe sollen wie die allerkräf»tigsten Handschriften gültig seyn. Es ist aber darin . . . das Wort Wech»selbrief auszudrücken«. — Die älteren deutschen W. O. erwähnen der Wechselclausel jedoch nicht; die Augsburger W. O. vom J. 1778, Kap. II. §. 1 aber verlangt die Wechselclausel auch bei auswärts ausgestellten Briefen.

[5] Diese war, so lange das Indossament noch nicht in Uebung war (dies. Lehrb. §. 47) in der Regel eine andere Person als diejenige, welche die Ausstellung des Wechsels veranlaßt und hierfür bezahlt hatte. — Schon Scaccia, tractat. §. 1 Quaest. V. Nr. 40 giebt übrigens ein Formular eines Wechsels auf den Inhaber. »Pagate per me al portator di questa ducati cento per »altri tanti avuti«.

[6] Dies. Lehrb. §. 1, Note 2. — Fabianus de Genua (um 1540) de cambiis, cap. 1, §. 5: Cambium reale per litteras, quando ab una parte in »uno loco datur numisma unius generis, ut pro eo ab altero alibi sive »alio in regno litterarum adminiculo efficaciter consignetur«. Scaccia, tract. §. 1. Quaest. VII. Par. III. lim. XI.

[7] Notizen über den Uso im 14. und 15. Jahrh. f. bei v. Martens, Versuch, Anhang S. 2 f. — Dem Bezogenen wurde einige Zeit zur Anschaffung des Geldes gelassen. Diese Frist stellte sich durch den Gebrauch fest, und lief ursprünglich von der Präsentation an, später auch a dato. — Pöhls, Handelsr. II. S. 377 f.

oder auf eine Messe [8], jedoch auch a dato oder a vista [9] gestellt war. Ueberdieß mußte der Wechselbrief den Empfang der Geldvaluta bezeugen [10].

Die hauptsächlichsten Modificationen aber, welche hinsichtlich des wesentlichen Inhalts des Wechselbriefs allmählig in Deutschland eintraten, waren, daß er sich als Wechsel bezeichnen mußte [11], und daß die Erforderniſſe der diversitas loci [12], so wie der Angabe des Empfangs der Valuta, welche nunmehr auch in Waaren oder Anderm bestehen oder creditirt werden konnte [13], wegfielen [14].

---

[8] Scaccia, tract. §. 1. Quaest. V. Nr. 45 sqq. — Nach einer Verordnung Pius V. vom J. 1570 durften die Wechsel nur auf die nächste Messe oder ad uso gestellt werden. — Biener, a. a. O. S. 74. — Daher hießen denn auch die Meßwechsel cambia regularia. — Noback, über Wechsel und Wechselrecht, S. 36.

[9] v. Martens, Versuch, S. 48 f.

[10] Biener, a. a. O. S. 114, Note 20 und S. 150. — Frémery, étud. p. 121 suiv.

[11] Cramer, Observat. juris univ. tom. I. obs. 190 sagt: „cambium legitimae formae non est, in quo vocabulum Wechſelbrief non est expressum“ und bezeugt, daß der Reichshofrath auf solche Schuldscheine nur ein mandatum oder rescriptum cum clausula erkannte. — Biener, a. a. O. S. 71.

[12] Lübeck. Verordn. vom J. 1706 (bei Siegel, corp. jur. camb. I. p. 365): „Demnach in Puncto der Wechseln, so keine drey Personen oder keine „distantiam loci begreiffen, bisher bey hiesigen Nieder-Gerichte nicht wie mit „andern Wechseln, nach Anweisung der hiebevor publicirten Ordnung, procediret, noch mit Anerkennung parater Execution verfahren: Solches aber der „Praxi anderer Gerichte entgegen, u. viele Unordnung u. Weitläufftigkeit verursachet: Als hat ein hochweiser Rath hierdurch verordnet . . ., dass ins„künfftige wegen der obgedachten Wechseln, ungeachtet des darin befindlichen „Mangels der dreien Personen oder der distantia loci, gleichwie mit andern „Wechseln nach Anweisung der Ordnung procediret u. gleichmässig erkannt „werden solle“. — Biener, Abhandl. S. 106.

[13] Nach der Decis. Rotae Gen. 32 n. 6, 44 u. 104 n. 5 kam nicht allein die Valuta-Formel „per la valuta avuta“, welche geleistete Zahlung bezeichnete, sondern auch die „pro totidem cambiatis (cambiati con noi, conti a noi)“ vor, während seit dem 17. Jahrh. die Formel „Werth empfangen in Waaren“ für zuläſſig erachtet wurde. Biener im Arch. f. deutsch. W.

B. Das heutige Recht.

§. 15.

Der wesentliche Inhalt des Wechselbriefs.

Als wesentlicher Inhalt des Wechselbriefs [1] erscheinen nach heutigem Rechte:

Bd. V. S. 242 f. — Die Ord. pour le commerce vom J. 1673, Tit. V. Art. 1, 23 verlangte, daß der Wechselbrief angebe: si la valeur qui a été donnée a été reçue en deniers, marchandises ou autrement.« Extr. a. dem Dänisch. Rechte vom J. 1681, Art. 8 (bei Siegel, a. a. O. I. p. 329): »Wenn nur in Wechselbriefen der Empfang der Valuta bekennet, »hat selbiger seine Kraft, er mag gleich über baares Geld, erhaltene Waaren oder eine andere Schuld gegeben seyn«. — Biener, a. a. O. S. 69.

[14] Leipz. W. O. vom J. 1682, §. III: »So viel nun die Form und Art »der Wechselbriefe betrifft, dieweil selbige unter Handelsleuten genugsam be»kannt und eingeführt, so hat es damit auch forthin sein Bewenden, und »sollen dieselben, es mag der empfangenen Valuta, wie zwar an „ihm selbst billig wäre, darinnen gedacht seyn oder nicht, „einen weg wie den andern kräfftig u. gültig seyn“. Der Grund, warum die Bezeichnung des Valuta-Empfangs fehlen kann, sagt Siegel, a. a. O. I. p. 7 zu diesem Art., liegt darin: „weil das Wechsel-Negotium ein »absonderlicher Contract ist, u. daher schon in sich selbst eine kräfftige Ver»bindung hat«. — Neue Braunschw. W. O. von 1715, Art. 1 (bei Siegel, a. a. O. I. p. 248): — In Wechselbriefen soll enthalten sein: »die „Valuta und von wem sie gehoben sey. — Daferne aber insonderheit in Wech»selbriefen, so von andern Orten anhero ertheilet werden, die Valuta etwa »nicht bemeldet, ja sogar auch, wenn sie gleich würcklich nicht empfangen »wäre, soll dem ohngeachtet der Wechselbrief, weil er auf Glauben ausge»geben, in seinen vollen Würden u. Kräften bleiben“.

[1] Particularrechtlich muß der Wechselbrief mit dem gesetzlichen Stempel versehen sein. — Bender, Wechselr. I. S. 194 f. — Ditscheiner, das allgem. deutsche und neue österreich. Wechselrecht, S. 170 f. In Preussen sind alle im Inlande ausgestellten oder auf dasselbe gezogenen Wechsel, welche über 50 Th. und darüber laufen, stempelpflichtig. Der Stempel, welcher unmittelbar nach der Ausstellung und bevor noch ein Accept oder Giro auf

1) Die Wechselclausel [2] oder die Bezeichnung der Wechselurkunde als Wechsel [3] im Contexte selbst [4].

---

den Wechsel gesetzt worden, nachzusuchen ist, und nur bei den an eigene Ordre gestellten Wechseln noch unmittelbar nach dem Accept eingeholt werden kann, ist bei Wechseln über einen Betrag von 50 Th. bis 400 Th. inclus 5 Sgr., und steigt mit jeden 400 Th. um 5 Sgr. Edict v. 7. März 1822 §§. 20 u. 26. C. O. v. 3. Januar 1830 und G. v. 26. Mai 1852. — In Oesterreich beträgt der Stempel von Wechseln bis 100 fl. 3 kr., bis 200 fl. 6 kr., bis 350 fl. 10 kr., bis 500 fl. 15 kr., bis 1000 fl. 30 kr., bis 1500 fl. 45 kr. bis 2000 fl. 1 fl. u. s. w. — G. v. 9. Febr. 1850. — In Frankfurt a. M. ist der Stempel bei Beträgen unter 150 fl. 3 kr., bis unter 250 fl. 6 kr., bis unter 350 fl. 9 kr. u. s. w. In Lübeck ist der Wechselstempel ½ für jedes Tausend; — in Bremen bei Beträgen unter 100 Rth. 3 Groote; bis unter 200 Rth. 4 Gr., bis unter 300 Rth. 8 Gr. u. s. w.; in Hamburg bei Beträgen von 100 bis 200 M. B. 2 Schill., bis 300 M. B. 3 Schill., bis 400 M. B. 5 Schill., u. steigt mit jeden 400 M. B. um 5 Schill., Wechsel auf auswärtige Plätze gezogen sind stempelfrei. In Leipzig ist der Stempel bei Beträgen bis 100 Rth. 1½ Sgr., bis 200 Rth. 3 Sgr., bis 300 Rth. 4½ Sgr., bis 400 Rth. 6 Sgr., bis 500 Rth. 7½ Sgr., bis 600 Rth. 9 Sgr., bis 700 Rth. 10 Sgr. u. s. w. — Nach dem Holstein. Einf. G. §. 3 können alle Wechsel, in denen keine Pfandverschreibung enthalten ist, auf ungestempeltem Papiere ausgefertigt werden. Für deren gerichtliche Production aber ist ihnen eine Abschrift auf einem Stempelbogen der zweiten Classe nach der Summengröße beizufügen, was jedoch auf die im Auslande ausgestellten Wechsel keine Anwendung findet. — In Bayern, Braunschweig, Darmstadt, Hannover, Würtemberg, Sachsen (mit Ausnahme der in Leipzig ausgestellten Wechsel) und Nassau sind Tratten nicht stempelpflichtig. S. auch Borchardt, die D. W. O. mit den v. den deutsch. Gerichtshöfen ausgesprochenen Grundsätzen des Wechselr. S. 16 und S. 126 f. — Im Zweifel hat jedoch der unterlassene Gebrauch des vorgeschriebenen Stempelpapiers auf die Wechselkraft keinen Einfluß. — Bender, I. S. 200 f. — Thöl, II. §. 160, Note 4. — Dessau. W. O. §. 12. S. jedoch v. Bunge, das liv- u. esthländ. Privatr. §. 208. 3. u. §. 209.

[2] Dies. Lehrb. §. 14 zu Note 11. — Leyser, med. ad pand. spec. CXXXIII. med. 3. — Müller, observat. ad Leyserum, Tom. II. fasc. 1. p. 40 sqq. — D. W. O. Art. 4 Nr. 1 und Art. 96. 1. Preuss. Motive, S. XXXI. — Dessau. W. O. §. 5 und Cöthen. W. O. Art. 1, Nr. 6. — Ohne zureichenden Grund behauptet Thöl, §. 161 nnd Note 3 und §. 270. 1, daß die Wechselclausel beim eigenen Wechsel nicht erforderlich sei. — Nach dem K. Sächs. Gesetz vom 7. Juni 1849 und dem Weimar-Eisenach. Gesetze vom 13. Juli 1849, die kaufmännischen Anweisungen betreffend,

2) Die Unterschrift [5] des Ausstellers mit seinem Namen oder seiner Firma. Hat der Aussteller statt dessen den Wechsel

---

stehen kaufmännische Anweisungen, welche sich im Contexte als Anweisungen bezeichnen und sonst in der für Wechsel vorgeschriebenen Form abgefaßt sind, den gezogenen Wechseln gleich. Das Nämliche gilt nach dem Bayerischen Gesetze vom 29. Juni 1851, wenn das Papier überdieß auf Ordre gestellt ist. Nach dem Frankfurter Einführungsgesetze zur D. W. O. §. 12 wird eine Wechselklage begründet: durch Anweisungen, welche zur Einlösung eines Wechsels dem Wechselinhaber an Zahlungsstatt zugestellt werden, um an der Casse eines Dritten den Betrag zu erheben; durch Anweisungen, welche acceptirt sind, durch Anweisungen, die an Ordre gestellt sind, und durch Schuldscheine und Zahlungsversprechen, welche an Ordre lauten (S. auch Souchay in der Zeits. f. deutsch. Recht, Bd. XII. S. 322). — Ueber Hamburg, s. die Leipz. Protocolle, S. 12. — Nach Englischem und Nordamerikan. Rechte ist die Wechselclausel nicht erforderlich (Borchardt, D. W. O. S. 34); ebensowenig nach französ. Rechte, wenn nur das Papier „auf Ordre" lautet (Daniels, Grunds. S. 63; Cod. d. comm. Art. 110 u. 187); mit dem Französ. stimmt das Spanische Handelsgesetzb. §. 426 überein.

[3] Die Ausdrücke „Tratte" oder „Prima" (ohne Beisatz) genügen nicht. Brauer, Erl. S. 33 und im Arch. f. deutsch. W. V. S. 364 f. — Kitka, Erläut. S. 253. Dagegen Blaschke, Wechselr. S. 60.

[4] Brauer, Erläut. S. 33 und im Arch. f. W. V. S. 362 f. Bluntschli, D. W. O. S. 24. Schweiz. Entw. §. 3 Nr. 2. Die Bezeichnung als Wechsel in der Aufschrift genügt nicht. (Ob. Oesterr. Ger. bei Borchardt, die D. W. O. mit den von den . . . Gerichtshöfen ausgesprochenen Grunds. d. Wechselr. S. 118, und Arch. f. W. V. S. 434 f.). Dagegen Ortloff, D. W. O. S. 127. — Jolly, im Arch. f. deutsch. W. III. S. 15. Ist der Wechsel in einer fremden Sprache ausgestellt, so muß die Urkunde einen der deutschen Bezeichnung entsprechenden Ausdruck in der fremden Sprache enthalten. D. W. O. Art. 4, Nr. 1 und Art. 96. 1. — Koch, Wechselr. S. 112. — Die Erklärung, daß man sich nach Wechselrecht verpflichte, ist nicht, wie Pöhls, Wechselrecht, S. 107 meint, genügend. Borchardt, die D. W. O. mit den von den . . . Gerichten ausgesprochenen Grundsätzen, S. 9.

[5] Scaccia, tract. §. II. glos. 10, Nr. 1. — Die Unterschrift ist das Gewöhnliche; doch ist nach Gem. Rechte die Stellung des Namens unter den Wechselcontext nicht wesentlich (Thöl, Handelsrecht, §. 161. 3 und Note 7; Treitschke, Encyc. II. S. 510); anders nach der D. W. O. Art. 4, Nr. 5 und Art. 96. 5 und den andern W. O., welche ausdrücklich die Unterschrift verlangen. — Treitschke, Encyc. II. S. 511. — Koch, Wechselr. S. 115.

[6] Die Beisetzung des Vornamens und Characters des Ausstellers, welche einzelne W. O. verlangen (Dessau. W. O. §. 11; Cöthen. W. O. Art. 1,

mit Kreuzen oder sonstigen Handzeichen unterfertigt, so muß das Zeichen als von demselben herrührend gerichtlich oder notariell auf dem Wechselbriefe beglaubigt sein [7].

3) Die Bezeichnung desjenigen, an welchen gezahlt werden soll. Dieselbe muß nach der D. W. O. mit Angabe des Namens oder der Firma der betreffenden Person geschehen [8], während-

---

Nr. 7) ist gemeinrechtlich nicht nothwendig. Es kömmt Alles auf die Recognition der Unterschrift an. Koch, Wechselr. S. 118. — Seuffert, Arch. Bd. I. Nr. 373. Arch. f. deutsch. W. Bd. V. S. 219. — Zur Vollständigkeit der Unterschrift ist nicht erforderlich, daß der neben dem Vornamen des Ausstellers befindliche, leserliche Familien-Namen desselben bis auf den letzten Buchstaben ausgeschrieben sei; es genügt, daß aus den gebrauchten Buchstaben die bestimmte Person mit Zuverlässigkeit erkannt werden könne (Berl. O. T. im Arch. f. deutsch. W. IV. S. 448 und Kletke, Präjud. S. 169 Nr. 401.

[7] D. W. O. A. 94: „Wechselerklärungen, welche statt des Namens mit „Kreuzen oder anderen Zeichen vollzogen sind, haben nur dann, wenn diese „Zeichen gerichtlich oder notariell beglaubigt worden, Wechselkraft." — Zur notariellen Beglaubigung verlangt das Mecklenb. Schw. Einf. G. §. 4 zwei Zeugen, welchen der Aussteller in Person bekannt ist. — Gegen die Gültigkeit eines mit dem nach Art. 94 der D. W. O. beglaubigten bloßen Handzeichen des Ausstellers versehenen Wechselbriefs kann der Art. 7 der W. O. nicht angezogen werden (Blaschke im Arch. f. deutsch. W. IV. S. 159); ja es ist der Wechselbrief auch dann nicht ungültig, wenn das Handzeichen des Ausstellers daselbst durch bloße Privatunterschrift beglaubigt ist (Kitka in Haimerl's Magaz. Bd. VIII. S. 149 f., und Erläut. S. 266 f.), wiewohl in diesem Falle die Wechselerklärung des Ausstellers weder Wechselverbindlichkeiten noch auch Wechselrechte begründet. Arch. f. deutsch. W. Bd. IV. S. 55 u. S. 122. — Die in hebräischen Lettern geschriebene Namensunterschrift des Ausstellers ist für eine gültige Namensunterschrift (Berl. O. T. bei Borchardt, D. W. O. mit den von den Gerichten ausgesprochenen Grundsätzen, S. 164), und nur da für ein bloßes Handzeichen zu erachten, wo der Gebrauch der hebräischen und jüdischen Sprache oder Schrift bei Vermeidung der Nullität untersagt ist, wie z. B. durch das Oesterr. Hofdecret v. 22. Octob. 1814 (Arch. f. deutsch. W. Bd. III. S. 336; Stubenrauch, Vortr. S. 44; Kitka, Erläut. S. 35; dagegen Berger, W. O. S. 42).

[8] D. W. O. Art. 4, Nr. 3; Art. 96, Nr. 3. — Leipz. Protocolle, S. 11. — Altenburg. W. O. Kap. I. §. 1 e und Kap. II. §. 1 b. — Cöthen. W. O. Art. 1. — Schweiz. Entw. §. 3 Nr. 5. — S. auch Borchardt, D. W. O. S. 35. — Kitka, Erläut. S. 28 f.

dem nach gemeinem Rechte der Wechsel auch auf den Inhaber gestellt sein kann [9].

4) Die Angabe der zu zahlenden Geldsumme (der Wechselsumme), welche in Buchstaben oder in Zahlen geschehen kann [10]. Bei mehrfacher, aber abweichender Angabe derselben gilt gemeinrechtlich die geringere Summe als die Wechselsumme [11]. Nach der D. W. O. dagegen geht die in Buchstaben ausgedrückte Summe unbedingt vor, selbst wenn die Summe nur einmal in Buchstaben und mehrfach in Zahlen ausgedrückt sein sollte; ist dagegen die Summe mehrmals in Buchstaben oder mehrmals in Ziffern geschrieben, so gilt bei Abweichungen die geringere Summe [12].

[9] Treitschke, Encyc. I. S. 234 f. — Einert, Wechselrecht, S. 85. — Mittermaier, Grundſ. §. 329 zu Note 5. Der Wechselbrief bestimmt entweder ausdrücklich, daß an den Inhaber oder Vorzeiger gezahlt werden soll, oder es ist daselbst der Platz, auf welchem der Gläubiger bezeichnet sein sollte, offen gelassen (Blancowechsel). — Thöl, §. 161. 5 und §. 279. II. — Sächs. Entw. §. 55. — Von den particulären W. O., welche Wechsel auf den Inhaber nicht schlechterdings ausschließen (vergl. Note 8), lassen einige die Ausstellung solcher Wechsel nur bei Kaufleuten zu. — Dessau. W. O. §. 7. — Das französ. Recht erkennt nur billets à ordre au porteur an. Declarat. vom 21. Januar 1721 und Code de comm. Art. 110. — Nouguier, des lettres de change, No. 321.

[10] M. Pöhls, Wechselr. S. 108 f. — Die einmalige Bezeichnung genügt. Anders particularrechtlich. — Borchardt, D. W. O. S. 35. Der Schweiz. Entw. §. 3 verlangt, daß »die zu zahlende Summe im Contexte mit Buchstaben geschrieben« sei.

[11] l. 9 D. de R. J. (50. 17). — Dieß gilt auch für den Fall, daß der Gläubiger die höhere Summe sofort, wie z. B. durch einen Interimsschein, liquid machen kann. Dagegen Pöhls, a. a. O. S. 109. — Der Vorzug der im Conterte ausgedrückten Summe besteht nur particularrechtlich. — Dessau. W. O. §. 6.

[12] D. W. O. Art. 5: „Ist die zu zahlende Geldsumme in Buchstaben und „in Ziffern ausgedrückt, so gilt bei Abweichungen die in Buchstaben ausge„drückte Summe."

5) Die Angabe der Zeit, zu welcher gezahlt werden soll. Je nach der Art und Weise, wie diese Angabe geschehen, ist der Wechsel ein Tag- oder Präcise-Wechsel [13], ein Dato-Wechsel [14], ein Wechsel auf Sicht oder auf eine bestimmte Zeit nach Sicht (befristeter Sichtwechsel [15]),

---

„Ist die Summe mehrmals mit Buchstaben oder mehrmals mit Ziffern »geschrieben, so gilt bei Abweichungen die geringere Summe«. D. W. O. Art. 98. 1. — Preuss. Landr. Th. II. Tit. 8. §. 756. — Brauer, Erläut. S. 39. — Anders Bluntschli, D. W. O. S. 32.

[13] Die Zahlungszeit eines Wechsels kann auch auf den Tag der Ausstellung desselben gültig bestimmt werden (Berl. O. Tr. bei Kletke, Präjudiz.-Samml. S. 164, Nr. 383). — Die Hinzufügung des Zahlungsjahres ist nur dann nöthig, wenn dasselbe aus dem übrigen Inhalte des Wechsels nicht mit Gewißheit hervorgeht (Berlin. u. Wiener O. Tr. im Arch. f. deutsch. W. IV. S. 188; V. S. 351; Seuffert, Arch. Bd. VII. Nr. 230; IX. Nr. 59; Kletke a. a. O. S. 165, Nr. 384; 386—388; u. S. 269, Nr. 703). — Genügend ist die Zeitbestimmung „Ende März 1854" (Arch. f. deutsch. W. V. S. 325 u. Seuffert, Arch. Bd. XI. Nr. 58); ungenügend die Bestimmung „Zahlbar Anfangs des Monats N." oder: „Anfang Januar nächsthin" (Kletke a. a. O. S. 167, Nr. 392; Arch. f. deutsch. W. V. S. 428); so wie „bis zum 1. August 1855" (Arch. f. W. V. S. 429).

[14] Genügend ist die Bestimmung der Zahlungszeit auf eine bestimmte Zeit »dato«, „zwei Monate dato" (Berl. Ob. Tr.), oder »de dato« (Borchardt, die D. W. O. mit den Grundsätz. der Gerichte S. 121, Zus. 19; Kletke a. a. O. S. 167 Nr. 396—398); ungenügend die Bestimmung: „nach einem Jahre zahle ich oder zahlen Sie" (Berl. O. Tr. bei Borchardt a. a. O. S. 11, Zus. 4).

[15] Ein Wechsel, der „nach Sicht" ohne weitere Zeitbestimmung lautet, ist für gültig zu erachten (Plenar-Beschl. des Berl. Ob. Tr. vom 5. Nov. 1855 im Arch. f. deutsch. W. V. S. 422, gegen die früher von einem Senate dieses Gerichtshofes (Arch. f. W. II. S. 429 u. Seuffert, Arch. Bd. VII. Nr. 241) angenommene Ansicht. — Gelpke, Zeits. f. Handelsrt. Heft 1. S. 188; Bluntschli, D. W. O. S. 27. — Dagegen das O. A. G. in München bei Seuffert, Arch. Bd. X. Nr. 277 und Kletke, Präjudiz. S. 167, Nr. 395. — Gültig ist ferner die Zeitbestimmung „Gegen Sicht" (Borchardt a. a. O. S. 121, Zus. 17), so wie bei eigenen Wechseln „nach Wiedersicht", Kletke, a. a. O. S. 167, Nr. 394.

ein Meß-[16] oder Marktwechsel[17], ein Uso-Wechsel[18], ein Wechsel a piacere[19], oder es ist die Zahlungszeit auf Kündigung oder auf irgend eine andere Handlung oder Begebenheit gestellt[20]. — Nach der D. W. O. jedoch sind solche Wechsel ungültig, in denen die Zahlungszeit „a uso“[21], „a

[16] Nur solche Wechsel, in welchen die Zahlungszeit schlechthin und im Allgemeinen auf eine bestimmte Messe festgesetzt ist, sind für Meßwechsel zu erachten; Wechsel dagegen, deren Zahlungszeit auf eine gewisse Messe und zugleich auf einen bestimmten Monatstag in dieser Messe lautet, sind nach den über Tagwechsel bestehenden Vorschriften zu beurtheilen (Berl. O. Tr. im Arch. f. deutsch. W. V. S. 418 f., u. Seuffert, Arch. Bd. X. Nr. 278). K. Sächs. Einf. G. §. 3. Frankf. Einf. G. §. 4.

[17] Nur solche Wechsel, die auf einen bestimmten Markt, mithin zur Zeit und am Orte des Markts zahlbar sind, sind Marktwechsel; doch ist die Verfallzeit eines auf einen bestimmten Markt gestellten, allein außer dem Marktorte zahlbaren Wechsels nach Analogie der D. W. O. Art. 35 zu bestimmen. Borchardt, die D. W. O. mit den von den Gerichten ausgesprochenen Grundsätzen, S. 122, Zus. 21. Arch. f. d. W. V. S. 437 f.

[18] Ein Wechsel ist Usowechsel, wenn er ausdrücklich „a uso“ (mezzo uso, doppio uso) lautet. Code de comm. Art. 129. 131. 132. — Cöthen. W. O. Art. 31. — Der Wechsel, der keine ausdrückliche Bestimmung der Zahlungszeit enthält, ist selbst dann kein Usowechsel, wenn am Zahlungsorte ein Uso besteht (Pöhls, Wechselr. S. 379; dagegen Treitschke, Encyc. II. S. 569); ein solcher Wechsel ist, wenn auch ein trassirter, nicht ein Sichtwechsel, sondern kein gültiger Wechsel. Thöl, Handelsr. §. 161. 8 und 170. 3. — Die entgegengesetzte Behauptung Scaccia's tract. §. II. Glos. I. No. 10 beruht auf einer Verwechslung der Wechselverpflichtung mit civilrechtlicher Verbindlichkeit.

[19] Formular bei Scaccia, tract. §. I. Quaest. V, No. 44: „Magnifico Signore, sarete contento pagare ad ogni suo piacere al Signor Marco N. „scudi cento . . . “ — Pöhls, Wechselr. S. 380.

[20] Thöl, §. 170, 4. — Preuss. Landr. II. 8. §. 774.

[21] Das K. Sächs. Gesetz vom 7. Juni 1849, §. 3 und das Weimar-Eisenach. Gesetz vom 3. August 1849, §. 2, die kaufmännischen Anweisungen betreffend, erkennen auf Uso gestellte Anweisungen an. — Durch die D. W. O. ist übrigens den im Auslande ausgestellten Usowechseln die Gültigkeit nicht abgesprochen. Dies. Lehrb. §. 7, Nr. 2.

piacere« [22], auf Kündigung [23] oder auf eine andere Handlung oder Begebenheit als Sicht, Messe oder Markt lautet [24].

Uebrigens kann die Zahlungszeit für die mehreren Raten der Wechselsumme verschieden bestimmt sein (sog. Ratenwechsel), wiewohl die hierbei übliche cassatorische Clausel für nicht beigeschrieben zu erachten ist [25].

6) Die Bezeichnung des Orts, woselbst die Zahlung geschehen soll [26].

Außer diesen Erfordernissen verlangt die D. W. O. noch

7) die Bezeichnung des Orts, Monatstages und Jahres der Ausstellung [27], welche Angaben jedoch nach Gemeinem Rechte, mit Ausnahme des Zeitdatums bei Dato-Wechseln, keineswegs wesentlich sind [28].

---

[22] Die Oesterr. W. O. hat hinter die Worte »a vista« die anderen „a piacere" eingeschaltet. — S. auch Brauer, Erläut. S. 32 Note.

[23] Arch. f. deutsch. Wechselr. Bd. II. S. 329. — Kletke, Präjudiz. S. 164, Nr. 382.

[24] D. W. O. Art. 4, Nr. 4 und Art. 96, Nr. 4. — Preuss. Motive, S. XXXII. — Leipz. Protoc. S. 13 a. E. und S. 14. Schw. Entw. §. 4.

[25] Brauer, im Arch. f. deutsch. Wechselr. Bd. III. S. 58 f. Nach einer andern Ansicht ist auch die cassatorische Clausel gültig (Berlin. O. Tr. bei Borchardt, die D. W. O. mit den von den Gerichten ausgesprochenen Grunds. S. 12, Zus. 6). Nach einer dritten Meinung endlich ist der Ratenwechsel ungültig (Borchardt, im Arch. f. deutsch. W. Bd. I. S. 199; Gelpke, in der Zeits. f. Handelsrt. Heft 3. S. 102 f.; so auch nach einer in Folge Allerh. Entschliessung erlassenen Verordn. des österr. Justizminist. v. 29. Oct. 1852 (Arch. f. d. W. III. S. 240 u. Kitka, Erläut. S. 31 f., u. nach sächs. Urtheilen (Arch. f. W. IV. S. 101 f.).

[26] Dies. Lehrb. §. 31 und §. 44.

[27] D. W. O. Art. 4, Nr. 6 und Art. 96. — Code de comm. Art. 110. Schw. Entw. §. 3. Die Datirung eines Wechsels von einem Markte ersetzt die Angabe des Monatstages der Ausstellung nicht. Arch. f. deutsch. W. V. S. 435.

[28] Thöl, Handelsr. §. 163. — Für die Wesentlichkeit des Ortsdatums kann nicht angeführt werden, daß der Ausstellungsort die Gesetze bestimme, nach welchen die Gültigkeit des Wechsels zu beurtheilen (So Bender, Grundf. I.

Stoff [29] und Format des Wechselbriefs [30] aber sind nur insoferne wesentlich, als aus deren Wahl Zweifel gegen die Ernstlichkeit der Absicht, mittelst der betreffenden Urkunde eine wechselmäßige Verbindlichkeit zu übernehmen, sich nicht ergeben dürfen, so wie auch der Context des Wechsels, der in fremder Sprache ausgefertigt sein kann [31], vom Aussteller nicht eigenhändig geschrieben zu sein braucht [32].

§. 16.

Die Wirkungen eines Mangels an den wesentlichen Erfordernissen des Wechselbriefs. — Die falschen und die verfälschten Wechsel.

Eine Urkunde, welcher es an dem einen oder dem andern der für einen Wechselbrief wesentlichen Erfordernisse gebricht, ist kein Wechsel. Aus diesem Grunde haben die auf eine solche Schrift gesetzten Erklärungen keine Wechselkraft [1], wenn nicht zur Zeit der

---

S. 159; dagegen aber Treitschke, Encyc. I. S. 322 f.), und eben so wenig jenes Nothwendigkeit zur Feststellung der distantia loci (dies. Lehrb. §. 14 zu Note 12 und Treitschke, Encyc. II. S. 51 f.); diesem Schriftsteller ist jedoch insofern nicht beizustimmen, als er auch für den Fall, daß das particuläre Recht Platzwechsel ausschließt, das Ortsdatum nicht für wesentlich erachtet. — Ueber die Nützlichkeit des Zeitdatums s. Bender, Grundſ. I. S. 161. — Mittermaier, Grundſ. §. 329, Note 11.

[29] Brauer, im Arch. f. deutsch. W. Bd. V. S. 366 f., der mit Recht gegen Blaschke, Wechselrt. S. 59 bemerkt, daß der Stoff der Wechselurkunde nicht vollkommen unerheblich.

[30] Brauer, a. a. O. S. 370 f. — Kitka, Erläut. S. 347.

[31] Arg. D. W. O. Art. 4 Nr. 1. — Berger, W. O. S. 41; — auch in jüdischer oder hebräischer Sprache, wo nicht, wie in Oesterreich, die Landesgesetzgebung entgegensteht. — Zur Anstellung der Klage im Wechselprocesse ist jedoch die Beilegung einer beglaubigten Uebersetzung des nicht in einer allgemein verständlichen Sprache geschriebenen Wechsels nöthig. Arg. K. G. O. v. 1555. Tit. XXXI. §. 7. — Seuffert, Arch. Bd. VII. Nr. 260.

[32] Brauer, a. a. O. S. 368 f.

[1] D. W. O. Art. 7 und Art. 98. 1. Schw. Ent. §. 7. — Unrichtig ist daher, auch abgesehen von der D. W. O., die Ansicht Thöl's, Handelsr. §. 162, daß das Accept oder Indossament einer Tratte, auf welcher der Name des Trassanten fehlt, wechselrechtlich gültig sei. Denn werden auch durch Accept

daraus angestellten Klage der mangelhafte Wechselbrief verbessert ist. [2]

Dagegen entzieht die Unrichtigkeit der in die Wechselurkunde wesentlich aufzunehmenden Angaben dem Wechselbriefe die Fähigkeit die Begründung von Wechselverbindlichkeiten zu vermitteln nicht [3]. Daher hat denn die Fälschung oder Verfälschung der Un-

---

und Indossament selbstständige Verbindlichkeiten begründet, so setzen doch beide ein formell fehlerfreies Papier voraus. Leipz. Protoc. S. 18. — Brauer, Erläut. S. 42. — Bluntschli, D. W. O. S. 34. Das wechselrechtlich unwirksame Indossament eines wegen Mangels eines wesentlichen Erfordernisses ungültigen Wechsels kann als Cession wirksam sein (Ob. Trib. in Berlin im Arch. f. deutsch. W. V. S. 427. b).

[2] Daher ist, abgesehen vom Falle des dolus, die Einrede, daß das Accept auf das Wechselformular gesetzt worden, bevor dasselbe ausgefüllt und vom Aussteller unterschrieben war, wenn ein vollständiger Wechsel vorliegt, unzulässig (Berlin. Ob. Tr. im Arch. f. deutsch. W. II. S. 328; Seuffert, Arch. VII. Nr. 236 u. IX. Nr. 61; Verordn. des Oesterr. Justizminister. vom 6. Oct. 1853 (im Arch. f. d. W. IV. S. 113): »Die Einwendung, dass zur Zeit als die Acceptation oder eine andere verbindliche Erklärung (Indossament, Aval) auf den Wechsel gesetzt wurde, die Unterschrift des Ausstellers oder eines der übrigen in Art. 4 aufgezählten wesentlichen Erfordernisse eines Wechsels noch gemangelt habe u. erst später ausgefüllt worden sey, findet gegen einen dritten redlichen Inhaber des Wechsels in keinem Falle, gegen diejenigen aber, welche an der nachträglichen Ausfüllung selbst Theil genommen haben, nur dann Statt, wenn erwiesen wird, dass mit der noch unausgefüllten Urkunde durch eine unbefugte oder der getroffenen Verabredung zuwiderlaufende Ausfüllung ein rechtswidriger Gebrauch gemacht worden ist.« Die Begründung dieser Ansicht s. bei Borchardt, im Arch. f. d. W. III. S. 383 f. u. Kitka, Erläut. S. 258 f. — Nach einer andern Meinung ist die Einrede, daß die Erklärung auf das unausgefüllte Wechselformular gesetzt worden, zulässig (Arch. f. deutsch W. II. S. 417 f. u. Seuffert, VII. Nr. 232) und kann auch demjenigen entgegengestellt werden, welcher den schon vollständig ausgefertigten Wechsel an sich gebracht hat (Arch. f. deutsch. W. IV. S. 125), welches letztere jedoch eine dritte Ansicht verneint (Haimerl's Magaz. Bd. VIII. S. 98 f.; Arch. f. d. W. IV. S. 90 u. S. 99; Seuffert, Arch. Bd. VII. Nr. 350. 351; Bd. III. Nr. 199).

[3] Daher die Kraft der Keller- oder Proforma-Wechsel. Schiebe, die Lehre von den Wechselbriefen, S. 198 f. — Pöhls, Wechselr. S. 613. — Brauer, Erläut. S. 132. — Kitka, Erläut. S. 17 f. — (Particular-

terschrift des Ausstellers (Indossanten, Acceptanten, — falscher Wechsel [4]), wiewohl der angebliche Aussteller gar nicht [5], der Fälscher aber nicht wechselrechtlich haftet [6], auf die wechselmäßige Wirkung der auf die Wechselurkunde gesetzten ächten Erklärungen keinen Einfluß [7].

Das Nämliche gilt auch von der Verfälschung der übrigen Theile des Wechselbriefs (verfälschter Wechsel [8]), insbesondere der Wechselsumme, wiewohl die nachträgliche Erhöhung derselben auf die vorher eingegangene Verpflichtung ohne Einfluß bleiben muß [9].

---

rechtlich sind dieselben jedoch wechselrechtlich kraftlos; Cod. de comm. Art. 112; Borchardt, D. W. O. S. 38); daher ferner auch die wechselmäßige Kraft des Wechsels, der in Mißbrauch einer in blanco gegebenen Unterschrift über dieselbe gesetzt worden ist. D. W. O. mit Einl. und Erläut. S. 200. — S. ferner Borchardt, D. W. O. S. 37 u. über die Wechsel, in denen das Handzeichen des Ausstellers durch bloße Privatunterschrift beglaubigt ist. Dies. Lehrb. §. 15 not. 7. — Correcturen dagegen in wesentlichen Theilen des Wechselcontextes sind nach den Vorschriften des Allgemeinen Rechts zu beurtheilen. Arch. f. d. W. Bd. V. S. 90.

[4] Bender, Grundſ. II. S. 220 und 221.

[5] Thöl, §. 284. — Mittermaier, Grundſ. §. 354. I. — Der wirkliche Aussteller, dessen Name verfälscht worden, bleibt dessenungeachtet verhaftet, wenn die ächte Unterschrift anerkannt oder aus dem Wechsel herzustellen ist. — Bluntschli, D. W. O. S. 119.

[6] Thöl, §. 284. — Borchardt, D. W. O. S. 143. — Preuss. Motive, S. LXXI. — Leipz. Protoc. S. 141.

[7] Mittermaier, Grundſ. §. 354. II. — D. W. O. Art. 75 und 76. Art. 98. 9. — Preuss. Motive, S. LXXII. — Schw. Entw. §. 80. — Die Verpflichtung des Acceptanten gegenüber dem ersten Nehmer der falschen Tratte leugnet Thöl, §. 204 und §. 285. I. aus nicht zureichenden Gründen. — Leipz. Protoc. S. 141 a. E. und S. 142. — Bluntschli, D. W. O. S. 121. — Gegen den Betrüger und diejenigen, welche wissentlich vom falschen Wechsel Gebrauch gemacht haben, hat aber der Acceptant eine exceptio doli. Leipz. Protoc. S. 142. — Koch, Wechselr. S. 292.

[8] Bender, Grundſ. II. S. 220.

[9] Bender, II. S. 231 f. — Mittermaier, Grundſ. §. 354 III. — Borchardt, D. W. O. S. 142 f. — Kitka, Erläut. S. 21; und zwar nach den hier in Anwendung kommenden Grundsätzen des allgemeinen Civil-

§. 17.

Der ausserwesentliche Inhalt des Wechselbriefs.

Die ausserwesentlichen Bestandtheile, welche in Wechselbriefen sich vorfinden, sind theils solche mit, theils solche ohne wechselrechtliche Bedeutung.

I. Zu den ausserwesentlichen Bestandtheilen der ersteren Art gehören:

1) Die Worte „Nicht an Ordre" oder diesen gleichbedeutende [1], welche, dem Namen des ersten Wechselnehmers beigesetzt, den Wechselbrief zu einem Recta-Wechsel [2], d. h. zu einem nicht begebbaren Papiere machen [3].

2) Die Domicilirung des Wechsels, welche dadurch geschieht, daß in dem Wechselbriefe ein von dem der Adresse, d. h. der Bezeichnung des Zahlers (des Trassaten, resp. Ausstellers des eigenen Wechsels) beigesetzten Orte verschiedener Zahlungs-

rechts. — Preuss. Motive, S. LXXI. — O. A. G. in Rostock im Arch. f. deutsch. W. Bd. III. S. 406 f. — Seuffert, Arch. VII. Nr. 92. — S. auch Scaccia, tract. §. II. Glos. V. Nr. 393 sqq. — Schw. Entw. §. 81: „Aus einem Wechsel, dessen ursprüngliche Summe, Verfallzeit u. s. w. „verfälscht sind, haftet der Indossant für diejenige Summe, Verfallzeit u. s. „w., für welche er den Wechsel weiter begeben hat. — Wird der Wechsel „nach stattgefundener Verfälschung acceptirt, so haftet der Acceptant aus „seinem Accepte. — Ist jedoch nicht erweislich, ob die Annahme oder Ehren- „annahme vor oder nach der Verfälschung erfolgte, so wird angenommen, „dafs sie vor der Verfälschung stattfand. — Nicht gerechtfertigt ist die Ansicht Thöl's, §. 288. II, daß der Aussteller, welcher die Tratte nach deren Verfälschung begeben, nicht nach dem neuen Inhalte derselben hafte, wenn er diesen im Augenblicke der Begebung nicht gekannt; und eben so ungegründet ist die Behauptung jenes Schriftstellers in dieser Allgemeinheit, daß der Acceptant, der nach der Verfälschung des Wechsels acceptirt, denjenigen Wechselnehmern, an welche die Tratte vor der Veränderung begeben worden, nicht für die höhere Summe hafte. — D. W. O. mit Einl. u. Erläut. S. 205.

[1] Bender, Grundſ. I. S. 184.

[2] Ueber die Bezeichnung s. Pöhls, Wechselr. S. 104. 5.

[3] Dies. Lehrb. §. 51.

orte bestimmt wird [4], — was wieder mit oder ohne Bezeichnung eines Domiciliaten geschehen kann. Doch ist der Wechsel nur dann ein Domicilwechsel im gesetzlichen Sinne des Worts, wenn die Bezeichnung des vom Ort der Adresse verschiedenen Zahlungsorts [5] durch den Aussteller Statt gefunden [6].

II. Unter den ausserwesentlichen Bestandtheilen des Wechselbriefs, welchen eine wechselrechtliche Bedeutung nicht zukömmt, sind namentlich hervorzuheben:

1) Die auf die Valuta, d. h. auf die Gegenleistung, welche dem Wechselaussteller [7] für die Uebernahme der wechselmäßigen Verbindlichkeit gemacht oder versprochen worden ist [8], bezüg-

---

[4] Treitschke, Encyc. I. S. 340 f. — Thöl, Handelsr. §. 278. I. — Borchardt, D. W. O. S. 68.

[5] Die Ortsverschiedenheit muß eine Verschiedenheit der Plätze sein (Fick, der trassirte eigene Wechsel, S. 30 f.; Leonhard Wächter, im Arch. f. d. W. Bd. V. S. 152; dagegen Pöschmann, i. demselb. Arch. Bd. II. S. 195).

[6] Arg. D. W. O. Art. 4 Nr. 8 und Art. 24. Arch. f. d. W. Bd. II. S. 329; Seuffert, Arch. Bd. VII. Nr. 231 u. Bd. X. Nr. 206. — Leonhard Wächter im Arch. f. d. W. Bd. V. S. 152. — Die Domicilirung geschieht gewöhnlich durch einen Zusatz zur Adresse: „Herrn N. in Leipzig, zahlbar in Naumburg", oder: „an mich selbst in Heidelberg, zahlbar in Frankfurt."

[7] Ueber die Valuta-Angabe beim Indossamente s. dies. Lehrb. §. 41, Note und §. 52.

[8] Einert, Wechselr. S. 98 f. — Thöl, §. 158, 3 und §. 177. I. — Coburg-Goth. Einf. G. §. 8: „Klagen auf Zahlung der Valuta von Seiten „eines Ausstellers oder Indossanten sind, insoweit sie sich nicht nach Betrag „u. vorhandenem urkundlichem Beweis zur Verhandlung im Executiv-Processe „eignen, ohne Rücksicht auf die Gröfse des Streitgegenstandes im Wege des „unbestimmt summarischen Processes zu führen. — Verurtheilende Erkennt„nisse in dergleichen Sachen sind vorläufig vollstreckbar, und ist gegen die „dem Wechselarrest an sich unterworfenen Beklagten der Personalarrest in „gleicher Art wie in eigentlichen Wechselsachen zulässig. Die except. non „num. pecun. kann in solchen Sachen mit der gemeinrechtlichen Wirkung nicht „vorgeschützt werden."

lichen sehr verschieden lautenden[9] Formeln[10]. Doch ist durch einzelne Wechselordnungen die Angabe des Valuten=Verhältnisses als ein wesentlicher Bestandtheil der Wechselurkunde erfordert[11].

2) Die Clauseln, durch welche dem Wechselgläubiger eine Hypothek (Hypothekenwechsel[12]) oder ein Faustpfandrecht (Pfandwechsel im engeren Sinne[13]) bestellt wird (Pfandwechsel im weiteren Sinne oder gedeckter Wechsel[14]).

---

[9] Bender, Grundſ. I. S. 188 f. — Treitſchke, Encyc. II. S. 520 f. S. auch Borchardt, D. W. O. S. 35 zu Nr. 3.

[10] Dieſ. Lehrb. §. 14 zu Not. 13. — Thöl, §. 163. 1 u. Note 1; §. 270. II. — Preuſſ. Motive, S. XXXIII f. — Leipz. Protoc. S. 10 f. Ueber den fortdauernden Gebrauch des Valuta-Bekenntniſſes bei Kaufleuten S. Biener, im Arch. f. d. W. V. S. 241 f.

[11] Die W. O. verlangen 1) die ſpecielle Bezeichnung des Valuten-Verhältniſſes, und zwar entweder bei allen Arten von Wechſeln (Cöthen. W. O. Art. 1, Nr. 5: Ein Wechſelbrief muß nothwendig enthalten: „die „Valuta, ob solche in Rechnung bestehe, oder ob sie baar, auch von wem „dieselbe empfangen worden“, oder nur bei Tratten (Cod. d. comm. Art. 110), oder nur bei eigenen Wechſeln (Altenburg. W. O. Kap. I. §. 1 a. E. „die Valuta, von wem und wie solche empfangen“). 2) Nach andern W. O. genügt eine allgemeine auf das Valuten-Verhältniß bezügliche Formel. Deſſau. W. O. §. 8: „Jeder Wechsel mufs das Bekenntniss „des Ausstellers von dem Empfange der Valuta oder des Werths enthalten; „es kommt hierbei jedoch nicht auf die Worte an, womit das Empfangs-„bekenntnifs ausgedrückt ist, wenn nur der Ausdruck — Valuta — oder „— Werth — gebraucht worden“. S. auch Treitſchke, Encyc. II. S. 524 f. — Das Erforderniß der Valuta-Angabe iſt jedoch eine bloße Form nnd ſchließt die Möglichkeit nicht aus, mittelſt eines Wechſels eine dos oder ein Geſchenk zu geben. — Einert, Wechſelr. S. 100. — Grävell, im Arch. f. deutſch. Wechſelr. Bd. I. S. 122.

[12] Eine General- (Scaccia, tract. §. 1. Quaest. V, No. 16) oder eine Special-Hypothek. — Bender, Grundſ. II. S. 83 f. — Das Vermögen des Indoſſanten eines Wechſels, in welchem eine General-Hypothek beſtellt iſt, iſt nicht verpfändet. — Pöhls, Wechſelr. S. 584.

[13] Thöl, II. S. 427. — Bender, Grundſ. II. S. 88 und 89.

[14] Die Pfandbeſtellung, welche auch auſſerhalb des Wechſels, wiewohl mit theilweiſe anderer Bedeutung, geſchehen kann (Thöl, §. 268. 1 und 2;

§. 18.

Die Vervielfältigung des Wechselbriefs*. Die Allongen.

Ein Wechselbrief kann in doppelter Weise vervielfältigt werden [1], nämlich:

1) Durch die Ausstellung mehrerer Originalien desselben (Wechselduplicate). Mehrere gleichlautende Urschriften sind Ein Wechsel, jedoch nur unter der Voraussetzung, daß aus jedem einzelnen Exemplare ersichtlich ist, daß dasselbe nicht allein steht [2]. Ist dieß nicht der Fall, so gilt jedes Exemplar als ein für sich bestehender Wechsel (Solawechsel [3]). Das

---

Treitschke, Encyc. II. S. 54), ist übrigens bei Tratten selten (Daniels, Grunds. S. 329 f.; s. jed. Thöl, §. 268. 4), macht aber, wenn auch im Wechsel geschehen, denselben nicht ungültig. (Berlin. Ob. Tr. bei Borchardt, die D. W. O. mit den Grundsätzen der Gerichtshöfe, S. 168 Zus. 112; S. ferner Seuffert, Arch. Bd. VII. Nr. 354). Anders particularrechtlich. Bender, II. S.86. — Lüb. Einf. Ges. Art. 4.— Nach andern Particularrechten ist die in einem Wechsel enthaltene Pfandverschreibung wirkungslos (Hamburg. Einf. G. §. 13), oder doch die Hypothecar-Clausel (Reuß-Schleiz. Einf. G. §. 5). — Nach dem Holst. Einf. G. §. 3 können Wechsel ohne Pfandverschreibung auf ungestempeltem Papier ausgefertigt werden (s. §. 15 not. 1). —

* Ueber Wechselduplicate, Wechselabschriften und einige verwandte Gegenstände (von Cleynmann), Frankfurt a. M. 1807. — Zchinsky, de cambiis multiplicatis, Lips. 1823. — Heise u. Cropp, jurist. Abhandlung. Bd. I. Nr. 26, S. 545 f. — Borchardt, die Wechselduplicate und Copien, Berlin 1847. — Jolly, im Arch. f. deutsch. Wechselr. Bd. III. S. 1 f. Brackenhoeft im Arch. f. pract. Rechtswiss. Bd. III. S. 81 f.

[1] Particularrechtlich sind die Wechselvervielfältigungen einem Stempel unterworfen. — In Oesterreich alle Exemplare (Ditscheiner, Wechselrecht, S. 185 f.), in Preussen nur die zum Umlaufe bestimmten (Borchardt, die D. W. O. mit den von den Gerichten ausgesprochenen Grundsätzen, S. 16).

[2] Jolly, a. a. O. S. 13.

[3] Thöl, Handelsr. §. 280 zu Note 5. — D. W. O. Art. 66, Abs. 2. Schweiz. Entw. §. 70.

Vorhandensein einer Mehrheit von Originalien wird aber üblicher, wiewohl nicht nothwendiger Weise durch die Bezeichnung der einzelnen Exemplare als Prima, Secunda, Tertia u. s. w. angedeutet [4]; durch die D. W. O. jedoch ist diese Art der Bezeichnung, und zwar im Contexte des Wechsels, als wesentlich verlangt [5]. Dagegen ist die Beifügung der sog. cassatorischen Clausel weder nach Gemeinem Rechte, noch auch nach der D. W. O. erfordert [6].

Wechselduplicate können nicht allein von vorn herein ausgestellt, sondern es kann auch der einfach (Sola) begebene Wechselbrief später duplirt werden [7]. Eine Duplirung aber ist sowohl bei gezogenen, wie bei eigenen Wechseln möglich [8], wiewohl eine solche bei diesen letzteren seltener vorkömmt [9], da sie nur zu Zwecken von

---

[4] Dies. Lehrb. §. 14, Note 4. — Scaccia, tract. §. 1. Quaest. V. No. 73. — Doch können die mehreren Exemplare nach Gemeinem Rechte auch in anderer Weise als ein Wechsel bezeichnet werden, z. B. durch die Worte: „Gegen diesen vierfach ausgestellten Wechsel".

[5] D. W. O. Art. 66, Abs. 2. — Leipz. Protoc. S. 133. — Die Ansicht Jolly's a. a. O. S. 15, daß die Bezeichnung der Exemplare als Erster, Zweiter u. s. w. genüge, verdient keine Billigung.

[6] Treitschke, Encyc. I. S. 345. — Pöhls, Wechselrecht, S. 308. — Jolly, a. a. O. S. 16 f. — Anders nach dem Code de comm. Art. 147.

[7] Ist jedoch der einfach ausgestellte Wechselbrief als Sola-Wechsel oder nicht als Prima-Wechsel bezeichnet, so muß derselbe zum Zwecke der Duplirung an den Aussteller eingesandt werden. — Brauer, Erläut. S. 122 i. A. — Dieß wird namentlich für den Fall wichtig, daß die einfach ausgestellte Tratte verloren gegangen ist. — Scaccia, tract. §. II. Glos. V. No. 351 sqq. — Treitschke, Encyc. II. S. 591 i. A. — Unrichtig Bender, Grundſ. II. S. 203.

[8] Treitschke, Encyc. I. S. 354 f. — Die D. W. O. erwähnt zwar der Duplicate eigener Wechsel nicht, dessenungeachtet ist auch nach diesem Gesetze deren Unzulässigkeit nicht anzunehmen. Jolly, a. a. O. S. 6.

[9] Bayer. W. O. von 1785. §. 1: die eigenen Wechsel werden „fast allezeit sola" ausgestellt; daher auch der Name „Sola-Wechsel" für eigene Wechsel.

untergeordneter Bedeutung brauchbar ist [10]. Anders verhält es sich dagegen hinsichtlich der trassirten Wechselbriefe, bei welchen eine Mehrheit von Exemplaren nicht allein zur größern Sicherheit [11], sondern auch zur größern Bequemlichkeit des Wechselnehmers [12] dient; daher denn nur bei diesen dem Aussteller kraft Gemeiner Gewohnheit, so wie auch nach der D. W. O. die zwar nicht wechselmäßige Verbindlichkeit obliegt, seinem Nehmer auf Verlangen mehrere Originalien des Wechsels zu überliefern [13].

2) Durch die Reproducirung des Original-Wechsels in Abschriften (Wechselcopien [14]), die zwar, insoweit als sie als Abschriften erscheinen, zur Geltendmachung von Wechselrechten untauglich [15], wohl aber dazu geeignet sind, Original-Unter-

---

[10] Borchardt, die Wechselduplic. S. 38. — Jolly, a. a. O. S. 5.

[11] Eine sehr beschränkte Ansicht über die Bedeutung der Wechselduplicate hat Scaccia, tract. §. II. Glos. 6, No. 3: „Quaero . . ., ad quid fiant „tot litterae cambii de eodem contractu cambii? Respondeo fieri principaliter, „ne fides cambii contracti pereat, et secundario, ne creditor, amissis seu inter„ceptis primis vel secundis litteris, cogatur redire ad debitorem, qui alias „faciat".

[12] Einert, Wechselrecht, S. 400 f. — Jolly, a. a. O. S. 2 f. Auch bei Wechselduplicaten zur Sicherheit ist die cassator. Clausel keineswegs wesentliche Form. Jolly, a. a. O. S. 18.

[13] Dies. Lehrb. §. 3, Note 1. — Scaccia, tract. §. II. Glos. 6, No. 2: „Quaero . . ., quot creditori, cui solutio facienda erit, dari debeant litterae „cambii? Respondeo, de istis litteris faciendis non esse determinatum nume„rum, quia earum pluralitas eas facienti non nocet . . . Usus tamen invaluit, „ut soleant fieri tres litterae". — Daniels, Grundſ. S. 197 f. — Bender, Grundſ I. S. 181 f. — Thöl, Handelsr. §. 176 zu Note 19. — Pöhls, Wechſelr. S. 132. — Mittermaier, Grundſ. §. 331. I. — Liebe, Entw. S. 75 f. — D. W. O. Art. 66, Abſ. 1. — Schw. Entw. §. 70. — Dagegen Treitschke, Encyc. I. S. 162 f. — In der Annahme eines als Sola-Wechsel bezeichneten Exemplars liegt kein stillschweigender Verzicht auf die Nachlieferung von Exemplaren. Jolly, a. a. O. S. 10. — Dagegen Bluntschli, D. W. O. S. 109.

[14] Pöhls, Wechselr. S. 312 f.

[15] Wie zur Protesterhebung und Regreßnahme. — Treitschke, Encyc. I. S. 4 und 5.

schriften mit voller wechselmäßiger Wirkung aufzunehmen [16], zu welchem Zwecke jedoch die Beschließung der Copie erforderlich ist [17].

Reicht aber ein Wechselbrief für darauf zu setzende Erklärungen nicht mehr aus, so kann er durch Allongen (Verlängerungszettel, Wechselanhänge) verlängert werden, bei deren Ansetzung jedoch die nöthigen Vorsichtsmaßregeln zu beobachten sind, damit eine etwaige Lostrennung derselben aus dem Wechsel ersichtlich bleibe [18].

Drittes Kapitel.

Die Wechselstrenge und die Wechselfähigkeit.

A. Das ältere Recht.

§. 19.

Die Wechselstrenge.

Unter der Wechselstrenge, welche in älterer Zeit als das Charakteristische der Wechselschuld betrachtet wurde (dies. Lehrb.

---

[16] Mittermaier, Grunds. §. 331. III. — Anders jedoch nach einzelnen W. O. — Cöthen. W. O. Art. 32: „Ein Sichtsbrief, der zugleich Sola-„Wechselbrief ist, kann nicht anders als a drittura zur Acceptation und Ein-„cassierung gesandt, auch nicht anders als im Original vernegotiirt „werden, massen die Vernegotiirung einer per Notarium vidimirten Copei „mit zu vielen Umständen und Weitläufigkeiten verknüpft ist."

[17] Pöhls, Wechselr. §. 313. — Koch, Wechselr. S. 281. — D. W. O. Art. 70, Abs. 1 und Art. 98. 8. — Ohne Grund wird das Erforderniß des Arretirens der Copie auf den Fall der Indossirung derselben beschränkt. — So v. Treitschke, Encyc. I. S. 6.

[18] Treitschke, Encyc. I. S. 122. — Ditscheiner, Wechselr. S. 286 f. Jolly im Arch. f. d. W. Bd. V. S. 54.

§. 9, Note 5), verstand man theils das rasche Verfahren zu deren Geltendmachung, theils und namentlich den gegen den Wechselschuldner stattfindenden Personalarrest. Die Personalhaft aber [1], welche ursprünglich ausser bei Forderungen, die durch öffentliche Urkunden festgestellt waren [2], bei Handelsschulden überhaupt und so auch bei Wechselschulden der Kaufleute vorkam [3], ward erst später, nachdem sie in den übrigen Fällen ausser Gebrauch gekommen war, eine Eigenthümlichkeit dieser letzteren, bei welchen sie sich als Vollstreckungsmaßregel, die übrigens auch auf Nicht-Kaufleute Anwendung fand, in Geltung erhielt [4]. Particularrechtlich

---

[1] Es ist dieselbe nicht zu verwechseln mit der Uebergabe zu Hand und Halfter, welche in älterer Zeit gegen jeden zahlungsunfähigen Schuldner Statt hatte. Sächs. Landrecht III. 39, §. 1.

[2] Stat. v. Ancona v. J. 1357 (bei Briegleb, über executor. Urkunden u. Execut.-Proceß, 2. Aufl. Thl. II. S. 211). — Stat. v. Neapel v. 1420 b. Briegleb a. a. O. S. 203). — Stat. v. Lucca v. 1539 (b. Briegleb a. a. O. S. 263).

[3] In den Stat. mercator. v. Verona v. J. 1319 (bei v. Martens, Versuch, Anh. S. 24 heißt es: „Et si aliquis mercator fecerit mercatum cum „aliqua persona de rebus pertinentibus seu spectantibus ad mercandariam . . . „et si idem emtor non solverit incontinenti, personaliter eum faciam detineri . . .“ Nach den Stat. dei mercanti v. Bergamo v. J. 1457 (bei v. Martens, Anhang, S. 27) kann gegen den „debitor vel fidejussor . . . „occasione mercantiae, . . . de quo debito constet per . . . scrip„turam manu debitoris . . . summarie, sine strepitu et figura Judicii“ — und „etiam per captionem personae“ verfahren werden. — Nach dem Leipzig. Markt-Rescr. v. J. 1621 (bei Siegel, corp. jur. camb. I. p. 60) soll bei den Jahrmärkten in „bekäntlichen Schulden“ der Kaufleute mit Gehorsams-Zwang verfahren werden. — Nach der Stadt Bozen W. O. und andern Markts-Privil. v. J. 1666 soll während der Messe gegen Kaufleute sine strepitu judicii verfahren werden (§. VIII), und es soll auch der von den Kaufleuten erwählte Consul mit Arresten auf die Personen, jedoch nur falls deren Entweichung zu befürchten, procediren können (§. XII). — S. auch v. Martens, Versuch S. 58 f.; Biener, Abhandl. S. 100, 141 a. E. u. 146.

[4] I. R. A. §. 107: „Als auch bey den Handels-Städten, in Wechsel-Sachen, „in Mess-Zeiten u. sonsten Casus vorfallen, da nicht allein nach Kaufmanns„Gebrauch, sondern nach aller Rechts-Gelehrten Meynung die parata Executio

wurde sogar der Wechselarrest sofort nach geschehener Anerkennung des Wechsels zugelassen [5].

§. 20.

Die Wechselfähigkeit.

Die Wechselfähigkeit als die Fähigkeit Wechselschulden einzugehen, war, wie das Wechselgeschäft sich als ein selbstständiges Rechtsinstitut entwickelt hatte [1], keineswegs eine ausschließliche Eigenschaft der Kaufleute [2]. Doch bewirkten unrichtige Ansichten über

---

„stracks Platz haben solle, und innerhalb 24 Stunden, oder etlich wenig Tagen „zu geschehen pflegt, so lassen Wir es auch, damit die Creditores nicht öffters „aus blosser Widersetzlichkeit der Schuldiger, nicht allein um die Schuld „selbsten, sondern auch um allen Credit, Ehr und Nahrung gebracht werden, „darbey dergestalt verbleiben, dass in solchen Wechsels-Fällen dem Richter „erster Instantz unbenommen seyn solle, ohngehindert einiger Appellation oder „Provocation, nach der Sachen Befind- u. Ermässigung, entweder mit oder „ohne Caution der Gläubiger, die Execution zu vollziehen, und die Debitores „zur Schuldigkeit anzuhalten.“ Der I. R. A. hatte nicht allein schleuniges Executionsverfahren, sondern Personalcaptur im Sinne, — und wurde jedenfalls so verstanden, wie u. a. zwei auf jene Stelle des Reichsgesetzes sich beziehende Bekanntmachungen des Raths zu Lübeck von 1662 und 1669 (bei Siegel a. a. O. I. p. 364 sqq.) beweisen. Biener, Abhand. S. 148. Es sanctionirte aber der I. R. A. das bestehende Recht, und zwar die gemeine Gewohnheit, wie die Bezugnahme auf die Meinung aller Rechtsgelehrten andeutet; eine Einschränkung der parata executio auf Wechsel der Kaufleute findet sich in Wirklichkeit darin nicht. S. auch Eichhorn, Einl. §. 127, Note g.

[5] Extr. a. der Brandenburg-Culmbach. Landes-Constitution vom J. 1717 die Wechselbriefe betreffend, Tit. I. §. 6 (bei Siegel a. a. O. I. p. 200): „wollen wir . . ., dass wider diejenigen, so . . . ent„weder Wechselbriefe ausstellen oder sonst nach Wechselrecht . . . sich zur „Zahlung verbindlich machen, sofort nach geschehener Recognition, executive „nach strengem Wechselrecht, mit des Debitoris Personalarrest verfahren „werde.“

[1] Ursprünglich war allerdings der Geldwechsel nicht frei. v. Martens, Versuch S. 21 f. — Dedekind, Abriß S. 88. S. jedoch Noback, über Wechsel u. Wechselr. S. 36.

[2] W. O. v. Bologna b. Siegel, corp. jur. camb. p. 500, §. 1. —

die Bedeutung des Wechselinstituts, so wie über die rechtliche Natur der Wechselschuld, für welche man die Personalhaft als charakteristisch erachtete [3], daß die Wechselfähigkeit allmählig in vielen W. O. beschränkt ward. So wurden particularrechtlich bald nur die Handelsleute und die diesen gleichgestellten Personen als wechselfähig anerkannt [4], bald eine Reihe von Personen von der Wechselfähigkeit ausgenommen [5] oder doch in Beziehung auf diese beschränkt [6].

Churfächs. Decisiv-Befehl v. J. 1669 (b. Siegel a. a. O. I. p. 64). Leipz. W. O. v. 1682 §. 1 (b. Siegel a. a. O. I. p. 2): „Ob zwar „Wechsel-Briefe, als welche zur Beförderung der Handlung erfunden und ein„geführet, vornemlich Kauff- und Handels-Leute angehen; dieweil aber auch „viel andere hohe und niedere Personen zu ihrer Bequemlichkeit und aus an„dern Ursachen sich derselben zum öfftern gebrauchen: Als hat es bey dem, „was .... klärlich verordnet, auch noch ferner unter andern, die sich der „Wechselbriefe bedienen, nicht weniger als unter Kaufleuten, allenthalben „sein Verbleiben ...“ Dantzig. W. O. v. 1701, Art. 38 (b. Siegel I. p. 378). — Scaccia, tractat. §. 1. Quaest. VII. Par. II. limit. XI. et Par. III. limit. XVII. — Eichhorn, Einl. §. 128. II.

[3] Mittermaier, Grundſ. §. 334. — Auf der im Texte zuerst bezeichneten unrichtigen Grundlage ist Warmuth, über die Wechselfähigkeit, Würzburg 1828.

[4] Preuss. Landr. Th. II. Tit. 8, §. 718 f. Währenddem die Bayer. W. O. v. 1785, §. 1 dem Grundsatze nach Jeden, der zu contrahiren fähig, als wechselfähig anerkannte, wurden durch Verordn. v. 11. Sept. 1825 die Handelsleute und Negotianten allein für wechselfähig erklärt.

[5] So namentlich: gemeine Bürger, Handwerker, Bauern (Extr. a. der Brandenburg.-Culmbach. Landes-Constitution v. 1717, Tit. I, §. 6 (b. Siegel I. p. 200): Es soll beim „gemeinen Handwerckｓmann, Bürger „oder Bauer, so keinen Handel oder Kauffmannschafft triebe, ... das Wech„selrecht vieler Bedenklichkeiten willen cessiren“; Frauen, mit Ausnahme der Handelsfrauen (Leipzig. W. O. §. 2), Minderjährige, Kinder unter väterlicher Gewalt, u. a. m. (Dantzig. W. O. Art. 39, Bayer. W. O. v. 1785, §. 31).

[6] Augsburg. W. O. v. 1778, Kap. I. §. 2 „.... Doch sollen Bürger „und Inwohner, welche weder von einer oder der andern Stube, noch den „Stubenmässigen gleich geachtet, noch dem Raggionsbuch einverleibt sind, „wenn sie Wechsel ausstellen, dieselben zuvor in einem Bürgermeisteramt „vorweisen, und mit dessen Unterschrift bestätigen lassen.“ Nach Bayer. Verordn. v. 8. Novemb. 1786 waren die Klöster nur dann Wechselbriefe

B. Das heutige Recht.

§. 21.

Die Wechselstrenge.

Die Wechselstrenge (rigor cambialis) im eigentlichen Sinne des Wortes [1] besteht in der Wechselhaft [2], welche sowohl nach gemeinem Rechte [3], als auch nach der D. W. O. nur als Vollstreckungsmittel eines auf eine Wechselklage ergangenen Urtheils [4], hier aber gleichzeitig mit der Execution auf das Vermögen [5] Statt

---

auszustellen befugt, wenn sie zuvor den Consens des geistlichen Raths hierzu eingeholt hatten.

[1] Ueber einen weitern Begriff von Wechselstrenge s. dies. Lehrb. §. 19. Der Wechselstrenge in diesem weitern Sinne wird in neuerer Zeit die sog. materielle Wechselstrenge entgegengesetzt. — Thöl, §. 149.

[2] Die Wechselhaft ist den schweizer. W. O. unbekannt und so auch dem neuen Schweiz. Entw. — Meine Krit. S. 7 f. — Der Cod. d. comm. Art. 637 läßt die contrainte par corps nur gegen Kaufleute und dann gegen Nicht-Kaufleute, die bei Handelsoperationen sich wechselmäßig verpflichtet, zu.

[3] Dies. Lehrb. §. 19, Note 4. — Bender, Grunds. II. S. 438 f. — Dagegen Eichhorn, Einl. §. 127.

[4] D. W. O. Art. 2, Abs. 1: „Der Wechselschuldner haftet für die Erfüllung der übernommenen Wechselverbindlichkeit mit seiner Person und seinem Vermögen." Diese Worte lassen es keineswegs, wie Brauer, Erläut. S. 27 annimmt, unentschieden, ob die Wechselhaft auch sofort nach der Ladung vorkommen könne. — Die Personalexecution findet übrigens selbst dann Statt, wenn der Wechselanspruch nicht im Executiv- resp. Wechselprocesse verfolgt worden ist, vorausgesetzt, daß die Forderung durch das Urtheil als Wechselforderung anerkannt worden. S. dagegen Höpfner, Beitr. zur civilgerichtl. Prax. Bd II. 1, S. 199 f. Nach der Oesterr. Verordn. v. 25. Januar 1850 für Ungarn, Croatien u. s. w. §. 6, findet die wechselrechtliche Execution auch auf gerichtliche Vergleiche Anwendung, wenn sich der Schuldner derselben in Rücksicht einer Wechselforderung ausdrücklich unterworfen hat.

[5] D. W. O. mit Einleit. u. Erläut. S. 39. — Leipzig. Protoc. S. 9 i. A. — Brem. Einf. G. §§. 29. 30. — Großh. Hess. Ges. über

finden kann, und so wenig durch bereits bestellte Sicherheit [6] als durch das Anerbieten einer Caution [7] abgewendet wird.

Als ein naturale cambii findet die Wechselhaft im Zweifel gegen jeden Wechselschuldner Statt. Doch ist dieselbe nach gemeinem Rechte wie nach der D. W. O. nicht zulässig:

1) Gegen die Erben eines Wechselschuldners [8];

---

das Wechselverfahren v. 4. Juni 1849 §. 25. — Weimar-Eisenach. Einf. Ges. §. 8, Nr. 5. — K. Sächs. Gesetz über den Schuldarrest u. Wechselproceß v. 7. Juni 1849 §. 19 (doch begründet ein im sächs. Wechselprocesse gesprochenes Erkenntniß kein Executions-Verfahren in das Vermögen des Schuldners; Borchardt, die D. W. O. mit den von den Gerichtshöfen ausgesprochenen Grundს. S. 116, Zus. 6); — also nicht bloß electiv (dagegen Höpfner, a. a. O. S. 200; Lüb. Einf. G. Art. 10, Nr. 7 u. 8 und die beiden Oesterr. Verordn. vom 25. Januar 1850, §. 18 u. §. 4, nach welchen Gesetzen übrigens die Wahl des einen Executionsmittels den Kläger nicht hindert, auf das andere zurückzukommen) oder subsidiär. — Nach einer andern Ansicht läßt die D. W. O. unentschieden, in welchem Verhältnisse die Personal- und die Real-Execution zu einander stehen. — Koch, Wechselrecht, S. 98. — Bluntschli, D. W. O. S. 18.

[6] S. jed. Lüb. Einf. Ges. Art. 10, Nr. 9: „Wenn für die Forderung „Sicherheit bestellt worden ist (A. 25—29 der W. O.), so hindert das die „Wahl der gefänglichen Haft nur dann, wenn der Kläger aus der bestellten „Sicherheit sofort befriedigt werden kann"; deßgleichen die beiden Oesterr. Verordn. v. 25. Januar 1850, §. 20 u. §. 6.

[7] Reuß-Schleiz. Einf. G. §. 3, Abs. 2.

[8] Siegel, Einleit. zum Wechselrechte (im corp. jur. camb. II. p. 446 f.) — Pöhls, Wechselr. S. 301. — Thöl, Handelsr. §. 301. — D. W. O. Art. 2. — Preuss. Motive S. XXVIII. — Dagegen Treitschke, Encycl. I. S. 405 f. Der Wechselarrest ist gegen die Erben selbst dann nicht zulässig, wenn diese das Handlungsetablissement des Erblassers fortsetzen. Brauer, Erläut. S. 28. 3. — Kitka, Erläut. S. 99. — Dagegen Bluntschli, D. W. O. S. 18 f. — Particularrechtlich findet die Wechselhaft entweder schlechthin gegen die Erben des Wechselschuldners statt (Cöthen. W. O. Art. 16), oder doch gegen die Erben von Kaufleuten und Fabrikinhabern, welche das Geschäft ihres Erblassers fortstellen. K. Sächs. Gesetz über den Schuldarrest v. 7. Juni 1849, §. 8. Der gewöhnliche Schuldarrest, sofern er nach dem im Lande geltenden Rechte gegen Erben Statt findet, ist durch die Ausschließung der Wechselhaft nicht ausgeschlossen. — Blaschke, im Arch. f. d. W. IV. S. 81.

2) gegen solche Personen, welche nur mittelst eines Vertreters eine Wechselerklärung abgeben können [9];

3) sowie gegen Frauen, die nicht Kauffrauen sind [10]), selbst nach fruchtlos vollstreckter Execution in deren Vermögen [11].

Rücksichtlich der Statthaftigkeit des Wechselarrests entscheidet der Zeitpunct, in welchem die Wechselverbindlichkeit eingegangen worden, wenn nicht der arrestfähige Wechselschuldner später in eine Classe von Personen zu stehen gekommen, gegen welche aus Gründen des öffentlichen Rechts die Personalhaft untersagt ist [12]. Der arrestunfähige Wechselschuldner unterliegt aber selbst dann dem Wechselarreste nicht, wenn er sich bei Uebernahme der Wechselverbindlichkeit für eine dem Arreste unterworfene Person ausgegeben [13].

---

[9] Koch, Wechselr. S. 101. — Preuss. Motive S. XXIX. — D. W. O. Art. 2. — Blaschke, im Arch. f. d. W. Bd. IV. S. 82 f. — Auf Collectiv-Gesellschaften findet diese Bestimmung keine Anwendung. Bluntschli, D. W. O. S. 19.

[10] Auth. sed hodie in Cod. J. de officio diversor. judicum (I. 48). Rücksichtlich der Handelsfrauen s. Thöl, Handelsr. I. S. 178. — Mittermaier, Grundſ. § 536. XIII. — Bender, Grundſ. I. S. 279, Note e. — Cod. d. comm. A. 113. D. W. O. Art. 2 : „gegen Frauen, wenn sie nicht Handel oder ein anderes Gewerbe treiben." Zu den gewerbetreibenden Frauen gehört diejenige nicht, welche ihr eigenes Landgut bewirthschaftet (Berl. Ob. Tr. bei Borchardt, a. a. O. S. 116, Zus. 5). — Der Wechselarrest gegen eine Frau als Handelsfrau ist aber nicht dadurch bedingt, daß diese ihre Eigenschaft aus dem Wechsel selbst hervorgehe (Kletke, Präjud. S. 158, Nr. 365) und auch nicht auf Wechsel aus Handelsgeschäften beschränkt (dageg. O. A. G. in Dresden b. Kletke, a. a. O. Nr. 366). — Statt der oben angezogenen Worte der D. W. O. Art. 2 hat die Oesterr. Allg. W. O. : „gegen alle jene Personen, gegen welche nach den in den einzelnen Kron-„ländern bestehenden gesetzlichen Vorschriften der Schuldenarrest überhaupt „nicht statt findet." Die Bestimmung der D. W. O. schließt aber die Anwendung der Personalhaft wegen Wechselschulden gegen Frauen nicht aus, insoweit als nach der Landesgesetzgebung der gewöhnliche Schuldarrest gegen dieselben Statt findet. Gelpke in der Zeits. f. Handelsrecht, Heft 3, S. 139 f.

[11] Borchardt, a. a. O. S. 6, Zus. 1.

[12] Brauer, Erläut. S. 30. — Bluntschli, D. W. O. S. 22.

[13] Bluntschli, D. W. O. S. 21.

Beamte und Militärs sind weder nach Gemeinem Rechte [14], noch auch nach der D. W. O. [15] dem Wechselarreste entzogen; wohl aber ist durch die Einführungs- und Wechselproceß-Gesetze zu dieser letztern die Zahl der der Wechselhaft schlechthin oder doch beziehungsweise nicht unterworfenen Personen vermehrt worden, sowie es auch nach denselben Fälle gibt, in denen der an sich zulässige Wechselarrest während der Dauer gewisser Verhältnisse nicht vollzogen werden kann [16].

---

[14] Dagegen Eichhorn, Einleit. §. 128, Note l. — S. aber Koch, Wechselrecht S. 99 a. E. — Ueber den Regenten s. Bender, Grundf. I. S. 248 f., und daselbst S. 252 f. über die Gesandten.

[15] Doch bestimmt die D. W. O. Art. 2 am Schlusse: „Inwiefern aus „Gründen des öffentlichen Rechts die Vollstreckung des Wechselarrests gegen „andere als die vorgenannten Personen Beschränkungen erleidet, ist in be„sondern Gesetzen bestimmt."

[16] Der Wechselarrest findet nicht Statt: 1. in Nassau nach der Wechselproceß. Ordn. v. 7. Nov. 1848 §. 23: Gegen Schuldner, welche das 70. Lebensjahr zurückgelegt haben, gegen den Ehegatten des Gläubigers, und gegen Verwandte und Verschwägerte in auf- und absteigender Linie, und im ersten Grade der Seitenlinie. 2. in Braunschweig nach dem Wechselproceßges. v. 11. Jan. 1849 §. 15: Gegen den Ehegatten; gegen Verwandte oder Verschwägerte in gerader Linie oder im ersten Grade der Seitenlinie; gegen beide Ehegatten zugleich; gegen eine Person, die älter ist als 70 Jahre; gegen einen Schuldner, der seine Insolvenz gerichtlich erklärt hat. 3. in Frankfurt nach dem Einf. G. § 3: Gegen die beim Fr. Linienmilitär in wirklichem Dienste stehenden Militärpersonen; gegen Verwandte des Gläubigers in auf- und absteigender Linie, sowie gegen Geschwister desselben; gegen den einen Ehegatten wegen Ansprüche des Andern; gegen die Ehefrau und den Ehemann zugleich wegen der nämlichen Wechselschuld; gegen den Schuldner, welcher das 70. Lebensjahr angetreten; wegen einer die Summe von fl. 25 in Hauptstuhle nicht erreichenden Forderung. 4. im K. Hannover nach dem Einf. G. §. 3 gegen Militärpersonen im activen Dienste, einschließlich der Auditeure, Aerzte, Commissariats- und Rechnungsbeamte des Heeres; gegen Civilstaatsdiener im activen Dienste, sofern sie nicht Handel oder Gewerbe treiben; gegen ordinirte Geistliche, sowie während der Dauer einer Versammlung der allgemeinen Stände gegen die anwesenden Mitglieder derselben. 5. im K. Sachsen nach dem Ges. über Schuldarrest und Wechselproc. v. 7. Juni 1849 §. 16 u. 17: gegen denjenigen, der das 70. Lebensjahr an-

getreten; gegen den Ehegatten, so lange nicht auf Trennung des Ehebandes oder beständige Scheidung von Tisch und Bett rechtskräftig erkannt worden ist; gegen Blutsverwandte in auf- und absteigender Linie; gegen Stief- oder Schwiegerältern, so lange das Affinitäts-Verhältniß dauert; gegen voll- und halbbürtige Geschwister. 6. in Coburg nach dem Einf. Ges. §. 22 : gegen denjenigen, welcher das 70. Jahr zurückgelegt; sowie den Schuldner, der seine Insolvenz gerichtlich erklärt hat. 7. in Lübeck nach dem Gesetze über Wechselarrest v. 28. April 1849 Art. 2 : gegen Blutsverwandte und Verschwägerte des Gläubigers in auf- oder absteigender Linie; gegen Voll- oder Halbgeschwister, sowie gegen Geschwister der Eltern und Großeltern des Gläubigers; gegen dessen Ehegatten; gegen Personen, welche das 70. Lebensjahr vollendet haben; gegen Personen, über deren Vermögen Concurs eröffnet ist, wegen solcher Schulden, welche vor dem Concurse contrahirt sind; nach Art. 3 darf der erkannte Arrest zeitweilig nicht vollstreckt werden : gegen einen Ehegatten, während der andere wegen Schulden persönlich in Haft ist; gegen schwer Erkrankte während der Dauer der Krankheit; gegen Weiber während der Schwangerschaft und der nächsten 6 Wochen nach ihrer Entbindung; gegen Mitglieder oder Beamte öffentlicher Behörden während der Sitzung der letzteren; gegen Militärpersonen und andere Mitglieder unter öffentl. Autorität bewaffneter Corps, während sie auf dem Feldfuße sich befinden und im öffentl. Dienste unter den Waffen stehen; gegen Schiffer und Schiffervolk, während das Schiff, welchem sie angehören, segelfertig liegt; in einem dem Gottesdienste angehörigen Gebäude während der Dauer des Gottesdienstes; bei Taufhandlungen, Trauungen und Leichenfeierlichkeiten, sowie bei den entsprechenden Handlungen nicht christlich. Confessions-Verwandten; an Sonn- und allgemeinen Feiertagen; in der Wohnung des Schuldners v. 7 U. Abends bis 9 U. Morgens. 8. in Mecklenburg nach dem Wechselproc. Ges. v. 14. Juni 1849 §. 2 und 3 wegen Wechselforderungen, die vor dem Concurse des Schuldners begründet, sowie auch der Wechselarrest durch sofortige reine Güterabtretung abgewendet wird, und nicht anwendbar ist : gegen dienstthuende Militärpersonen im Kriege, oder während das Militär auf dem Feldfuße steht, oder während eines Commando's ausser der Garnison, oder während die betreffende Militärperson in unmittelbarer Dienstausübung ist. 9. in Waldeck nach der Wechselproc.-Ordn. v. 30 Mai 1849 §. 18 : gegen den Ehegatten; gegen Verwandte und Verschwägerte in gerader Linie; gegen beide Ehegatten zugleich; gegen denjenigen, der älter als 70 J. ist; gegen einen Schuldner, der seine Insolvenz gerichtlich erklärt hat. 10. Großh. Hessen nach den Einf. u. Wechselproc. Gesetzen v. 4. Juni 1849 (§. 19 des ersten und §. 28 des letztern Gesetzes) : gegen den Schuldner zum Vortheile seines Ehegatten, seiner Verwandten in auf- und absteigender Linie, seiner ehelichen Geschwister, seines Oheims, seiner Tante, seines Neffen, seiner Nichte, oder seiner Verschwägerten in denselben Graden; gegen Personen, die das 70. Lebensjahr angetreten haben; wenn das schuldige Kapital nicht mehr als 100 fl. beträgt; und endlich (in den Provinzen Starkenburg und Oberhessen) gegen Personen, über deren Vermögen Concurs erkannt, oder denen die Rechtswohlthat der Güterabtretung bewilligt, oder gegen welche ein gerichtliches Veräusserungsverbot erlassen worden ist. Nach §. 20 u. 29 darf der erkannte Wechselarrest nicht vollstreckt werden: gegen active Militärpersonen unter dem Officiersrange, so lange sie nicht großbeurlaubt sind; und gegen active Militärpersonen im Officiersrange, so lange sie sich mit ihrem Corps oder mit einer Abtheilung desselben ausserhalb der Garnison befinden, sowie gegen beide Ehegatten zugleich. 11. Lippe-Detmold nach dem Wechselproc. G. v. 5. Juli 1849, §. 15: gegen den Ehegatten; gegen Verwandte und Verschwägerte in gerader Linie und im ersten Grade der Seitenlinie; gegen beide Ehegatten zugleich; gegen einen Schuldner, der seine Insolvenz gerichtlich erklärt hat. 12. Weim. Eisenach, nach dem Einf. G. §. 8, Nr. 4: gegen den Ehegatten; gegen Blutsverwandte in auf- und absteigender Linie; gegen Gemeinschuldner während der Dauer des Concurses, sobald von denselben der Manifestations-Eid abgelegt ist, wegen der bei Eintritt des ersteren bereits bestandenen Wechselansprüche. 13 In Sachsen-Meiningen nach dem Einf. G. Art. 1: gegen Geistliche, Militärpersonen und Feldjäger, so lange sie sich in wirklichem Dienste befinden. 14. In Oldenburg kann nach dem Einf. G. Art. 130 die Personalhaft während des Concurses des Schuldners wegen der bei dessen Eintritt bereits vorhandenen Schuldansprüche nicht vollzogen werden. 15. In Würtemberg kann nach dem Einf. G. Art. 2 der Wechselarrest gegen Officiere und Soldaten im activen Dienste nur soweit vollzogen werden, als die vorgesetzte Dienststelle nicht deren Unentbehrlichkeit bezeugt; bei andern öffentl. Dienern ist der vorgesetzten Dienstbehörde von der Vollziehung des Wechselarrests zum Behufe der auf die Dauer desselben anzuordnenden und aus dem Gehalte des zu Verhaftenden zu bestreitenden Stellvertretung Anzeige zu machen. 16. In Baden kann nach §. 18 des Ges. v. 6. April 1854 über die Militärgerichtsbarkeit der Wechselarrest gegen Militärpersonen nicht verhängt werden. 17. In Oesterreich gegen öffentliche Beamte im Dienste des Staats und Geistliche (Kheil, Wechselr. S. 50). 18. In Bayern verweist das Einf. G. Art. 2 (s. §. 5 not. 38 a. E.) auf das in den verschiedenen Landestheilen bisher geltende Recht, über welches zu vergl. ist Bluntschli, D. W. O. S. 20 f. 19. In Hamburg der §. 3 des Einf. G. auf die in Beziehung auf den Schuldarrest überhaupt geltenden Beschränkungen. 20. In Preussen ist die Vollstreckung des Wechselarrestes von dem Zeitpuncte an unstatthaft, wo das Gericht die Provocation des Schuldners auf Güterabtretung für begründet und zur Einleitung geeignet erklärt hat (Ob. Trib. bei Borchardt, die D. W. O. mit den von den Gerichtshöfen ausgesprochenen Grundf. S. 117, Zus. 10).

§. 22.

Die Wechselfähigkeit.

Die subjective Wechselfähigkeit [1] kömmt

1) activ Jedem zu, welcher aus einem Vertrage Vermögensrechte erwerben kann [2];

2) passiv aber Demjenigen, welcher fähig ist, sich vertragsmäßig zu verpflichten [3]. Daher ist denn auf die Wechselfähigkeit an sich weder das Geschlecht [4], noch der Bestand väter-

---

[1] Ueber die sog. objective Wechselfähigkeit s. Thöl, Handelsr. §. 153.

[2] Thöl §. 154 I. Also nicht Jedem, wie Koch, Wechselr. S. 88 meint. — Die D. W. O. hat über die active Wechselfähigkeit keine Bestimmung; wo jedoch die particuläre Gesetzgebung die active Wechselfähigkeit auf die Handelsleute beschränkt, ist diese Beschränkung in Folge der Einführung der D. W. O. als aufgehoben zu betrachten. Bluntschli, D. W. O. S. 12 f.

[3] Dies. Lehrb. §. 20 zu Note 2. — Treitschke, Encyc. II. S. 687. — Mittermaier, Grundf. §. 334. I. — Dagegen Pöhls, Wechselr. S. 58. Die D. W. O. Art. 1 hat demnach kein neues Princip aufgestellt. — S. auch d. Leipzig. Protoc. S. 6 u. 7. — Schw. Entw. §. 1 u. Mein. Auff. in der Krit. Uebersch. Bd. IV. S. 354 f. Nicht erforderlich aber ist es, daß man fähig sei, sich durch jede Art von Vertrag zu verpflichten. Brauer, Erläut. S. 25. S. auch Heckert, D. W. O. S. 13, Note 1. Nach dem aufgestellten Grundsatze sind mente capti nicht wechselfähig (O. A. G. zu Lübeck im Arch. f. D. W. III. S. 223 f. und b. Borchardt, die D. W. O. mit den von den Gerichten ausgesprochenen Grundf. S. 2, Zus. 1), wogegen die Prodigalitätserklärung erst nach der Publication der gerichtlichen Interdiction die Wechselfähigkeit des Curanden aufhebt (Lübeck b. Borchardt a. a. O. S. 115, Zus. 3).

[4] Doch kommen hier die particulären Bestimmungen über Geschlechts-Vormundschaft in Betracht. Mein Lehrb. des deutsch. Privatr. §. 233. — Bluntschli, D. W. O. S. 17. Bedarf daher eine Ehefrau, die nicht Handelsfrau ist, nach den Gesetzen, unter welchen sie steht, der Einwilligung ihres Mannes, um sich vertragsmässig zu verpflichten, so kann sie nur mit dieser Einwilligung Wechselverbindlichkeiten eingehen (Plenarbeschl. des Berl. Ob. Tr. v. 21. Febr. 1853 b. Borchardt a. a. O. S. 3, Zus. 4; Seuffert, Arch. VII. Nr. 226); der ehemännliche Consens muß aber mit Sicherheit aus der Wechselurkunde selbst sich ergeben (Berl. O. Tr. b. Borchardt

licher Gewalt [5], noch auch der Umstand, daß eine Person sich nur mittelst eines Vertreters vertragsmäßig verpflichten kann [6], von Einfluß.

Nach einzelnen Wechselordnungen [7] jedoch ist in Folge des Festhaltens an nicht begründeten Ansichten über die Entstehung des Wechselinstituts die Wechselfähigkeit auf gewisse Classen von Per-

---

a. a. O. S. 3, Zus. 5; Bayer. Appellat. G. zu Freysing b. Kletke, Präjud. S. 154, F u. G.), aus welchem Grunde das Berl. O. Tr. angenommen, daß ein von beiden Eheleuten mit „wir" ausgestellter, zuerst mit der Unterschrift der Ehefrau und hinter derselben mit der Unterschrift des Mannes versehener trockener Wechsel hinsichtlich der Frau keine Gültigkeit habe (Arch. f. d. W. IV. S. 192 f.). Unrichtig ist dagegen die Meinung Purgold's im Arch. f. D. W. IV. S. 162 f., daß eine Ehefrau aus einer auf den von ihrem Ehemanne unterschriebenen Wechsel gesetzten Wechselerklärung wechselmäßig nicht verpflichtet werde, da nicht allein beim Accepte oder Indossamente, sondern selbst beim Aval die etwaige Absicht zu intercediren wechselrechtlich nicht in Betracht kömmt (§. 75), und sonach von einer Anwendung der authentica si qua mulier nicht die Rede sein kann. Kletke, Präjud. S. 226, Nr. 575. — S. auch Arch. f. D. W. IV. S. 194 f.

[5]) Großjährige Haussöhne sind wechselfähig (O. A. G. in Dresden im Arch. f. D. W. III. S. 95 f., sowie b. Kletke, Präjud. S. 152, Nr. 352 und Seuffert, Arch. VII. Nr. 227) und Bayer. Ger. b. Kletke, Präjud. Nr. 351; — wo nicht nach dem particulären Rechte, welchem die Person unterworfen, Verträge von Hauskindern unverbindlich sind (Preuss. Landrt. II. 2. §§. 125. 131. 132. 136). Berl. Ob. Tr. bei Kletke, Präjud. S. 151, Nr. 347 u. 349 u. Arch. f. D. W. I. S. 324 f. — Ueber die exc. Senatusc. Macedon. vgl. §. 79.

[6] Unmündige und Minderjährige können durch ihre Vormünder wechselmäßig verpflichtet werden. Thöl, §. 154. II. 4. Bluntschli, D. W. O. S. 16. — Kitka, Erläut. S. 40 f. — Anders Brauer, Erläut. S. 26. — Eine Wiedereinsetzung des Minderjährigen in den vorigen Stand ist hier keineswegs eine Unmöglichkeit, wie Thöl §. 154 a. E. meint. — S. die D. W. O. mit Einl. und Erläut. S. 38. — Nach einzelnen W. O. wird der Vormund allein wechselrechtlich verpflichtet. — Cöthen. W. O. Art. 4.

[7] Eine Uebersicht der Bestimmungen der einzelnen Landesgesetzgebungen über die Wechselfähigkeit, — welche freilich in einer größeren Zahl deutscher Staaten durch die Annahme der D. W. O. abrogirt sind, s. bei Pöhls, Wechselr. S. 58 f. und S. 96 f. und Treitschke, Encyc. II. S. 700 f.

sonen beschränkt [8], oder sind, theils in Folge der Auffassung der Wechselstrenge als Wesen der Wechselverpflichtung, theils aus Zweckmäßigkeits-Rücksichten von der Regel der Wechselfähigkeit vielfache Ausnahmen aufgestellt [9].

§. 23.

Die Wirkungen der Wechselunfähigkeit.

Die passive Wechselunfähigkeit, welche übrigens durch Privatwillkühr nicht gehoben werden kann [1], hat die Wirkung, daß

---

[8] Nämlich Kaufleute und diesen gleichgestellte Personen. Preuss. Landr. Th. II. Tit. 8. §. 718 (jedoch abgeschafft in Folge der Einführung der D. W. O.). Die Basler W. O. v. 1809, §. 53 verlangt Einschreibung in das Ragionen-(Firmen-)Buch. — In Toscana sind nach einer Verordn. vom 5 Sept. 1814 nur Kaufleute wechselfähig. — Nach dem Span. Códico de Comercio vom 30. Mai 1839, §. 434 sind Nicht-Kaufleute nur insoferne wechselfähig, als sie in Folge einer Handelsoperation Wechsel ausgestellt oder acceptirt haben. Nach dem Sardinisch. Handelsgesetzb. vom J. 1842, §. 821. 822. steht die Wechselfähigkeit für inländische Wechsel nur Kaufleuten, für ausländische Wechsel aber Jedermann zu.

[9] Dies. Lehrb. §. 20. — Nach der Cöthen. W. O. von 1802, Art. 6 und 7 sind geringe Bürger, Handwerker, Taglöhner und Bauern regelmäßig, Pfarrer, Schuldiener und Küster schlechthin wechselunfähig. — Hierzu kommen nach der Dessau. W. O. von 1822, §. 2: Studenten, Kinder unter väterlicher Gewalt, Minderjährige, Weiber und moralische Personen. (S. auch Treitschke, Encyc. II. S. 745.) Nach der Altenburg. W. O. Kap. IV, §. 2, 3 u. 5 sind wechselunfähig: Pfarrer, Schulcollegen, Organisten, Kirchner, Schulmeister, Studenten, Schüler, Leute in väterlicher Gewalt, Unteroffiziere, Soldaten, Bürger und Bauern, die keine Kaufmannschaft oder Handel treiben, und Weiber, die nicht Handelsfrauen sind. — Nach einer K. Oesterr. Verordn. vom 3. Juli 1852 sind die wirklichen, sowohl activen, als pensionirten Officiere und die Mannschaft des streitbaren Standes nicht wechselfähig. — Der Cod. de comm. Art. 113 und 114 nimmt nur Weiber und Minderjährige, welche nicht Handelsleute sind, von der Wechselfähigkeit aus. — Ueber Ordrebillets s. Cod. de Comm. Art. 187 und Art. 636.

[1] Der Verzicht auf den Einwand der Unfähigkeit ist, wenn auch eidlich bestärkt, unwirksam. — Altenburg. W. O. Kap. IV, §. 3. — Pöhls,

für den Wechselunfähigen keine wechselmäßige Verbindlichkeit entsteht [2].

Die von einem Wechselunfähigen ausgestellte Wechselurkunde aber verliert hierdurch ihre Eigenschaft als Wechsel nicht; daher denn mittelst derselben von andern wechselfähigen Personen gültige Wechselverträge abgeschlossen werden können, so wie überhaupt die auf dem Wechselbriefe stehende Unterschrift einer wechselunfähigen Person auf die Wechselverbindlichkeit der übrigen als Wechselschuldner Unterschriebenen ohne Einfluß ist [3].

Die Wechselunfähigkeit einer auf dem Wechselbriefe unterschriebenen Person hindert aber nicht, daß ihr derselbe nach Civilrechte mit verschiedener Wirkung entgegengesetzt werde [4], so wie jene auch

---

Wechselr. S. 90. 5. — Thöl, Handelsr. II. §. 155. III. — Souchay, in der Zeitſ. f. deutsch. Recht, Bd. XII. S. 320. — Auch derjenige, der sich in betrügerischer Absicht für wechselfähig ausgegeben, haftet nicht wechselrechtlich. — Thöl, a. a. O. §. 155. VII zu Note 6. — Mittermaier, Grundſ. §. 334. X. Dagegen Treitschke, Encyc. II. S. 739 f.

[2] Pöhls, Wechselr. S. 89 f. — Thöl, a. a. O. §. 155. II. Es kömmt lediglich auf die Fähigkeit zur Zeit des Abschlusses des Wechselcontracts an. Dessau. W. O. §. 3: „Eine einmal entstandene Wechselverbindlichkeit hört „deſshalb, weil der Wechselschuldner in einen Stand tritt, dem das Eingehen „von Wechselgeschäften nicht erlaubt ist, nicht auf. — Dagegen wird aber „auch ein in einem wechselunfähigen Zustande eingegangenes Wechselgeschäft „dadurch allein, dass der Wechselunfähige in einen Stand tritt, welchem das „Eingehen von Wechselgeschäften erlaubt ist, nicht gültig . . . .“

[3] Altenburg. W. O. Kap. IV. §. 4. — D. W. O. Art. 3. — Brauer, Erläut. S. 30 f. — Bluntschli, D. W. O. S. 22 f. — Auch die Arrestfreiheit des einen Wechselschuldners ist auf die personalarrestmäßige Haftbarkeit der andern Wechselverbundenen ohne Einfluß. D. W. O. Art. 3.

[4] Der eigene Wechsel als Schuldschein; — ob aber als Cautio discreta hängt von seinem Inhalte ab. — Ueber die Bedeutung der Worte „Werth in Rechnung erhalten“ als causa debendi, s. Seuffert, Arch. Bd. II. Nr. 35. Bd. VIII. Nr. 168; über diejenige der Formel „Werth baar erhalten“ Seuffert, Arch. VIII. Nr. 81. — Die Tratte dem Trassanten als Zahlungs- und Eincassirungs-Auftrag, dem Acceptanten als Uebernahme des Zahlungs-Auftrags. — Thöl, a. a. O. §. 152 a. E. — Die einzelnen Particularrechte enthalten eigenthümliche Bestimmungen: Nach der Cöthen.

ebensowenig auf das civilrechtliche Geschäft, aus welchem der Wechselvertrag hervorgegangen, Einfluß hat [5].

Viertes Kapitel.

Die Formen zur Geltendmachung und Wahrung der wechselmäßigen Rechte: Präsentation und Protest. — Die Wechselpräjudizirung.

§. 24.

Geschichtliche Einleitung.

Der formelle Character der Wechselschuld trat nicht allein in der Form ihrer Begründung hervor, sondern es äußerte sich derselbe auch in den Förmlichkeiten, welche zur Geltendmachung sowie zur Wahrung des entsprechenden Wechselrechts nöthig wurden.

Das Wesen der Tratte nämlich, bei welcher der Gläubiger mittelst geschriebenen Auftrags an einen Dritten zur Empfangnahme der Wechselsumme gewiesen war, veranlaßte der Natur der Sache nach die Präsentation zur Zahlung, da jener sich regelmäßig nur mittelst der Vorweisung der Wechselurkunde legitimiren konnte. Wurde aber hierauf die Zahlung verweigert, so mußten Präsentation

W. O. Art. 7 soll der Wechsel eines Pfarrers, Schuldieners oder Küsters als Chirographum gelten; wird der Schuldner aus einem solchen verurtheilt und er bezahlt nicht, so soll er als Betrüger seines Amts entsetzt werden. — S. auch Pöhls, Wechselr. S. 91 f.

[5] Z. B. Schenkung, Kauf. — Weimar. W. O. §. 6: „Die von Wechsel„unfähigen eingegangenen Wechselgeschäfte haben nur die rechtlichen Wirkun„gen, die aus denen ihnen zum Grunde liegenden Geschäften an sich nach „gemeinem Rechte entspringen".

und Zahlungs-Verweigerung zur Begründung der Verbindlichkeit des Ausstellers zur Einlösung des Wechsels festgestellt werden. Dieß geschah am sichersten durch eine schriftliche Erklärung des Präsentaten auf dem Wechselbriefe [1] oder durch eine öffentliche vor Zeugen aufgenommene Urkunde (Protest [2]). War hiernach der Wechselprotest, der übrigens später auch auf den Fall verweigerter Acceptation angewendet ward (dies. Lehrb. §. 30 a. E.), ein bloßes Beweismittel, welches jedoch durch seine Kraft zum Verfahren per paratam executionem ermächtigte, so wurde er allmählig

[1] Urk. vom J. 1454 (in dies. Lehrb. §. 30, Note 4).

[2] Urk. vom 14. Nov. 1384 (in der Biblioth. de l'école des Chartres, Tom. II, 3ème série, Paris 1851, p. 70; abgedr. auch bei Holtius, Abhandlung. civilist. und handelsrechtl. Inhalts, S. 219): „In nomine Domini, amen. In „praesentia mei infrascripti et testium infrascriptorum ad hoc pro testibus „vocatorum et rogatorum, Antonius Grillus, civis Janue, dixit et protestatus „fuit Antonio Laurentii de Majoricis, praesenti et audienti, quod cum dictus „Antonius Grillus presentaverit dicto Antonio Laurentii die XIIII. octobris pro„xime preterita litteram cambii tenoris infrascripti:

Al segnor Antonio Laurentii, en Genoa, p. a. de 576 f. e 21 sol Janue.

En nome de Dio, Seta, die VII septembris MCCCLXXXIII. Segnor, per questa primera litera piyeres a XXX jorni vista a ma p. Antonio Grillo 576 floreni de flor. e 21 solvi januari, et sunt p. cambi de CCCIII lire XV e VI barcellonenses che ò ricevudo da Jac. de Varzi a ragione de soldi XIIII per floreno; perche vos prego che fazate bon compimento al tempo. Vostro Raimondo Salvador.

„Et ab ipso Antonio Laurentii dictus Antonius Grillus requisiverit et „requirit solutionem dicti cambii, et cum Antonius Laurentii recusaverit et „recusat dicto Antonio Grillo solutionem facere de dicto cambio, idcirco „dictus Antonius Grillus dixit et protestatus fuit dicto Antonio Laurentii, pre„senti et audienti, et contra dictum Raimundum absentem de recambio cam„bii et de omni damno interesse et expensis dicti Antonii Grilli qui habere „vult et intendit. Qui Antonius Laurentii predictus dixit et respondidit dicto „Antonio Grillo, presenti et audienti, quod ipse non vult nec intendit eidem „dicto Grillo aliquod dare nec solvere pro dicto cambio et de predictis“.

Actum Janue, in banchis, sub domo heredum quondam Nicolai Cicogne, anno et indictione ut supra, die XIIII novembris paulo ante completorium de sero, presentibus testibus Lazaro Spinola et Ottobono de Guano, civibus Janue.

(Ex actis Therami de Magiolo, foliatio quinta, p. 291, retro).

auch zu einer wechselmäßigen Solennität erhoben [3], indem es bei der Zusammensetzung der Wechselverhältnisse, welche namentlich in Folge des Indossaments eintrat, darauf ankam, die Nichthonorirung des Wechsels für jeden Wechselinhaber festzustellen [4], die Wechselurkunde selbst aber für die verschiedenen Erklärungen der Präsentaten, welche nöthig werden konnten, nicht ausreichte.

§. 25.

Die Präsentation.

Die Präsentation des Wechsels ist dessen Vorzeigung. — Sie geschieht zur Begründung, Geltendmachung oder Erhaltung von Wechselrechten oder zur Bestimmung der Verfallzeit der Wechselsumme, so wie auch zur Ausübung nicht wechselmäßiger Ansprüche, wie z. B. des Rechts auf Herausgabe eines Wechselexemplars. Sie ist bald an eine bestimmte Zeit gebunden, bald auch nicht, und bedarf keineswegs immer einer wechselmäßigen Feststellung. — Zur Präsentation befugt ist der Wechselinhaber schlechthin oder der als Gläubiger legitimirte Wechselinhaber, beziehungsweise dessen Vertreter. Sie kann an Personen geschehen, die auf dem Wechsel benannt sind, oder an Dritte.

§. 26.

Der Protest *.

Der Wechselprotest ist eine öffentliche Urkunde, durch welche die Vornahme einer wechselrechtlich relevanten Handlung oder das Vorhandensein eines wechselrechtlich relevanten Zustands hergestellt werden soll.

---

[3] Scaccia, tractat. §. 11. Glos. V. Nr. 318 sqq.

[4] Einert, Wechselr. S. 253 f.

* Die Literatur s. bei Bender, Grunds. §. 405 Note a. — S. ferner M. Pöhls, Wechselr. S. 481 f. — Formulare bei Ditscheiner, Wechselrecht, S. 318 f.

Die Hauptarten des Protests sind: der Protest Mangels Annahme, der Protest Mangels Zahlung und der Securitätsprotest. — Der Protest M. A. bezweckt die Herstellung der geschehenen Präsentation zur Annahme und der nicht erfolgten oder nicht gehörig erfolgten Acceptation [1]; der Protest M. Z. soll die stattgehabte Präsentation zur Zahlung und die nicht oder nicht gehörig erfolgte Zahlung des Wechsels beweisen [2]; der erfolglosen Präsentation des Wechsels zur Annahme oder Zahlung steht aber der Fall gleich, daß derjenige, an welchen präsentirt werden sollte, am Platze nicht zu treffen gewesen. Der Platzprotest oder der in den Wind erhobene Protest (Perquisitions-Protest) ist sonach bald ein Protest M. A., bald ein Protest M. Z. [3]; — ein solcher Protest ist dann gestattet, wenn jene Person (oder deren legitimirter Stellvertreter) in ihrem Geschäftslocale oder ihrer Wohnung nicht zu treffen, — oder, falls sie an dem Präsentationsorte fremd ist, deren Aufenthalt daselbst auch auf Nachfrage bei der Ortspolizeibehörde nicht zu ermitteln gewesen [4].

Der Securitätsprotest endlich soll den Zustand der Unsicherheit des Acceptanten oder Ausstellers des (indossirten) eigenen Wechsels herstellen [5].

Ausser den genannten kommen übrigens noch andere Protestarten vor [6]; theils schliessen sich jedoch dieselben an den Protest M.

---

[1] Pöhls, Wechselr. S. 485 f.

[2] Pöhls, a. a. O. S. 487 f.

[3] Thöl, Handelsr. §. 210 (II. S. 199 f.).

[4] Treitschke, Encyc. II. S. 282 f. — D. W. O. Art. 91, Abs. 2. Die polizeiliche Nachfrage ist hiernach nicht erforderlich, wenn in der bisherigen Wohnung des Abwesenden die Auskunft ertheilt wird, daß derselbe Wohnung und Ort verlassen habe. Präjudiz des Berlin. Geh. Ober-Tribun. im Arch. f. deutsch. Wechselrecht, Bd. II. S. 327. — Seuffert, Arch. Bd. VII, Nr. 238.

[5] Bender, Grundſ. II. S. 150 f. — Ohne Grund leugnet Thöl, II. S. 196, daß der Securitätsprotest eine eigene Protestart sei.

[6] Bender, Grundſ. II, S. 98.

Annahme oder Zahlung an, als dessen Voraussetzung sie erscheinen (§. 56. 1) oder den sie als Anhang ergänzen (§. 72), theils sind sie auch dem Gemeinen Rechte, so wie der D. W. O. fremd. —

Der Protest ist ein Beweismittel, daher sein Name [7]; er ist aber zugleich eine wechselrechtliche Solennität [8]; in dieser Eigenschaft ist ein Erlaß desselben möglich, der zwar nur gegenüber dem Erlassenden wirkt [9].

Seiner äussern Form nach erscheint aber der Protest als eine gerichtliche oder notarialische Urkunde [10], zu deren Aufnahme es jedoch nach der vom Gemeinen Rechte hierin abweichenden D. W. O. der Zuziehung von Zeugen oder eines Protocollführers nicht bedarf [11].

---

[7] Ueber die Bedeutung des Worts „protestatio" s. cap. 73 X de appellationib. (2. 28) u. Ducange, glossar. s. v. protestatio. Dafür, daß Protest nicht Rechtsverwahrung bedeutet, spricht die Geschichte. Dies. Lehrb. §. 24 und Thöl, §. 210, Note 2.

[8] Nach Gemeinem Rechte ist freilich die Frage bestritten, in welchen Fällen der Protest eine nothwendige Form ist (Thöl, §. 210. 3).

[9] Dies. Lehrb. §. 84 und §. 73.

[10] Treitschke, Encyc. II. S. 283 f. — R. N. O. vom J. 1512, §. 3 u. 6. — In England jedoch kann, wenn kein Notar am Platze oder in der Nähe desselben vorhanden ist, any respectable inhabitant, substantial person die Stelle des Notars vertreten (Schulin, Großbritann. Wechselgesetze, Art. 82, S. 86); in Dänemark können dieß zwei rechtliche Zeugen thun. Dän. Verordn. die trassirten Wechsel betreffend, vom 18. Mai 1825, §. 30.

[11] D. W. O. Art. 87. Uebereinstimmend mit der D. W. O. ist die Dessau. W. O. §. 69. — Abweichend der Cod. de comm. Art. 173. — Schw. Entw. §. 46 „durch einen Notar oder zuständigen Beamten". Die Nichtbeachtung der Bestimmungen der D. W. O. Art. 90 über die Verpflichtung der Notare und Gerichtsbeamten hat auf die Gültigkeit des Protests keinen Einfluß. — S. auch Cod. de comm. Art. 176 und das diesen Art. für Rheinhessen erhaltende Großh. Hess. Einf. G. §. 14. — Die näheren Bestimmungen der Einf. Gesetze der D. W. O. sind: 1. bezügl. der gerichtl. Proteste: Sachsen-Meiningen Art. 2: Jedes Untergericht ist zur Aufnahme eines solchen in seinem Bezirke, auch gegen Personen, die nicht unter seiner Gerichtsbarkeit stehen, ermächtigt; in Nassau (nach §. 4 des

Zur innern Form des Protests gehört dagegen:

1) eine wörtliche Abschrift des Wechsels [12] (resp. der Copie [13]) und aller darauf befindlichen Indossamente und Bemerkungen [14],

Einf. G.) der Landoberschultheiß; in Baden (Art. 5) Gerichtsschreiber mit der durch das Regierungsblatt zur öffentlichen Kenntniß gebrachten Genehmigung des Justizministeriums, sonst nur Staatsschreiber (Notare); in Preussen (§. 3) im Bezirke des Appellations-Gerichtshofs zu Cöln auch die Gerichtsvollzieher; ebenso in Rheinhessen (Großh. Hess. Einf. G. §. 13), sowie in der Pfalz (Bayer. Einf. G., Art. 4); in Waldeck (§. 2) jedes Mitglied eines Untergerichts; in Lippe-Detmold (§. 2) die Stadtgerichte und Aemter, zu Lemgo der Magistrat und das „Herrschaftliche und Stadtgericht;" in Holstein (§. 6) ein das Richteramt bekleidender Beamte, welcher aber nicht der Wechselrichter des Orts sein darf; der Stadtsecretär in den Städten und in den Landdistricten die mit landesherrlicher Bestallung versehenen Actuare. 2. bezüglich der notariellen Proteste: in Frankfurt (Einf. G. §. 10) muß jeder Protest durch einen der besonders ernannten Wechselnotare aufgenommen werden; in Würtemberg (Art. 9) hat, falls der Bezirksnotar verhindert, derjenige Notar der Aufforderung Protest zu erheben, zu genügen, welcher dem Orte der Aufnahme zunächst wohnt; und falls dieser Ort der Sitz des Bezirksgerichts ist, ohne daß ein weiterer Notar dort wohnt, der Gerichtsactuar einzutreten. 3. bezüglich der Proteste überhaupt: Oldenb. (Einf. G. Art. 10): die in der D. W. O. erwähnten Geschäfte der Notare oder Gerichtsbeamten sind den zur Aufnahme der Acte freiwilliger Gerichtsbarkeit befugten Personen zugewiesen. — Ueber die Beglaubigung der Wechselproteste vgl. §. 7, Not. 18.

[12] Ueber den Fall, daß der Präsentat den ihm präsentirten Wechsel vorenthält, s. Kitka, Erläut. S. 59 f.

[13] Dies. Lehrb. §. 56. 1. — D. W. O. Art. 72. — Brauer, Erläut. S. 145. 1.

[14] Pöhls, a. a. O. S. 503. — D. W. O. Art. 88. 1 und Art. 98. 10. Schw. Entw. §. 46. — Gleichgültig ist es übrigens, ob die Protesturkunde mit der Abschrift des Wechsels anfängt, oder ob diese in dem Conterte eingeschaltet, oder am Schlusse steht, — Archiv für deutsch. Wechselr. Bd. I. S. 376; so wie es auch an sich nicht unzulässig ist, die Wechselabschrift durch deren Aufschrift auf der Rückseite der Protesturkunde mit dem Proteste zu verbinden (Berlin. O. Tr. im Arch. f. d. W. III. S. 354 und Seuffert, Arch. Bd. VII. Nr. 237; und über Sachsen und Oesterreich Borchardt, die D. W. O. mit den von den Gerichtshöfen ausgesprochenen Grundsätzen, S. 85, Zus. 3 u. Not. 82).

soweit diese letztern auf das Wechselverhältniß sich beziehen und zur Herstellung der Identität des Wechsels erforderlich sind [15]. Nur zu diesem Zwecke sind auch die durchgestrichenen Worte, in so ferne sie leserlich sind, mit der Bemerkung zu copiren, daß sie durchstrichen seien [16], so wie das Vorhandensein von Rasuren und andern unleserlichen Stellen im Proteste zu bemerken ist [17]. Ergiebt sich die Legitimation des Wechselinhabers nur aus Original und Copie des Wechsels, so ist eine Abschrift beider in die Protesturkunde aufzunehmen; doch schadet der Mangel an einer Abschrift der Copie daselbst nicht, wenn derselbe vom Präsentaten zum Proteste nicht gerügt worden ist [18]; wogegen die Folgen der Ungültigkeit des Protests wegen Unrichtigkeit der Wechselabschrift durch Bezugnahme auf die Richtigkeit derselben im Protestregister nicht abgewendet werden können [19].

2) Die Bezeichnung des Namens oder der Firma der Personen, für und gegen welche der Protest erhoben wird [20].

3) Die Angabe des an die Person, gegen welche protestirt wird, gestellten Begehrens, ihrer Antwort oder die Bemerkung, daß sie keine gegeben habe, oder nicht anzutreffen gewesen sei [21];

---

[15] Wie z. B. der Acceptations-Vermerk (Arch. f. d. W. Bd. V. S. 456), nicht aber jede Bemerkung (Arch. f. d. W. Bd. III. S. 195; Borchardt, a. a. O. S. 83 f; Seuffert, Arch. Bd. VII, Nr. 237 u. Not.).

[16] Seuffert, Arch. Bd. VII, Nr. 239. Daher ist die Copirung der noch leserlichen durchstrichenen Worte nicht unbedingt nöthig. Arch. f. d. W. Bd. V. S. 339.

[17] Pöhls, a. a. O. S. 503.

[18] Arch. f. deutsch. Wechselr. Bd. III. S. 226 f. — (Seuffert, Arch. Bd. V. Nr. 223.)

[19] Berl. O. Tr. im Arch. f. d. W. Bd. IV. S. 174 f.; Seuffert, Arch. Bd. IX, Nr. 64.

[20] D. W. O. Art. 88. 2. — Bluntschli, D. W. O. S. 131. 2.

[21] Pöhls, a. a. O. S. 504. — D. W. O. Art. 88. 3. — Archiv für deutsch. Wechselr. Bd. I. S. 375. — Koch, Wechselr. S. 337. Die Ab-

beziehungsweise die Bezeichnung der Momente, aus welchen die Unsicherheit des Protestaten sich ergiebt.

4) Die Bezeichnung des Orts der Protestaufnahme, so wie des Kalendertags, Monats und Jahres, an welchem der Protest aufgenommen worden [22].

5) Die Unterschrift des Notars oder Gerichtsbeamten, welcher den Protest aufgenommen hat, mit Beifügung des Amtssiegels [23].

Die Anrufung des Namens Gottes und die Bezeichnung des Namens des Regenten sind nur particularrechtliche Erfordernisse [24], welche, wie die übrigen Anforderungen der Landesgesetzgebungen an die Notariatsinstrumente, da, wo die D. W. O. recipirt worden, im Zweifel als für Wechselproteste abgeschafft betrachtet werden müssen [25]. Die übliche Protestationsclausel ist eine unnöthige Formalität [26].

Ueber die mehrfache Aufforderung verschiedener Personen zu Einer wechselrechtlichen Leistung genügt Eine Protesturkunde [27].

---

wesenheit des Bezogenen bei der Präsentation des Wechsels muß ausdrücklich im Proteste beurkundet werden. (O. A. G. in Darmstadt im Arch. f. pract. Rtswiss. Bd. IV. S. 349 f.).

[22] Pöhls, a. a. O. S. 503 a. E. — D. W. O. Art. 88. 4. — Die Bezeichnung des Wochentags ist nicht erforderlich. — Leipz. Protoc. S. 242 a. E. — Arch. f. deutsch. Wechselr. Bd. I. S. 375 und S. 385. Eine Correctur des Datums in der Protesturkunde bewirkt nicht nothwendig die Ungültigkeit des Protests. Borchardt, a. a. O. S. 88, Zus. 9.

[23] R. N. O. vom J. 1512. §. 3. — D. W. O. Art. 88. 6.

[24] Pöhls, a. a. O. S. 505.

[25] Arch. f. deutsch. Wechselr. Bd. I. S. 372 f.

[26] Thöl, §. 210 (II. S. 201).

[27] D. W. O. Art. 89. — Koch, Wechselr. S. 339. Schweiz. Entw. §. 47.

§. 27.

Allgemeine Bestimmungen über Ort und Zeit für die Präsentation und Protesterhebung.

Die Frage, wann und wo Präsentation und Protesterhebung vorzunehmen, beantwortet sich in verschiedener Weise je nach den verschiedenen Präsentations- und Protestfällen.

Doch hat die D. W. O. folgende hier einschlagende allgemeine Bestimmungen aufgestellt.

Die Präsentation und Protesterhebung, so wie alle sonstigen bei einer bestimmten Person vorzunehmenden Handlungen, sind in deren Geschäftslocale vorzunehmen [1], und in Ermanglung eines solchen in deren Wohnung; an einem andern Orte aber nur mit beiderseitigem Einverständnisse [2]. — Ein Platzprotest jedoch kann überall erhoben werden [3].

Daß die im Geschäftslocale zu verrichtenden Handlungen zur regelmäßigen Geschäftszeit vorgenommen werden müssen, liegt in der Natur der Sache [4]. In Ausführung und Erweiterung dieses Grundsatzes haben aber einzelne Wechselordnungen [5] und so auch die meisten Einführungsgesetze der D. W. O. eine bestimmte Tageszeit für Präsentation und Protestation festgesetzt [6]. Doch ist

---

[1] Koch, Wechselrecht, S. 340 f. — S. aber Brauer, Erläut. S. 147.

[2] D. W. O. Art. 91, Abs. 1 u. Art. 98. 10. — Gemeinen Rechtens ist dieß nicht; wiewohl vielfach üblich. S. jed. Bender, Grundf. II. S. 109. Auf einzelnen Handelsplätzen war übungsgemäß die Börse der Ort der Präsentation und Protestation. Leipz. Protoc. S. 152.

[3] Bender, Grundf. II. S. 109.

[4] Einert, im Arch. f. deutsch. Wechselr. Bd. II. S. 17.

[5] Dessau. W. O. §. 55 : „kann die Praesentation von 8 bis 12 Uhr Vormittags und von 2 bis 7 Uhr Nachmittags geschehen". Cöthen. W. O. Art. 42 : „Der Protest, den ein Notarius verrichtet, muss vor Untergang der Sonne geschehen".

[6] Preuss. Einf. G. §. 4 : Proteste dürfen nur von 9 U. Vormittags bis 6 U. Abends erhoben werden, zu einer früheren oder späteren Tageszeit aber

dieß nur im Interesse desjenigen geschehen, bei welchem der Act vorzunehmen ist [7]; daher denn ein Protest, in welchem dieser seine Erklärung auf die an ihn gestellte Anfrage ohne Berufung auf die nicht vorhandene Protestzeit abgegeben, gültig ist, und zwar nicht allein in dem Falle, daß die Stunde der Protesterhebung aus der Urkunde nicht ersichtlich [8], sondern selbst dann, wenn durch dieselbe das Nichteinhalten der Protestzeit hergestellt sein sollte [9]. — Anders verhält es sich dagegen rücksichtlich des wegen Abwesenheit vom Geschäftslocale oder der Wohnung aufgenommenen Platzprotestes,

---

nur mit Zustimmung des Protestaten; — Hamburg §. 10: nur bis 7 U. Abends, es sei denn daß der Protestat mit der späteren Erhebung sich einverstanden erklärt, was im Proteste zu bemerken ist; Frankfurt §. 10: von 9—12 U. und Nachmittags v. 2—5 U.; Holstein §. 7: bis 7 U. Abends, es sei denn daß der Protestat mit der späteren Erhebung einverstanden, was im Protocolle zu bemerken ist; K. Sachsen §. 8: von früh 9 U. bis Abends 6 U.; Sachsen-Coburg-Gotha §. 4: nicht nach 7 U. Abends, ausser wenn der Protestat damit einverstanden, was im Proteste ausdrücklich angemerkt werden muß; desgleichen Großh. Hessen §. 10, und Würtemberg nach einer Verordn. v. 7. Mai 1849; in Bremen §. 9: Von 9 U. Morg. bis 7 U. Abends; Lübeck Art. 8: die im Art. 9 der W. O. bezeichneten Acte dürfen nur zwischen 9 U. M. und 7 U. Ab. vorgenommen werden, ausser mit beiderseitigem Einverständnisse; desgleichen Mecklenburg §. 2; Sachsen-Meiningen Art. 3: die in Art 91 und 92 der W. O. genannten Handlungen können nur v. 9—12 Vorm. und v. 3—6 U. Nachm. vorgenommen und gefordert werden; in Prag können Proteste M. Z. am Zahltage erst in der Zeit von 1 U. Mitt. bis 5 U. Ab., und an den zwei Werktagen von 9 U. M. bis 5 U. Abends erhoben werden, ausser mit Zustimmung des Protestaten, welche im Proteste zu bemerken ist. Verordn. des Justizminist. v. 30. Juli 1853 (Arch. f. d. W. IV. S. 240).

[7] Einert, im Arch. f. deutsch. Wechselr. Bd. II. S. 6 f.

[8] Koch, Wechselr. S. 337 a. E.

[9] Einert, a. a. O. S. 17. Wo jedoch das particuläre Recht verlangt, daß das Einverständniß des Protestaten mit der Erhebung des Protestes ausserhalb der Proteststunden in demselben ausdrücklich angemerkt werde (s. Not. 6), muß, wenn eine solche Vermerkung fehlt, die Einhaltung der Proteststunden aus der Protesturkunde ersichtlich sein.

indem zur Gültigkeit desselben erforderlich ist, daß die Einhaltung der Protestzeit, und zwar die Beendigung der Protestaufnahme vor Ablauf der vorgeschriebenen Proteststunden [10], aus der Protesturkunde ersichtlich sei [11].

Präsentation und Protestation können übrigens nach der D. W. O. nur an Werktagen Statt finden, und sollen, wenn der Zeitpunkt, in welchem die Vornahme derselben spätestens geschehen müßte, auf einen Sonntag oder allgemeinen Feiertag fällt, am nächsten Werktage vorgenommen werden [12]. — Allgemeine Feiertage sind aber, wo dieselben nicht durch allgemeines Gesetz bestimmt sind [13], die im betreffenden Lande kraft der Observanz oder ein=

---

[10] Arch. f. d. W. Bd. IV. S. 342.

[11] Einert, a. a. O. S. 18 f.

[12] D. W. O. Art. 92 : „Verfällt der Wechsel an einem Sonntage oder „allgemeinen Feiertage, so ist der nächste Werktag der Zahlungstag. Auch „die Herausgabe eines Wechselduplicats, die Erklärung über die Annahme, so „wie jede andere Erklärung können nur an einem Werktage gefordert wer„den. Fällt der Zeitpunct, in welchem die Vornahme einer der vorstehenden „Handlungen spätestens gefordert werden musste, auf einen Sonntag oder all„gemeinen Feiertag, so muss diese Handlung am nächsten Werktage gefordert „werden."

„Dieselbe Bestimmung findet auch auf die Protesterhebung Anwendung". Art. 98, Nr. 10.

Die einzelnen W. O. haben über die Bedeutung der Feiertage im Wechselrechte sehr verschiedene Bestimmungen, mit Unterscheidung der verschiedenen Fälle, in welchen dieselben in Betracht kommen. Treitschke, Encyc. II. S. 98 f.; S. 153 f. u. S. 532 f.

[13] Nach dem Nassau. Einf. G. §. 5 sind allgemeine Feiertage : der Neujahrstag, der Charfreitag, Ostermontag, das Fest der Himmelfahrt Christi, der Pfingstmontag, der Frohnleichnamstag und die beiden Weihnachtstage; in Frankfurt §. 11 die nämlichen Tage, mit Ausnahme von Frohnleichnam, überdies der Buß- und Bettag (der Freitag vor dem ersten Adventsonntage); im K. Sachsen §. 9 : der Neujahrstag, der 6. Januar, Mariä Verkündigung, der Charfreitag, Ostermontag, Himmelfahrtstag, Pfingstmontag, 31. Octob. (Reformationsfest), die beiden Weihnachtsfeiertage, die beiden Bußtage (Freitag vor Oculi und Freitag vor dem letzten Sonntage nach Trinitatis); in Coburg-Gotha §. 5 : der Neujahrstag, Charfreitag, die beiden Oster- Pfingst- und Weihnachtstage und der Himmelfahrtstag ; in Lübeck Art. 9 : die nämlichen

zelner Gesetze allgemein gefeierten christlichen oder weltlichen Festtage [14].

§. 28.

Die Wechselpräjudizirung *.

Der Mangel an einem Proteste, oder die nicht rechtzeitige, verfrühte oder verspätete, oder sonst fehlerhafte Erhebung eines solchen zieht, in so ferne als derselbe eine wechselmäßige Solennität bildet, den Verlust des wechselmäßigen Anspruchs an den oder diejenigen, gegenüber welchen gehörige Protestlevirung erforderlich war, nach sich, vorausgesetzt, daß der Protest nicht in wirksamer Weise erlassen worden. — Die nicht gehörige Protesterhebung kann aber den Verlust des wechselmäßigen Anspruchs auf Sicherstellung oder auf Zahlung zur Folge haben; im letztern Falle ist der Wechsel

---

Tage und ausserdem der Johannis- und Michaelistag; ebenso in Mecklenburg §. 3, jedoch statt der beiden letztgenannten Tage die Bettage. Im Großherz. Hessen §. 11 (in den Prov. Starkenburg und Oberhessen): der Neujahrstag, Charfreitag, der Ostermontag, der Himmelfahrtstag, der Pfingstmontag und die beiden Weihnachtsfeiertage; in Weimar §. 4: die nämlichen Tage und ausserdem der Bußtag (Freitag nach dem ersten Advent-Sonntage). Das Würtemb. Einf. G. Art. 10 verweist auf eine zu erwartende allgemeine Verordn.

[14] Brauer, Erläut. S. 148 und im Arch. f. d. W. Bd. V. S. 353 f. — Das Groß. Hess. Einf. G. §. 15 bestimmt für Rheinhessen: „unter allgem. „Feiertagen sind die gesetzlich anerkannten christlichen Festtage und diejeni- „gen Tage zu verstehen, deren allgemeine Feier aus sonstigen Gründen „gesetzlich festgestellt ist." Das Bayer. Einf. G. Art. 5 dagegen verweist auf die Tage, welche nach den Gesetzen oder dem Herkommen eines jeden Orts bisher als christliche Feiertage im Wechselgeschäfte gegolten haben. — Die jüdischen Festtage sind nicht allgemeine Feiertage. S. aber Gengler, Lehrb. des deutsch. Privatr. S. 105.

* Liebe, über die Regreß- oder Entschädigungsklage des Inhabers eines präjudicirten Wechsels (im jurist. Magazin von J. Scholz III., Gans, Liebe und Zachariä, Neue Folge. 2. Heft. Braunschweig 1836, Nr. I). — W. Gelpcke, Beiträge zur Kenntniß des Handels- und Wechselrechts, Erstes Heft: der präjudizirte und der verjährte Wechsel. Berlin 1848.

gegenüber den betreffenden Personen entkräftet oder präjudizirt [1]. Im Verhältnisse zu solchen Personen ist der präjudizirte Wechsel kein Wechsel [2]; dagegen ist die Wechselpräjudizirung an sich auf das dem Wechselversprechen unterliegende Verhältniß ohne Einfluß; es kommen vielmehr rücksichtlich der Geltendmachung desselben so wie der dem Wechselinhaber aus der mit seinem Schaden entstandenen Bereicherung zustehenden Klage die bei der Wechselverjährung darzustellenden Grundsätze in Anwendung [3].

---

[1] Thöl, Handelsrecht, §. 220. 221. Die Präjudizirung setzt einen mit den wesentlichen Erfordernissen versehenen Wechsel voraus. Arch. f. d. W. Bd. V. S. 427.

[2] D. W. O. Art. 83 und Art. 98 Nr. 10.,

[3] Dies. Lehrb. §. 88 und daselbst die abweichenden Ansichten.

Zweites Buch.

Die einzelnen Wechselrechtsinstitute.

Erstes Kapitel.

Der gezogene Wechsel.

A. Das ältere Recht.

§. 29.

Der gezogene Wechselbrief.

Das gezogene Wechselpapier [1], welches bereits in älterer Zeit unter Kaufleuten vorzugsweise gebraucht wurde, hatte seinem Zwecke gemäß die Form eines Briefs, in welchem der auf der Rückseite

[1] Einer der ältesten der uns erhaltenen gezogenen Wechselbriefe (b. Baldus, consil. I. 349, Ausg. von 1491. III. 300) lautet:

„Pagate per questa prima lettera a di IX de Ottobre a Luca de Goro „libr. XLV. Sono per la valuta qui da Mafio Rena, al tempo li pagate e „ponete a mio conto, e che Christo ve guarde". Unterschrift: Bonromeo de Bonromei salutat de Milano a di IX de Maio MCCCXCV. Adresse (a tergo): Alexandro di Bonromei e Dominico de Andrea invice". S. auch Holtius, Abhandlung civilist. u. handelsrechtlich. Inhalts, übersetzt von Sutro, Utrecht 1852, S. 193 f. und S. 214 f. — S. ferner Scaccia, tract. de commerciis et cambio §. 1. Quaest. V. No. 44. Roback, S. 37. Biener, Abhandl. S. 149 f. — Dedekind, Abriß, S. 89 f. — Derselbe: Vergangenheit und Gegenwart des Wechselrechts, S. 5 f.

in der Aufschrift benannten Person [2] ein Zahlungsauftrag [3] unter Beifügung einer auf die Deckung bezüglichen Formel [4] so wie der Person (adjectus), an welche auf die Vorzeigung der Urkunde gezahlt werden sollte [5], gegeben war [6].

Diese Form erhielt sich im Wesentlichen auch später unverändert, wiewohl mit der Modification, daß die Adresse mit Rücksicht auf das üblich gewordene Indossament auf die Vorderseite des Wechsels zu stehen kam [7].

§. 30.

Die geschichtliche Entwicklung der Rechtsverhältnisse bei gezogenen Wechseln.

Zweck des gezogenen Wechselbriefs war die Zahlung der Wechselsumme an den daselbst bezeichneten Präsentanten durch die im Wechsel hierzu aufgeforderte Person, — wofür allein denn auch der Aussteller ursprünglich haftete.

Doch lag es in der Natur der Sache, daß der im Wechselbriefe bezeichnete Präsentant denselben kurz vor der Verfallzeit an den Bezogenen mit der Anfrage vorwies, ob er die Wechselsumme zu bezahlen Willens sei [1]. Wurde diese Anfrage bejahend

---

[2] Scaccia l. cit. §. II. Gloss. 10, No. 2. — v. Martens, Ursprung, S. 65. — Fehlte die suprascriptio, so war der Wechsel einem cambio con la ricorsa gleich, indem der Nehmer denselben auf sich als Trassaten ausfüllen konnte. Scaccia, l. cit. §. II. Gloss. 10, No. 8.

[3] Daher spricht Balducci Pegolotti in sein. practica della mercatura aus dem Anf. des 14. Jahrh. von einem „fare cambio per mandare a pagare".

[4] „ponete a mio conto", „notandoli a conto mio". — Biener, a. a. O. S. 150 f.

[5] Der trassirte Wechselbrief benannte in der Regel 4 Personen. Biener, Abh. S. 73. — Eine Tratte mit 3 Personen vom J. 1614 s. bei Biener, a. a. O. S. 152.

[6] Ueberdies enthielt der Wechsel die beim Schlusse eines Briefs üblichen Begrüßungsformeln. Bender, Wechselr. I. S. 205.

[7] v. Martens, Ursprung, S. 65.

[1] Biener, Abhandl. S. 80. — Bei Meßwechseln geschah diese Anfrage

beantwortet, was sowohl mündlich wie schriftlich geschehen konnte [2], so lag in einem solchen Accepte nur die Annahme des im Wechselbriefe gegebenen Auftrags [3]. Dagegen gab die Verweigerung des Accepts, die auf dem Wechsel selbst geschehen oder durch Protest bestätigt werden mußte, dem Gläubiger lediglich das Recht, die fällig gewordene Wechselsumme sammt Interesse und Kosten gegen den Aussteller einzuklagen [4], oder seinen Regreß mittelst eines Rückwechsels (ricambium) zu nehmen [5].

Allmählig nahm jedoch der Accept eine andere Bedeutung an, indem sich nämlich die Ansicht festsetzte, daß der Acceptant, wenn er nur die Annahme auf dem Wechselbriefe erklärt habe [6], ein

---

am ersten Meßtage. Die Antwort, welche binnen 24 Stunden gegeben werden mußte, wurde von beiden Parteien in deren Meßmemorialen (scarta faccium) notirt. Lautete sie bejahend, so wurde, nachdem der Wechselcurs festgesetzt worden, scontrirt; im entgegengesetzten Falle aber, so wie wenn der acceptirte Wechsel nicht bezahlt wurde, Protest erhoben. Scaccia, tractatus §. II. Gloss. IV. No. 10 sqq.

[2] Scaccia, tract. §. II. Gl. V. Nr. 332 sqq. — S. auch Holtius, Abhandlung. civilist. und handelsrechtl. Inhalts, übersetzt v. Sutro, S. 183, Note 2. — Frémery, études de droit commercial p. 106.

[3] Die verschiedenen Ansichten der ältesten Juristen über die Bedeutung der Acceptation s. bei Holtius a. a. O. S. 203, Note 2.

[4] Stat. v. Bologna v. J. 1454, §. 15 (b. v. Martens, Urspr., Anhang S. 61): „Teneatur . . . judex . . . literas cambii . . . ad alia loca destinatas, „quae reportatae fuerint, quia ipsis non fuerit obtemperatum et acceptatae „non fuerint in eo loco, seu per eum, ad quem vel cui fuerint destinatae, si „ibidem, seu in loco ordinato fuerint praesentatae, quod constare debeat „dicto judici per protestationem factam ei, cui dictae literae „fuerint destinate, seu per ipsius subscriptionem, quam quantitatem „in ipsis literis contentam in continenti solvere debeat, ... ipsas literas „executioni mandare contra eum scribentem, seu illum, cujus Factor aut socius „dictas literas scripsisset, cogendo talem ad integram satisfactionem „et solutionem contentorum in dictis literis, et damnorum et „expensarum, quas qui recipere debuerit quantitatem in ipsis „literis contentam substinuisset, seu fecisset occasione prae„dicta . . .“

[5] Eichhorn, Rechtsg. IV. S. 466. — Biener, a. a. O. S. 159.

[6] Schon nach einer Verordn. des Magistrats in Barcelona v. J. 1394 (bei v. Martens, a. a. O. Anhang S. 109) sollen die Acceptationen

selbstständiger Wechselschuldner sei [7], so wie sich zugleich in Folge richtiger Anwendung civilistischer Grundsätze die Verpflichtung des Ausstellers dahin erweiterte, daß er für den Fall nicht gehöriger Acceptation als zur Sicherheitsbestellung verpflichtet betrachtet wurde [8].

---

auf den Wechselbrief — und zwar auf dessen Rücken — geschrieben werden. — Ordn. u. Regel des Magistrats u. der Kaufleute in Botzen v. J. 1635, Art. IV. (b. Siegel, corp. jur. camb. I. S. 209): „die Ac- „ceptationen sollen auf die Wechselbriefe gezeichnet werden". Reichs-Gutacht. v. 31. Juny 1668 (s. Note 7). — Dänisch. Recht v. 21. März 1681, Art. 11 (b. Siegel a. a. O. S. 329).

[7] Scaccia, tractat. §. II. Gl. V. No. 322 sagt vom acceptirten Wechsel: „creditor, qui dedit cambio, habet utrumque obligatum, prout de hac notoria „et generali consuetudine testatur Rot. Gen. dec. 2 sub No. 40 et 41; — und No. 327: „Quod acceptatis litteris non potest illarum solutionem recusare (sc. „acceptans), quamvis debitor decoxerit." Hiermit hingen folgende Bestimmungen zusammen: 1) Ausschließung der Contreordre des Ausstellers nach geschehener Acceptation. Decis. rotae Gen. 168, No. 3. — S. auch Biener a. a. O. S. 132; — 2) Ausschließung der exceptio non numeratae pecuniae nach dem Satze „qui acceptat, solvat". Reichs-Gutacht. v. 31. Juny 1668: „Ferners zu statuiren seye, dass nach der bekannten Handelsregel „„Qui acceptat solvat" in acceptirten Wechselbriefen der Exception non „numeratae pecuniae nicht statt zu geben, hingegen aber dergleichen Accep- „tationes — schriftlichen geschehen sollen, jedoch dass nichtsdestoweniger „wegen der mündlich acceptirten Wechselbriefen es bey den Rechten u. „Observanz sein Bewenden habe." Reichsschluß v. 1671, §. 5; und dazu Thöl, Handelsr. II. S. 8. — Erneuert. W. O. v. Frankf. a. M. v. J. 1666, Art. XV. (b. Siegel I. S. 384). — Cöln. renov. W. O. v. J. 1691, Art. IV. (b. Siegel I. S. 388). — 3) Spätere W. O., wie z. B. die Hamburg. v. J. 1711, Art. 5 (b. Siegel I. S. 416) sagen kurzweg: „wer einen Wechselbrief annimmt oder acceptiret, wird dadurch selbst- „schuldiger debitor, sowohl als der, so das Geld aufgenommen u. empfangen „hat."

[8] Antwerp. W. O. v. J. 1578, §. 2 (b. Siegel I. S. 409): „In- „gleichen wenn ein Wechselbrief auf Zeit lautete u. auf Praesentation nicht „acceptiret wird . . . u. derjenige, so den Wechselbrief gesendet, hiervon „Nachricht erhält, eher solcher mit Protest zurückkommt, mag selbiger, nach „Börsengebrauch, der Person, so den Brief unterzeichnet hat, . . . Bürgschafft „stellen lassen, dass sie die darinnen begriffene Summe, nebst dem Werthe „des hin und her Wechsels bezahlen wolle, im Fall der Brief sonder Zahlung „mit Protest zurückgesandt würde." — Im Zusammenhange mit der ur-

B. Das heutige Recht.

§. 31.

Der gezogene Wechselbrief *.

Wesentlicher Inhalt des gezogenen Wechselbriefs (Tratte, trassirter, förmlicher, ordentlicher, regulärer Wechsel) ist, außer dem in §. 15 Angeführten, die Bezeichnung einer dritten Person (des Bezogenen oder Trassaten), deren formelle Stellung in der Wechselurkunde die eines vom Aussteller zur Zahlung der Wechselsumme Beauftragten ist. Die Benennung des Bezogenen mit Namen oder Firma (die Adresse)[1] geschieht üblicher Weise nicht im Contexte des Wechsels selbst, sondern wird unter denselben auf die linke Seite der Urkunde gesetzt[2]. Die Beifügung

---

sprünglichen Bedeutung der Präsentation zum Accepte erhielt sich particularrechtlich die Bestimmung, daß nur kurze Zeit, wie z. B. 14 Tage, vor dem Verfalle des Wechsels, zur Annahme präsentirt werden dürfe. Leipz. W. O. §. VII.

* Formular einer lediglich die wesentlichen Bestandtheile enthaltenden Tratte:

Heidelberg den 1 July 1853.

Auf Sicht (oder zwei Monate a dato &) zahlen Sie gegen diesen Wechsel an Herrn C. die Summe von 500 Th. Preuss. Cour.

An Herrn B. in Frankfurt. A.

[1] D. W. O. Art. 4: „Die wesentlichen Erfordernisse eines gezogenen Wechsels sind: — 7) der Name der Person oder die Firma, welche die Zahlung leisten soll (des Bezogenen oder Trassaten). Schweiz. Entw. §. 3. — Die Bezeichnung einer Fabrik oder Anstalt gilt als Firma, insoferne der Personen-Name des Inhabers der Fabrik oder Anstalt (z. B. A. D. — r's Hüttenamt zu P.) daraus erhellt. (Berl. Ob. Trib. im Arch. f. d. W. III. S. 425 f.)

[2] Wesentlich ist es also nicht, daß der Name des Bezogenen in den Context des Wechsels geschrieben (Berl. Ob. Tr. bei Borchardt, die D. W. O. mit den v. den Gerichten ausgesprochen. Grunds. S. 124, Zus. 25) wird. — S. auch Dessau. W. O. §. 68: „. . . Der Name des Bezogenen, welcher die „Zahlung leisten soll, muss im Contexte des Wechsels oder unter demselben „deutlich ausgedrückt sein. Dessen Vornamen oder Character ist nicht noth„wendig, wohl aber zur Vermeidung besorglicher Irrungen rathsam."

eines Orts (vollständige Adresse) ist hierbei nicht erforderlich, wenn im Wechsel ein anderer Ort als Zahlungsort bezeichnet ist; ist dies aber nicht der Fall[3], so gilt alsdann der neben der Adresse anzugebende Ort als Zahlungsort[4]. Derselbe ist zugleich wechselmäßiger Wohnort des Bezogenen, sollte dieser auch daselbst weder wohnhaft, noch anwesend sein[5]. Nicht erforderlich aber ist, daß der Zahlungs- und der Ausstellungs-Ort verschieden seien[6]; ist dies der Fall, so ist der Wechsel ein Distance-Wechsel, sonst aber eine Platztratte.

Ausserwesentliche Bestandtheile des gezogenen Wechselbriefs ohne wechselrechtliche Bedeutung sind: — die auf die Deckung, d. h. auf dasjenige, wodurch der Bezogene ohne Vorschuß zu zahlen in den Stand gesetzt ist, oder für den zu machenden Vorschuß mit[7] oder ohne Sicherheit entschädigt werden soll[8], bezügliche Formel[9], so wie ferner die Formeln, die sich auf den Avis beziehen[10].

---

[3] Als Bezeichnung des Zahlungsorts erscheint nicht die Ortsangabe in dem unter dem Accepte stehenden Datum „Berlin den 24. Juny 1850" (Kletke, Präjudiz. S. 172 Nr. 413), und ebensowenig an und für sich die Ortsangabe hinter dem Namen des Remittenten (Seuffert, Arch. Bd. VII. Nr. 94).

[4] Thöl, Handelsr. II. S. 76. — D. W. O. Art. 4, Nr. 8. Die Angabe der Vorstadt, woselbst der Trassat wohnen soll, ohne Angabe der Stadt, genügt, wenn letztere daraus sich mit Sicherheit erkennen läßt. Arch. f. d. W. Bd. III. S. 335 f.

[5] D. W. O. Art. 4, Nr. 8. — Brauer, Erläut. S. 37 f.

[6] S. auch Schw. Entw. §. 5. — Dageg. Cod. de com. Art. 110: „la lettre de change est tirée d'un lieu sur un autre . . . "

[7] Treitschke, Encyc. I. S. 326 f.

[8] In diesem Sinne ist die Deckung der versprochene Ersatz; die Wechselsumme sammt Provision (Thöl §. 194, II.) soll creditirt werden; der zu gebende Credit ist ein gedeckter oder ein ungedeckter.

[9] Die altherkömmliche Formel „und stellen es auf Rechnung" (dies. Lehrb. §. 29, Note 4) ist an sich nichts sagend (Thöl II. S. 146), und hat nur dann eine, und zwar bloß civilrechtliche, Bedeutung, wenn sie auf einen andern als den Aussteller lautet „und stellen es auf Rechnung des Herrn J. K.", also bei Tratten auf fremde Rechnung (Commissions-Tratten). M. Pöhls, Wechselrecht S. 275. — Thöl, §. 195. — Frémery, étud. p. 140 f. — Die Lehre von der Deckung gehört übrigens nicht in das Wechselrecht. Liebe, Motive, S. 103.

[10] Treitschke, Encyc. I. S. 138 f. — Thöl, §. 193.

I. Das Verhältniß des Wechselnehmers zum Bezogenen.

§. 32.

Verhältniß des Wechselnehmers zum Bezogenen im Allgemeinen.

Durch den zwischen Aussteller und Wechselnehmer (Remittenten) abgeschlossenen Wechselvertrag (s. dies. Lehrb. §. 11) wird dieser angewiesen, die Zahlung der Wechselsumme beim Bezogenen zu suchen, der letztere aber wechselmäßig in keiner Weise verbindlich gemacht [1]. Eine derartige Verpflichtung entsteht für den Trassaten vielmehr erst dadurch, daß er mit dem Wechselnehmer einen Wechselvertrag (den Acceptations-Vertrag) abschließt, dessen Formbestandtheile die Präsentation zur Annahme und die Acceptation sind.

§. 33.

Die Präsentation zur Annahme.

Die Präsentation zur Annahme, zu welcher die bloße Innehabung der Wechselurkunde legitimirt [1], ist die Vorweisung des Wechsels mit der Anfrage, ob sich der Bezogene trassirtermaßen verbindlich machen wolle. Sie geschieht ohne besondere Form [2] an den Trassaten [3], an dem in der Adresse bezeichneten Orte, oder in

---

[1] Wohl aber kann der Trassat nach Civilrecht zur Zahlung verpflichtet sein. Doch ist die Behauptung Ladenburg's im Arch. f. d. W. Bd. IV. S. 250 f., daß der Wechselinhaber gegen den Bezogenen, der nicht acceptirt, aber Deckung erhalten, mit einer Civilklage auf Zahlung des Wechsels klagen könne, in dieser Allgemeinheit unrichtig. S. auch Einert, Wechselr. S. 54 f.

[1] Treitschke, Encyc. I. S. 8 u. II. S. 75 f. — Pöhls, Wechselr. S. 185. — D. W. O. Art. 18 a. E. Schw. Entw. §. 19.

[2] Auch auf dem Wege der Versendung. Treitschke, Encyc. II. S. 614 f.

[3] Sind am Präsentations-Orte mehrere Personen gleichen Namens, so ist an die Mehreren zu präsentiren. Treitschke, Encyc. II. S. 78. — Ueber den Fall, daß der Wechsel auf eine Societät gezogen ist. S. Pöhls, Wechselr. S. 187. — Mittermaier, Grunds. §. 339, Note 4.

Ermanglung einer solchen Bezeichnung an dessen Wohnorte [4], bei Meß- oder Marktwechseln am Meß- oder Marktorte [5].

Sein Recht zur Annahme zu präsentiren kann aber der Wechselinhaber sofort [6] und zu jeder Zeit [7] ausüben. Eine Ausnahme machen nur die Meß- und Marktwechsel, welche erst in der am Meß- oder Marktorte bestimmten Präsentationszeit [8] zum Accepte

---

[4] Ist jedoch der Adresse keine Ortsbezeichnung beigefügt, so kann die Präsentation zur Annahme auch am Zahlungsorte geschehen, indem der Wechselnehmer alsdann auf diesen Ort als den muthmaßlichen Wohnort des Bezogenen durch den Wechsel hingewiesen wird. Pöhls, Wechselr. S. 187.

[5] Borchardt, D. W. O. S. 57.

[6] Leipz. Protoc. S. 34. — D. W. O. Art. 18, Abs. 1. — D. W. O. mit Einl. und Erläut. S. 81. S. auch Schw. Entw. §. 17, Abs. 1. — Der Augsburger Accept (Einert, Wechselr. S. 197 f.) ist durch die D. W. O. abrogirt und kann auch nicht kraft einer Wechselclausel in Anwendung kommen; Heß, im Arch. f. deutsch. Wechselr. Bd. I. S. 400 f., welche vielmehr als nicht beigeschrieben zu betrachten ist. Brauer im Arch. f. d. W. Bd. III. S. 316 f. — Dagegen Bluntschli, D. W. O. S. 53 u. Kletke, Präjudiz. S. 168, Nr. 400. — S. auch dies. Lehrb. §. 30, Note 8 a. E.

[7] Auch nach der Verfallzeit (Mittermaier, Grunds. §. 340 zu Note 49), jedoch alsdann ohne Regreßrecht für den Fall der Nicht-Annahme.

[8] D. W. O. Art. 18, Abs. 2. — Koch, Wechselr. S. 155 f. Schw. Entw. §. 17. — Die Bestimmungen der Einf. G. der D. W. O. über die Präsentations-Zeit sind: in Frankfurt a. M. (§. 4): „Wechsel, welche auf die erste Meßwoche zahlbar lauten, können in der Ostermesse erst am Dienstag, in der Herbstmesse am Montag der gedachten Woche; Wechsel, welche auf die Messe schlechthin, oder auf die zweite oder dritte Meßwoche zahlbar sind, erst am Montag der zweiten Woche zur Annahme präsentirt und in deren Ermangelung protestirt werden; in Braunschweig (§. 4) ist die Erhebung eines Protestes M. A. vor dem Montage in der ersten Meßwoche nicht zulässig; im K. Sachsen (§. 3) beginnt die Frist der Präsentation zur Annahme für Leipziger Meßwechsel am Tage nach Einläutung der betreffenden Messe; in Oesterreich (§. 3, nämlich in den Ländern, in denen das Allg. bürg. Gesetzb. gilt) dürfen Meß- und Marktwechsel nicht vor Anfang des Markts, und wenn derselbe 8 Tage oder länger dauert, nicht vor der zweiten Hälfte desselben zur Annahme präsentirt werden. — Nach dem Preuss. Landrt. Th. II. Tit. 8, §§. 965—968 muß bei Meß- und Marktwechseln die Präsentation zur Annahme geschehen: in Königsberg am ersten oder anderen

präsentirt werden können, und auch zur Erhaltung des Regreßrechts Mangels Annahme in dieser Zeit präsentirt werden müssen[9].

Eine Verpflichtung zur Annahme zu präsentiren besteht dagegen für den Wechselnehmer nur ausnahmsweise [10], wenn ihm nämlich eine solche im Wechselbriefe, — was jedoch nach der D. W. O., abgesehen von Nach-Sichtwechseln, nur bei domicilirten Wechseln möglich [11] — auferlegt worden ist [12], in welchem Falle er die ihm daselbst hierfür gegebene Frist [13] unter dem Präjudiz der Entkräftung seiner wechselmäßigen Regreßansprüche einzuhalten hat.

Die weitere Bestimmung der D. W. O. aber, daß Nachsichtwechsel, wenn im Inlande ausgestellt [14], bei Vermeidung des

---

Tage des eingetretenen Marktes; in Frankfurt a. O. u. Magdeburg am 3. oder 4. Tage der Zahlwoche; in Breslau bis zum Freitag um 12 Uhr in der Meßwoche (C. O. v. 10. Dec. 1840); in Elbing am 1., 2. oder 3. Tage des Markts.

[9] Treitschke, Encyc. II. S. 94 f.

[10] Treitschke, Encyc. II. S. 615 f. — Einert, Wechselr. S. 161, S. 186 a. E. u. S. 203. — Thöl, §. 199. III. 2. Preuß. Motive S. XLV. Leipzig. Motive S. 32 f. — Liebe, Entw. S. 103 f. — D. W. O. Art. 19.

[11] D. W. O. Art. 24, Abs. 2. — Bluntschli, D. W. O. S. 63 f.

[12] Z. B. durch die Formel: „8 Tage nach Sicht zahlen Sie gegen diesen in 3 Monaten a dato zu präsentirenden Wechsel". Mittermaier, Grundſ. §. 338 zu Note 7. Von der Verpflichtung zur Präsentation befreit jedoch die Erhebung eines Sicherheitsprotests. Treitschke, Encyc. II. S. 453 f.

[13] Ist im Wechselbriefe die Frist für die vorgeschriebene Präsentation nicht bestimmt, so muß diese, resp. die Versendung, nach allgemeinen Grundsätzen sogleich geschehen.

[14] D. W. O. Art. 19, Abs. 1. — Der Preuss. Entw. §. 19 schrieb eine Präsentationsfrist für die auf einen inländischen Platz gezogenen Wechsel vor. Dieses System, sowie auch das andere, wonach eine solche Frist sowohl für die im Inlande zahlbaren als auch für die im Inlande ausgestellten Wechsel gelten soll (Cod. de comm. Art. 160 u. französ. Ges. vom 19. März 1817), wurde jedoch durch die Leipzig. Conferenz (Protoc. S. 41 f.) in Anwendung des Satzes »locus regit actum« auf die Wirksamkeit der Wechselerklärung verworfen. — Demgemäß bestimmt

nämlichen Rechtsnachtheils in Ermanglung einer in der Wechselurkunde festgesetzten Zeit [15] binnen zwei Jahren nach der Ausstellung zur Annahme zu präsentiren [16], ist dem gemeinen Rechte fremd [17].

§. 34.

Die Acceptation.

Die Acceptation, zu welcher der Bezogene wechselmäßig berechtigt [1], nicht aber verpflichtet ist [2], ist die Bejahung der in der

---

sich die Präsentationsfrist für im Auslande ausgestellte, wiewohl im Inlande zahlbare, Nachsichtwechsel nach dem betreffenden ausländischen Gesetze (Bluntschli, D. W. O. S. 55 und die nicht publicirte Hamburg. Declaration bei Lutteroth im Arch. f. d. W. Bd. I. S. 415), und zwar auch gegenüber demjenigen, der den Wechsel im Inlande indossirt hat, indem derselbe, wenn er seinem Indossamente eine besondere Präsentationsfrist nicht hinzugefügt, sich im Anschlusse an die vom Aussteller eingegangene Wechselverpflichtung obligirt hat. — Anders Bluntschli, D. W. O. S. 55. — Ueber die Fassung des Art. 19 vgl. Biener im Arch. f. d. W. Bd. V. S. 372 f.

[15] Ueber die von einem Indossanten seinem Indossamente hinzugefügte besondere Präsentationsfrist vgl. §. 53. — Formulare s. b. Ditscheiner, Wechselr. S. 279.

[16] D. W. O. Art. 19, Abs. 1: »Eine Verpflichtung des Inhabers den Wechsel »zur Annahme zu präsentiren, findet nur bei Wechseln statt, welche auf eine „bestimmte Zeit nach Sicht lauten. Solche Wechsel müssen bei Verlust des „wechselmässigen Anspruchs gegen die Indossanten und den Aussteller, nach „Massgabe der besonderen im Wechsel enthaltenen Bestimmung und in Er„mangelung derselben binnen zwei Jahren nach der Ausstellung zur Annahme „präsentirt werden.« Schweiz. Entw. §. 18: »binnen Jahresfrist nach „der Ausstellung“.

[17] Nach-Sichtwechsel müssen zwar präsentirt werden, damit die Wechselsumme fällig werde, aber nicht nothwendig zur Annahme (s. jed. D. W. O. mit Einleit. S. 83) und nicht binnen bestimmter Frist. Thöl II. §. 167. 2.

[1] Civilrechtliche Gründe können dem Trassaten gegenüber dem Trassanten die Befugniß zu acceptiren entziehen. Liebe, Entw. S. 111. — Frémery, études p. 134 sqq.

[2] Daher braucht er auch keine Gründe für die Verweigerung des Accepts anzugeben. Treitschke, Encyc. I. S. 110 f. — Wohl aber kann eine civil-

Präsentation zur Annahme liegenden Anfrage. Wesentliche Form derselben ist die Unterschrift [3] des Trassaten mit Namen oder Firma [4] auf dem Solawechsel, einem Duplicate oder, nach gemeinem Rechte [5], nicht aber nach der D. W. O., einer Copie [6]. Auf die Vorderseite des Wechsels geschrieben gilt diese Unterschrift ohne Beisatz als Acceptation [7]; sonst aber muß deren Bedeutung durch

---

rechtliche Verpflichtung zu acceptiren vorliegen. Treitschke, Encyc. I. S. 47 f. — Thöl §. 200. II. Die Bremer Einführ.-Ordn. zur D. W. O. §. 8 bestimmt: »Hat ein Trassat den ihm präsentirten Wechsel, sofern »derselbe kein Platzwechsel ist, der Zurückforderung unerachtet am näm»lichen Tage nicht zurückgeliefert, so ist er zur unbedingten Acceptation »verpflichtet.«

[3] Dies. Lehrb. §. 30. — D. W. O. Art. 21, Abs. 1. Ohne wechselrechtliche Wirkung ist also der mündliche sowohl wie der stillschweigende Accept. Treitschke, Encyc. I. S. 90 f. u. S. 92 f. — Eigenthümlich sind: die Cöthen. W. O. A. 45: »Eine Acceptation wird vor gültig und vollständig »gehalten, wenn der Acceptant nur die Feder deswegen ansetzet, und einen »Buchstaben auf den Wechselbrief geschrieben hat. Selbst die mündliche »Acceptation, wenn sie erwiesen ist, machet den Acceptanten zur Bezahlung »verbindlich«; ferner die Dessau. W. O. §. 58: » . . . Behält . . der Be»zogene den ihm selbst vorgezeigten und eingehändigten Wechsel ohne Er»innerung über Nacht bey sich, so wird dieses für eine stillschweigende »Acceptation geachtet.« — Das Englische u. das Nordamerican. Recht lassen eine mündliche Acceptation zu. Borchardt, D. W. O. S. 66.

[4] S. auch dies. Lehrb. §. 12. — Kletke, Präjudiz. S. 184, Nr. 452.

[5] Thöl II. S. 166. — Liebe, Entw. S. 112.

[6] D. W. O. Art. 21, Abs. 1. und Arg. Art. 71. — Schw. Entw. §. 20. — Brauer, im Arch. f. d. W. Bd. V. S. 359 f.; Jolly, in demselb. Arch. III. S. 287; Kheil, Wechselrecht, S. 215. — Blaschke, Wechselrt. S. 151; Skrivan, Wechsellehre S. 145. — Dagegen D. W. O. mit Einl. und Erl. S. 93; Haimerl, Anl. S. 100 i. A. — In keinem Falle auf einer Separaturkunde. Borchardt, die D. W. O. mit den von den Gerichtshöfen ausgespr. Grundს. S. 24, Zus. 2. — Dagegen Pöhls, Wechselr. S. 233; Thöl II. S. 166.

[7] Preuß. Motive S. XLVIII. — Leipzig. Protoc. S. 46. — D. W. O. Art. 21, Abs. 3. — Brauer, Erläut. S. 64. — Daher auch mit dem Beisatze „anerkannt und zahlbar". Kletke, Präjudiz. S. 184, Nr. 453. — Schw. Entw. §. 20, Abs. 2. — Nach dem Cod. d. comm. Art. 122 genügt die Unterschrift nicht.

irgend eine ihr beigefügte Formel angedeutet sein [8]. Die Datirung des Accepts ist nicht erforderlich, selbst nicht bei Nachsicht-Wechseln [9], wiewohl die D. W. O. rücksichtlich dieser letztern die entgegengesetzte Bestimmung hat [10]. Der Bezogene ist übrigens nicht verpflichtet, sich über Acceptation oder Nichtacceptation überhaupt oder binnen bestimmter Zeit zu erklären. Acceptirt er aber nicht sofort, so ist der Präsentant befugt, dies einer Accept-Verweigerung gleichzuachten [11].

§. 35.

Die Modalitäten der Acceptation.

Die Acceptation kann entweder schlechtweg Statt finden (unbeschränkter, reiner Accept [1]) oder unter einer Beschränkung (beschränkter, qualificirter, modificirter Accept [2]). Die Einschränkung aber kann entweder auf einen Theil der Wechselsumme (Theilaccept, Particular-Acceptation) oder in

---

[8] Thöl II. S. 165.

[9] Bei Nach-Sichtwechseln genügt datirtes Sichtbekenntniß des Trassaten auf dem Wechsel (Thöl II. S. 88) und in Ermanglung dieses Protest der stattgehabten Präsentation zur Sicht. — Einzelne W. O. verlangen die Datirung eines jeden Accepts. — Altenburg. W. O. Kap. II. §. 4. — S. auch Treitschke, Encyc. I. S. 82 f.

[10] D. W. O. Art. 20, Abs. 1. — Cod. d. comm. Art. 122. — Schw. Entw. §. 21.

[11] S. jed. Liebe, Entw. S. 112. — Einzelne Particularrechte (Cod. de comm. Art. 125. Treitschke, Encyc. I. S. 112 f.) geben dem Bezogenen eine kurze Frist zur Erklärung, d. h. nöthigen den Präsentanten, dieselbe während einer gewissen Zeit abzuwarten.

[1] D. W. O. Art. 21, Abs. 2. — Schw. Entw. §. 20, Abs. 2.

[2] Particularrechtlich gelten andere Systeme: 1) die Modalität wird als nicht hinzugefügt betrachtet, was jedoch auf die Einschränkung auf einen Theil der Wechselsumme keine Anwendung findet; Sachs. Altenburg. W. O. Kap. II. §. 4. — Cöthen. W. O. Art. 47 u. 48. — Treitschke, Encyc. I. S. 104 f. — Liebe, Entw. S. 116. — 2) Die modificirte Acceptation ist kein Accept. Cod. d. comm. A. 124. — Thöl II. S. 183, I. 2. — S. auch Gelpke in der Zeitſ. f. Handelsrecht, Heft 3, S. 112.

anderer Weise geschehen, wie durch Beisetzung einer Bedingung [3], eines dies, eines andern Zahlungsorts (Domicils) [4] u. a. d. m. [5].

Abgesehen vom Theilaccepte aber ist der Präsentant befugt, den modificirten Accept einer gänzlichen Accept-Verweigerung gleichzuachten [6].

§. 36.

Die Vollendung des Acceptations-Vertrags. — Dessen Natur und Wirkungen.

Der Acceptations-Vertrag ist in dem Augenblicke vollendet, wo der Accept in die Wechselurkunde eingetragen ist [1], da in diesem Momente die Absicht der Parteien, jenen Vertrag abzuschließen, zusammentrifft [2]. Zu dessen Vollendung gehört also nicht das Nehmen

---

[3] Koch, Wechselrecht S. 170 i. A.

[4] Die Beisetzung eines Domiciliaten auf den Domicilwechsel durch den Acceptanten ist keine Einschränkung des Accepts (D. W. O. Art. 24), und ebensowenig die Erklärung des Acceptanten, daß er am Zahlungsorte durch ein anderes daselbst etablirtes Haus zahlen wolle. — Brauer, Erläut. S. 71 i. A. Die Protestaufnahme wegen verweigerter Zahlung ist in diesem letzteren Falle aber beim Trassaten, und nur bei diesem, vorzunehmen. D. W. O. mit Einl. u. Erläut. S. 99. — Dagegen Borchardt, D. W. O. S. 69.

[5] Treitschke, Encyc. I. S. 108 f. — Mittermaier, Grundf. §. 341 a. E.

[6] Thöl, §. 207, II. — D. W. O. Art. 22: „Der Bezogene kann die Annahme auf einen Theil der im Wechsel verschriebenen Summe beschränken.

„Werden dem Accepte andere Einschränkungen beigefügt, so wird der „Wechsel einem solchen gleichgeachtet, dessen Annahme gänzlich verweigert „worden ist, der Acceptant haftet aber nach dem Inhalte seines Accepts „wechselmässig.“ Schweiz. Entw. §. 22. — S. auch dies. Lehrb. §. 63.

[1] Mittermaier, Grundf. §. 340. VI. — Liebe, Entw. S. 119. — Koch, Wechselr. S. 167. — D. W. O. Art. 21 a. E. u. Lutteroth im Arch. f. deutsch. Wechselr. Bd. II. S. 442 f. — Schw. Entw. §. 20 a. E.

[2] Walter, Syst. des deutsch. Privatr. §. 344. III. Dagegen Thöl, Handelsr. II. S. 171, Not. 4.

des Wechsels durch den Präsentanten [3]; daher denn der Bezogene zur Ausstreichung seines noch nicht eingehändigten Accepts nicht befugt ist [4].

Der Acceptations-Vertrag, der zwischen Acceptanten und Wechselgläubiger [5] abgeschlossen wird, ist ein eigenthümlicher Form-Vertrag [6]. Das demselben zu Grunde liegende Versprechen unterscheidet sich vom gezogenen Wechselversprechen seinem Inhalte nach, vom eigenen aber dadurch, daß es der Form nach in Gemäßheit eines trassirten Wechselversprechens geschieht.

Die Vertrags-Wirkungen sind aber, daß der Bezogene dem Wechselgläubiger als selbstständiger Wechselschuldner [7] nach Inhalt seines Accepts [8] haftet; auch, wenn er vor dem Verfalltage unsicher

---

[3] Dagegen Treitschke, Encyc. I. S. 7 u. S. 35. — Thöl §. 202. — Pardessus, du contrat et des lettres de change No. 156.

[4] Pöhls, Wechselr. S. 272 f. — Mittermaier, Grundſ. §. 340. VI. — D. W. O. Art. 21 a. E. — Dagegen Treitschke, Encyc. I. S. 35 f. — Thöl §. 202 u. Note 1. — Wird freilich dessenungeachtet der Accept durchgestrichen, so kann hierdurch ein Zustand herbeigeführt werden, der wechselrechtlich einer Nicht-Acceptation gleichkömmt. Brauer, Erläut. S. 66: „Allein es ist eine Klage auf Wiederherstellung des durchstrichenen Accepts „gegründet." Arch. f. deutsch. Wechselr. Bd. II. 436 f.

[5] Auch wenn der Präsentant nicht Wechselgläubiger ist. Treitschke, Encyc. I. S. 8.

[6] Also kein constitutum debiti alieni (Heise u. Cropp, Abhandl. Bd. II. S. 12, Note 18), und ebensowenig ein Sich-Verpflichten als „Bürge und Selbstschuldner" (Einert, Wechselr. S. 150 u. S. 180 f.). Thöl §. 203, Note 3. — S. auch Liebe, Entw. S. 117.

[7] Dies. Lehrb. §. 30. — Mittermaier, Grundſ. §. 341.

[8] D. W. O. Art. 23, Abs. 1 u. Art. 22 a. E. — Schw. Entw. §. 24, Abs. 1 u. §. 22 a. E. — Arch. f. d. W. IV. S. 206; — jedoch nur insoweit, als das Accept den Betrag der Wechselsumme nicht übersteigt (Brauer, im Arch. f. d. W. Bd. V. S. 357 f.), indem die Acceptation auf eine größere Summe als die Wechselsumme kein Accept, und auch kein eigener Wechsel ist, wie Thöl §. 201 III. und Not. 23 meint. Bender, Wechselr. I. S. 425; Treitschke, Encyc. I. S. 8 u. S. 16. — Der Einwand des Acceptanten, daß er der Sprache, in welcher der Wechsel geschrieben, nicht

wird, von demselben mit der Wechselklage zur Sicherstellung angehalten werden kann [9]. Jene Haftung ist selbst dann nur eine einfache, wenn der Trassat mehrere Duplicate Eines Wechsels acceptirt hat [10]; doch läßt hier vielfach die Handelsüsance und mit dieser übereinstimmend auch die D. W. O. den Acceptanten aus den mehreren acceptirten Exemplaren haften, die bei der Zahlung nicht zurückgegeben worden sind [11].

II. Das Verhältniß des Wechselnehmers zum Trassanten.

§. 37.

Der Begebungs-Vertrag *.

Ein wechselmäßiges Verhältniß entsteht zwischen Trassanten und Remittenten durch den Abschluß des Begebungs-Vertrags

---

kundig sei, ist unerheblich. Seuffert, Arch. Bd. III. Nr. 362; ebenso der Einwand, daß er nicht lesen, sondern nur seinen Namen schreiben könne. Arch. f. deutsch. Wechselr. Bd. II. S. 100 f. — Der Trassat, welcher ohne Vermerk den Wechsel acceptirt, unterwirft sich bezüglich der eingegangenen Wechselschuld, abgesehen von dem Falle, daß er das Exterritorialitäts-Recht hat, dem Gerichte des Zahlungsorts. Arch. f. deutsch. Wechselr. Bd. I. S. 328 f.

[9] Arg. D. W. O. A. 29. — Geh. Ob. Trib. in Berlin Entsch. Bd. 20, S. 343 pro 1851: „Dem Inhaber eines von dem Bezogenen angenommenen „Wechsels steht, wenn der Acceptant vor dem Verfalltage unsicher wird, „das Recht auf Sicherstellung auch gegen den Acceptanten in eben dem „Umfange, wie gegen die Indossanten und den Aussteller zu. Er kann gegen „den Acceptanten auf Leistung der Sicherheit selbst im Wechselprocesse „klagen, und dieses Recht kann auch der Wechselzieher als Wechselinhaber „gegen den Acceptanten ausüben." S. fern. Arch. f. d. W. Bd. III. S. 334 f. — Dagegen berechtigt die Unsicherheit des einen von zwei Acceptanten nicht, von dem Andern vor Verfall Sicherheitsleistung zu fordern. Arch. f. d. W. Bd. IV. S. 96.

[10] Treitschke, Encyc. I. S. 31 f. — Liebe, Entw. S. 80.

[11] Bender, Grundf. I. §. 544. — Thöl II. S. 464. — D. W. O. Art. 67. 2. — Preuss. Motive S. LXIX. — Leipzig. Protoc. S. 134 f. — Borchardt, D. W. O. S. 120. — Jolly im Arch. f. deutsch. Wechselr. Bd. I. S. 23 f. — S. auch dies. Lehrb. §. 65, Not. 6.

* Treitschke, Encyc. II. S. 675 f. — Einert, Wechselr. S. 24 f. —

(dies. Lehrb. §. 11). Derselbe ist ein eigenthümlicher Form-Vertrag [1]; dessen Form aber das formlose Geben und Nehmen eines trassirten Wechselbriefs in der Absicht hierdurch einen Wechselcontract abzuschließen. — Die Uebergabe der Wechselurkunde muß durch den Aussteller oder Namens desselben an die in jener als Nehmer bezeichnete Person, resp. bei Wechseln auf den Inhaber an irgend ein activ wechselfähiges Subject geschehen. Sowohl die Uebergabe aber als auch der animus contrahendi werden kraft einfacher Rechtsvermuthung präsumirt, sobald die Person, welche die Wechselurkunde als Gläubiger bezeichnet, diese inne hat [2].

§. 38.

Die Wirkungen des Begebungs-Vertrags.

Der Begebungs-Vertrag kann für den Trassanten eine dreifache wechselmäßige Haftung gegenüber dem Remittenten zur Folge haben [1]:

Ladenburg, über den Wechselvertrag im Arch. f. deutsch. Wechselr. Bd. I, S. 32 f.

[1] Er läßt sich also nicht unter irgend eine römische Vertragsform bringen. — Die verschiedenen irrigen Ansichten, die hier aufgestellt worden, s. bei Scaccia, tractat. §. 1, Quaest. IV. No. 4 sqq. — Leyser, med. ad pand. spec. CXXXIII. med. 2. — Treitschke, Encyc. II. S. 681 f. — Einert, Wechselr. S. 98 f. — Thöl, §. 215. — Mittermaier, Grundf. §. 325. — Pöhls, Wechselr. S. 128 f. nimmt einen Wechselcontract an, der mit der Ausstellung des Wechsels seinen Anfang nimmt, und erst mit der Acceptation perfect wird. — Jeden Wechselvertrag leugnen diejenigen, welche den Wechselbrief als Papiergeld auffassen. — Dies. Lehrb. §. 9 zu Note 6. — S. auch D. W. O. mit Einl. u. Erläut. S. XVIII f.

[2] Thöl, II. S. 119. — Die Einrede, der Wechselaussteller könne nur seinen Namen schreiben, ist im Wechselprozesse unzuläſſig. Seuffert, Arch. Bd. V Nr. 220.

[1] Nicht aber bewirkt dieser Vertrag eine Uebertragung der Rechte, welche dem Trassanten auf Annahme und Zahlung zustehen (Borchardt, die D. W. O. mit den von den Gerichtshöfen ausgesprochenen Grundsätzen, S. 127, Zus. 32).

1) Der Inhalt des Wechselcontracts geht dahin, daß die Wechselsumme trassirtermaßen bezahlt werden solle[2]. Ist demnach der Wechsel rechtzeitig (vgl. §. 63) dem Trassaten am Zahlungsorte zur Zahlung präsentirt und wegen nicht erfolgter Zahlung protestirt worden (Protest Mangels Zahlung), so hat der Wechselnehmer gegen den Aussteller die Regreßnahme Mangels Zahlung auf die Regreßsumme.

2) Folge des Begebungs-Vertrags ist die Verpflichtung des Ausstellers zur Sicherheitsbestellung auf den Fall, daß der Bezogene den Wechsel vor Verfallzeit nicht trassirtermaßen acceptirt[3]. Für diesen durch rechtzeitig erhobenen Protest (Protest Mangels Annahme) festgestellten Fall[4] findet gegen den Wechselgeber der Regreß Mangels Annahme auf Sicherheitsbestellung Statt[5].

---

[2] D. W. O. Art. 8. — Schw. Entw. §. 8. — Der Aussteller verspricht nicht: 1) daß er am Zahlungsorte durch den Trassaten zahlen wolle, wie Einert, Wechselrecht, S. 204 meint; s. Thöl, Handelsr. II. S. 205 f.; 2) daß er unter der Bedingung der Nichtausführung des Zahlungsauftrags den Werth der Wechselzahlung zahlen werde. Thöl, II. S. 116 und S. 212. — Hiergegen spricht der namentlich bei Distancewechseln hervortretende Zweck des Trattennehmers, der dahin geht, daß durch den Dritten gezahlt werde; so wie ferner der Regreß M. A., welcher bei dieser Auffassung unerklärt bleibt. — Vielmehr verspricht der Aussteller, daß der Trassat zahlen wird; das Interesse aber, für welches er auf den Fall der Nichteinlösung des Wechsels einstehen will (l. 38, §. 2 D. de V. O. [45. 1]), ist durch die Handelsüsance in allgemeiner Weise regulirt worden und stellt sich in der Regreßsumme dar. — Einert, Wechselrecht, S. 284 f. — Liebe, Entw. S. 141 f. — Mittermaier, Grundf. §. 346, IV.

[3] Der Trassant verspricht nicht die Acceptation; er verspricht auch nicht die Sicherheitsbestellung; — die Verpflichtung zu dieser ist eine gesetzliche Wirkung des Wechselcontracts. Thöl, §. 214.

[4] Der Trassat, dem der Wechsel zur Acceptation eingesandt worden, ist, wenn er ihn nicht oder nicht gehörig acceptiren will, nicht verpflichtet, gegen sich selbst Protest zu erheben (dagegen Kalessa, Handb. S. 88) und auch in der Regel dazu nicht berechtigt. Kitka, Erläut. S. 56 f. — S. jed. dies. Lehrb. §. 55, Nr. 5.

[5] Dies. Lehrb. §. 30 zu Note 8. — l. 41 D. de judic. (5. 1). Thöl, §. 223. II. — D. W. O. Art. 8. u. Art. 25. — Schw. Entw. §. 8 u. §. 25.

3) Mit der zuletzt bezeichneten Wirkung des Wechselvertrags hängt die Verpflichtung des Ausstellers zur Sicherheitsbestellung für den Fall, daß der Acceptant nach Ausstellung des Wechsels unsicher geworden, zusammen [6]. Ist eine solche Unsicherheit, welche nach Gemeinem Rechte nicht allein durch Concurseröffnung [7], nach der D. W. O. aber durch diese [8], so wie durch Zahlungseinstellung, fruchtlose Execution in das Vermögen und Verfügung des Personalarrests wegen Erfül-

---

— Cod. d. comm. Art. 120. — Cöthen. W. O. Art. 33. — Die einzelnen Schriftsteller gehen jedoch von sehr verschiedenen Ansichten aus: 1) die Einen geben vor Verfall des Wechsels dem Nehmer keine Rechte gegen den Aussteller. Pöhls, Wechselr. S. 543. — Treitschke, Encyc. II. S. 299 f., 2) Die Andern geben sofort einen Regreß wie wegen Nichtzahlung. Bender, Wechselr. II. S. 166; — so auch nach Dänischem, Schwedischem, Norwegischem, Englischem und Nordamericanischem Rechte (Borchardt, D. W. O. S. 73). Einzelne W. O. befolgen noch andere Systeme. Thöl, §. 223. I. und die D. W. O. mit Einl. u. Erläut. S. 115.

[6] l. 41 D. de judic. (5. 1). — Thöl, §. 225. — Leipzig. Protoc. S. 61 f. — Cod. de comm. Art. 444. Dagegen Einert, in der Zeitf. f. Rechtspflege und Verwaltung des K. Sachsen. N. F. Bd. V. S. 97—148. S. auch die D. W. O. mit Einl. u. Erl. S. 119 f.

[7] Treitschke, Encyc. II. S. 454. — Bender, Grundf. II. S. 151. b.

[8] Frankf. Einf. G. §. 5: „Die in Art. 29 der D. W. O. unter 1 vorkom-„menden Worte:

„1. wenn über das Vermögen des Acceptanten der Concurs (Debitver-„fahren, Falliment) eröffnet worden ist“,

so wie die in den Art. 48—52 u. 54 der Ordnung in Wechsel- und Kaufmannsgeschäften von 1739 vorkommenden Ausdrücke: „Ausbruch eines Falliments, ausgebrochene Insolvenz, ausgetretener Schuldner, in Insolvenz gerathener Debitor“ werden dahin erläutert, dass der Zeitpunkt eines Falliments oder Gants und dessen Eröffnung sich durch den Tag bestimmt, an welchem der Gantmann gerichtlich angezeigt hat, seine Zahlungen einstellen zu müssen, oder, insofern eine solche Anzeige nicht vorliegt, durch den Tag, an welchem die gerichtliche Decretur erfolgt ist, wodurch Vermögensperre oder Bestellung eines Güterpflegers, oder die Erlassung einer Bekanntmachung in öffentlichen Blättern, betreffe diese die Erkennung des Concurses oder die Aufforderung der Gläubiger zur Wahl eines Massaverwalters oder Gläubiger-Ausschusses, oder zur Anmeldung der Forderungen, oder zur Aeusserung über ein nachgesuchtes Moratorium, verfügt worden ist.“

lung einer Zahlungsverbindlichkeit begründet wird [9], durch rechtzeitig erhobenen Protest (Securitäts-Protest) hergestellt, und überdies nach dem letztgenannten Gesetze die Nicht-Erlangung der beim Acceptanten selbst nachzusuchenden Caution [10], so findet gegen den Aussteller Regreß auf Sicherstellung Statt.

III. Das Verhältniß des Trassanten zum Trassaten.

§. 39.

Grundsätze.

Zwischen dem Aussteller und dem Bezogenen besteht vor geschehener Acceptation kein wechselmäßiges Verhältniß. Eine wechselmäßige Verpflichtung dieses letztern gegenüber jenem wird aber, da der Acceptations-Vertrag nach Laut des gezogenen Wechselbriefs nicht zu Gunsten des Ausstellers abgeschlossen wird, auch nicht durch die Acceptation begründet [1], — wo nicht das particuläre

---

[9] D. W. O. Art. 29. — Koch, Wechselr. S. 193 f. — Borchardt, D. W. O. S. 75 f. — Brauer, Erläut. S. 77. — Der Preuss. Entw. §. 29 bezeichnete unter Weglassung der Zahlungseinstellung zwei andere Fälle der Unsicherheit, nämlich : die schriftliche Erklärung des Schuldners, daß sein Vermögen zur Befriedigung seiner Gläubiger unzureichend sei, und dessen Flucht. — S. jedoch die Leipz. Protoc. S. 64. — Einzelne W. O. nehmen Unsicherheit nur im Falle des eröffneten Concurses an (Cöthen. W. O. Art. 40. 41. — Code de comm. Art. 163 und die bei Thöl, II. S. 268, Note 24 angeführten), andere aber auch, wenn Umstände vorhanden sind, welche den Arrestschlag nach dem Gesetze begründen. Dessau. W. O. Art. 84 Nach dem Schw. Entw. §. 30 wird die Unsicherheit durch Concurs und Zahlungs-Einstellung begründet.

[10] D. W. O. Art. 29 u. dies. Lehrb. §. 83.

[1] Biener, Abhandl. S. 129. — Treitschke, Encyc. II. S. 474 f. — Thöl, Handelsr. §. 205. — Mittermaier, Grundf. §. 327. III. — Liebe, Entw. S. 118. — Dessau. W. O. §. 94. Dagegen Heise, über die Wech-

Recht, — wie dieß z. B. nach der D. W. O. der Fall — eine entgegengesetzte Bestimmung enthält [2]. Ebensowenig endlich wird der Trassant dem Trassaten in Folge der Wechselzahlung wechselmäßig verbunden [3].

IV. Besondere Bestimmungen, die auf einzelne eigenthümlich gestaltete Arten gezogener Wechsel Anwendung finden.

§. 40.

Die domicilirte Tratte.

Ergiebt eine domicilirte Tratte [1] nicht schon, durch wen die Zahlung am Zahlungsorte erfolgen soll, so ist dieß vom Bezogenen

---

selklage des Ausstellers gegen den Acceptanten in Heise u. Cropp, Abhandl. Bd. II. S. 1—47. — Daß der Aussteller gegen den Acceptanten eine actio mandati directa habe, wie Treitschke, Encyc. II. S. 473 meint, ist in dieser Allgemeinheit unrichtig.

[2] D. W. O. Art. 23. Abs. 2: »Auch dem Aussteller haftet der Bezogene »aus dem Accepte wechselmässig«. Schw. Entw. §. 24, Abs. 2. Dänisch. W. O. §. 60 (b. Meißner, II. S. 293). Ueber die Gründe dieser Bestimmung s. die Preuss. Motive S. XLVIII f.; Brauer, Erläut. S. 67 f. S. ferner Borchardt, D. W. D. S. 64.

[3] Treitschke, Encyc. I. S. 218 f. Seuffert, Arch. Bd. VII. Nr. 96. — D. W. O. Art. 23, Abs. 3. Schw. Entw. §. 24, Abs. 3. — Arch. f. d. W. III. S. 337. — Die Deckungsklage des Bezogenen gegen den Aussteller kann als actio mandati contraria lediglich auf den im Wechsel dargestellten Zahlungsauftrag und die Wechselzahlung gegründet werden, wo nicht die Deckungsformel im Wechselbriefe eine solche Klagebegründung ausschließt (Seuffert, Arch. Bd. VIII, Nr. 289 und über Commissionstratten dies. Lehrb. §. 31, Note 9), wogegen der Trassant die Klage mit der Einrede elidiren kann, daß und wie der Bezogene bereits Deckung erhalten (Plen. Beschl. des Berl. Ob. Tr. v. 11. Mai 1846 bei Seuffert, Arch. I. Nr. 56). An diesen Grundsätzen hat die D. W. O. Art. 23 dadurch, daß sie dem Trassanten die Wechselklage gegen den Trassaten aus dessen Accept gegeben, nichts geändert (dagegen Erk. des Berl. Ob. Trib. v. 2. Juny 1853 im Arch. f. d. W. IV. S. 197 f. und Seuffert, Arch. Bd. VII. Nr. 352); denn war auch das Motiv dieser Bestimmung die Annahme, daß ein Accept regelmäßig

bei der Annahme auf dem Wechsel zu bemerken [2], widrigenfalls der Acceptant selbst die Zahlung am Zahlungsorte zu leisten verpflichtet wird [3].

Abgesehen nun davon, daß nach der D. W. O. eine Verpflichtung zur Präsentation zum Accepte nur bei Domicilwechseln auferlegt werden kann (dies. Lehrb. §. 33), treten bei solchen Wechseln dann allein eigenthümliche wechselmäßige Verhältnisse ein, wenn auf denselben eine vom Trassaten und Wechselgläubiger [4] verschiedene Person als Domiciliat bezeichnet ist [5]. In diesem Falle nämlich ist

---

nur von dem Bezogenen, der Deckung in Händen habe, gegeben werde, so hat die D. W. O. diese Annahme nicht zur Rechtsvermuthung erhoben; sie hat nirgends den Satz: „l'acceptation suppose la provision“, den übrigens auch der Cod. de comm. Art. 117 gegenüber dem Aussteller nicht wirken läßt, ausgesprochen. — Ueber die Frage, ob der Bezogene den präjudicirten Wechsel zahlen darf vgl. Ladenburg im Arch. f. d. W. IV. S. 49 f.

[1] Dies. Lehrb. §. 17. — Stern, die Lehre von den Wechseln und dem Wechselverkehr, S. 61 f. — Berger im Arch. f. d. W. Bd. IV. S. 361 f — L. Wächter in demselb. Arch. Bd. V. S. 150 f.

[2] Treitschke, Encyc. I. S. 83 f.

[3] Thöl, Handelsrecht, §. 278. 4. — D. W. O. Art. 24, Abs. 1. — Art. 43, Abs. 1. Die Acceptation ist also in einem solchen Falle nicht mangelhaft, wie Pöhls Wechselr. S. 327 meint, und daher wegen unterlassener Bezeichnung eines Domiciliaten der Wechsel nicht zu protestiren. Wächter a. a. O. S. 156. — Eigenthümlich sind die Bestimmungen folgender Einführungsgesetze der D. W. O.: Hamburg. Einf. Ordn. §. 6: „Ein auf Altona „zahlbar Hamburg gezogener Wechsel gilt, wenn nicht ein bestimmter in „Hamburg wohnhafter Domiciliat darauf benannt ist, nicht als Domicilwech„sel, und ist daher in Altona zur Zahlung zu präsentiren“. Holstein. Einf. Ordn. §. 10: „Wie ein auf Altona, zahlbar Hamburg, gezogener Wechsel, „wenn nicht ein bestimmter in Hamburg wohnender Domiciliat darauf benannt „ist, nicht als Domicilwechsel gilt, und daher in Altona zur Zahlung zu prä„sentiren ist, so gilt auch dasselbe im umgekehrten Falle, wenn ein Wechsel „auf Hamburg, zahlbar Altona, gezogen werden sollte.“

[4] Ist daher der domicilirte Wechsel an eigene Ordre beim Aussteller und Remittenten zahlbar, so braucht dieser zur Erhaltung des Wechselrechts gegen den Acceptanten nicht bei sich selbst Protest zu erheben. Arch. f. d. W. Bd. V. S. 336 f.; III. S. 343 f.; dagegen Bd. V. S. 83 f.

[5] Borchardt, D. W. O. S. 92. — Präjudiz. des Berlin. Geh.

der Wechsel dem Domiciliaten, und nicht dem Trassaten, am Zahlungsorte rechtzeitig zur Zahlung zu präsentiren und der Regreß Mangels Zahlung hierdurch, so wie durch die Zahlungsverweigerung des Domiciliaten und rechtzeitige Protesterhebung bei demselben bedingt [6]. Die Unterlassung dieser Formalitäten zieht aber den Verlust eines jeden wechselmäßigen Anspruchs auch gegen den Acceptanten, welcher übrigens keineswegs als Trassant des Domiciliaten haftet [7], nach sich [8], und zwar selbst dann, wenn er vor Verfall des Wechsels in Concurs gerathen [9].

Obertribun. 2240 (Entscheidung. Bd. XX pro 1851, S. 346): „Hat „der Acceptant eines Domicilwechsels bei der Annahme desselben keinen „Domiciliaten bestimmt, so verliert der Wechselinhaber durch Verabsäumung „der Präsentation des Wechsels bei Verfall zur Zahlung und der Protest„erhebung M. Z. am Zahlungsorte, nicht das Wechselrecht gegen den „Acceptanten". Arch. f. d. W. Bd. II. S. 328; V. S. 434 u. S. 465; L. Wächter in demselb. Arch. V. S. 160 f.

[6] D. W. O. Art. 43, Abs. 1. — Eines zweiten Protestes gegen den Bezogenen bedarf es nicht. Koch, Wechselr. S. 122. Berl. Ob. Tr. b. Borchardt, die D. W. O. mit den von den Gerichtshöfen ausgesprochenen Grunds. S. 140, Zus. 57.

[7] Der Bezogene, der beim Dritten acceptirt, verspricht nach Laut des Accepts nicht, daß der Dritte (der Domiciliat) zahlen werde, sondern verpflichtet sich, beim Domiciliaten zu zahlen. Daher denn, wenn beim Domiciliaten Zahlung nicht geschieht, die Wechselklage auf Leistung der Wechselzahlung im Domicil (Pöhls, Wechselr. S. 327, Note 2), und nicht die Wechselregreßklage gegen den Acceptanten gegeben ist. Dagegen Thöl, II. S. 452. Auch hat der Wechselgläubiger keinen Anspruch auf Acceptation von Seiten des Domiciliaten, wogegen diese als Aval wechselrechtliche Wirksamkeit haben kann. D. W. O. Art. 81. L. Wächter im Arch. f. d. W. Bd. V. S. 157 f.

[8] Treitschke, Encyc. I. S. 17 f. — D. W. O. Art. 43, Abs. 2. — Schw. Entw. §. 49. — Leipzig. Protoc. S. 83 f. — Auch im Falle eines Protest-Erlasses durch einen Indossanten. Arch. f. d. W. Bd. V. S. 82. — Anders Heise und Cropp, jurist. Abhandl. Bd. I. S. 569 f. und Pöhls, Wechselr. S. 329, welche den Acceptanten nur dann von der Haftung befreien, wenn er einen durch die Versäumniß ihm entstandenen Schaden beweisen kann.

[9] Arch. f. d. W. Bd. II. S. 334 f; Bd. V. S. 233 f.

Diese Grundsätze finden jedoch keine Anwendung auf den vom Trassanten nicht domicilirten Wechsel, welchem der Bezogene bej der Acceptation einen andern als den ursprünglichen Zahlungsort unter Bezeichnung eines Domiciliaten beigefügt hat [10]. Wenn dagegen der Acceptant auf dem durch den Aussteller domicilirten Wechsel einen Domiciliaten unter Beisetzung einer andern Ortsbezeichnung als des ursprünglichen Zahlungsorts angegeben, so müssen dessenungeachtet an diesem letzteren Orte Präsentation und Protesterhebung zur Wahrung der wechselmäßigen Rechte des Inhabers geschehen [11].

§. 41.

Der Wechsel an eigene Ordre *.

Eine wie ein trassirter Wechsel lautende Wechselurkunde, in welcher jedoch der Aussteller sich die Bezeichnung des Remittenten vorbehalten [1], heißt ein Wechsel an eigene Ordre [2]. Ein solcher

---

[10] Gelpke, in der Zeits. f. Handelsr. Heft 3. S. 115 f. Dies. Lehrb. §. 17.

[11] Seuffert, Arch. Bd. III. Nr. 363.

* Formular :

Heidelberg den 2. July 1853.

Acht Tage a dato zahlen Sie gegen diesen Wechsel an meine Ordre die Summe von 1000 fl. im 24 fl. Fuss.

Herrn B. in Frankfurt. A.

[1] Biener, Abhandl. S. 116 f. — Mittermaier, Grunds. §. 323. — Einert, zur Lehre von der Begebung solcher Wechsel, welche an eigene Ordre gestellt sind im Arch. f. d. W. Bd. V. S. 1 f. — Ueber die Veranlassungen zur Ausstellung derartiger Wechselurkunden s. Treitschke, Encyc. II. S. 496.

[2] Die Formel ist „an meine Ordre", „an die Ordre meines Indossaments", „an uns oder unsere Ordre." — Die Valuta-Angabe geschieht öfter in den Worten : „Werth in mir selbst" oder auch mit der eben so bedeutungslosen Formel : „Werth baar und richtig erhalten." Kletke, Präjud. S. 172, Nr. 414.

unvollkommener Wechsel [3] wird erst dadurch zur wahren Tratte, daß der Aussteller daselbst den Wechselnehmer in der Form eines Indossaments bezeichnet [4], und es werden wechselmäßige Verhältnisse erst durch dessen Begebung an den ersten Indossatar begründet. Hieraus ergiebt sich, daß der vor der Bezeichnung des Wechselnehmers stattgehabte Accept, wiewohl nicht ungültig [5], doch nur für den Indossatar (Remittenten) wechselmäßige Rechte erzeugt, währenddem der Acceptant dem Zieher allein nach geschehener Begebung und nur unter der Voraussetzung, daß das in Anwendung kommende particuläre Recht diesem überhaupt die Wechselklage giebt, wechselrechtlich haftet [6].

Nach der D. W. O. dagegen ist der Wechsel an eigene Ordre von Anfang an ein vollkommener Wechsel [7], dessen Mängel durch

---

[3] Der Wechsel ist ein unvollkommener (halber Wechsel), weil die Person des Remittenten eine noch zu bezeichnende ist. Daher bezeichnet das Wechselrecht v. Bilbao v. 1737 (bestätigt 1774) Art. 7 (b. v. Martens, Versuch, Anh. S. 133) den Wechsel an eigene Ordre als einen solchen, auf welchem im Anfange bloß der Name des Ausstellers und des Acceptanten erscheinen.

[4] Entscheidungen des Berlin. Obertribunals Bd. IV. Nr. 28; Bd. IX. S. 80 und 347; Bd. X. S. 52. — Mittermaier, Grundf. §. 323 zu Note 14 und 15. — Daher ergänzt das datirte Indossament den Mangel des Wechseldatums; so wie die beim Indossamente stattgehabte Bezeichnung des Valuten-Verhältnisses den Mangel an der Angabe desselben im Wechsel, wo diese particularrechtlich verlangt ist.

[5] Die Ungültigkeit hat angenommen ein Plenarbeschluß des Berlin. Obertribunals v. 9. Sept. 1844 (Entscheid. Bd. X. S. 52).

[6] Mittermaier, Grundf. §. 323 zu Note 13. — D. W. O. mit Einl. u. Erläut. S. 57. — Dagegen Biener, Abh. S. 118. — Treitschke, Encyc. II. S. 497. — Thöl, §. 276, 1. — Seuffert, Arch. Bd. VII. Nr. 95.

[7] D. W. O. Art. 6, Abs. 1: »Der Aussteller kann sich selbst als Remittenten (Art. 4, Nr. 3) bezeichnen (Wechsel an eigene Ordre)«. — Koch, Wechselr. S. 127. — Cod. d. commerce, art. 110; Schw. Entw. §. 6, Abs. 1. — Die Worte: „an die Ordre Eigene" sind eine genügende Bezeichnung des Ausstellers als Remittenten (Borchardt, die D. W. O. mit den v. d. Gerichten ausgespr. Grundf. S. 126, Zus. 30); nicht aber diejenigen „an die Ordre von . . . selbst" (Arch. f. d. W. IV. S. 460), wenn nicht eine

das Indossament nicht ergänzt werden können [8]; die Acceptation desselben begründet, auch wenn sie vor der Begebung geschehen, für den Zieher die Wechselklage [9]; wogegen der Aussteller, der „ohne Gewährleistung" indossirt hat, wechselrechtlich nicht verpflichtet ist [10].

§. 42.

Der eigengezogene Wechsel *.

Ein gezogenes Wechselpapier, auf welchem Trassant und Trassat die nämlichen Personen sind [1], ist ein eigengezogener (eigen-

---

nachträgliche Ergänzung durch Einschaltung des Worts „mir" stattgefunden. Arch. f. d. W. IV. S. 185 f. Dies. Lehrb. §. 16.

[8] D. W. O. mit Einl. u. Erläut. S. 57.

[9] D. W. O. Art. 23, Abs. 2. — Preuss. Motive S. XXXII. Nicht aber für den Aussteller, der unmittelbar gegen den Bezogenen aufgetreten, einen Anspruch auf Provision. Seuffert, Arch. VII. Nr. 228. — Der dem Accepte beigefügte dies ist aber für die Regreßnahme, wie bei der gewöhnlichen Tratte, ohne Bedeutung. Hoffmann im Arch. f. prakt. Rtsw. Bd. I. Heft 3. S. 35 f.

[10] Einert a. a. O. S. 11 f. — Berl. Ob. Tr. im Arch. f. d. W. Bd. V. S. 327 f. u. bei Seuffert, Arch. Bd. X. Nr. 204.

* Einert, Betrachtungen über das Wesen der in der D. W. O. Art. 6 erwähnten trassirt-eigenen Wechsel (im Arch. f. deutsch. Wechselr. Bd. II. S. 369 f.). Fick, der trassirt-eigene Wechsel, Berlin 1853. Kheil im Arch. f. d. W. Bd. IV. S. 421 f. — Formulare:

Heidelberg, den 2. July 1853.

Zwei Monate a dato zahlen Sie gegen diesen Wechsel an Herrn NN. die Summe von 500 fl. im 24 fl. Fuss.

Herrn A. F. in Heidelberg, A. F. in Heidelberg.
zahlbar in Mannheim.

oder statt dieser Adresse:

An mich selbst in Heidelberg,
zahlbar in Mannheim.

[1] Die Behauptung Einert's a. a. O. S. 374, daß der trassirt-eigene Wechsel dem Namen und der Sache nach eine Errungenschaft der allerneuesten

trassirter, trassirt-eigener) Wechsel (eigene Tratte [2]). Derselbe kann eine Platztratte oder ein Distancewechsel und dieser ein domicilirter Wechsel [3] sein; doch ist er nur als Distance-Wechsel im Gebrauch [4] und auch nur unter Voraussetzung dieser Eigenschaft durch die D. W. O. anerkannt [5]. — Die Form dieses Wechsels ist für dessen juristische Behandlung maßgebend [6]. Er kann daher zur Acceptation präsentirt wer-

---

Zeit sei, ist, was die Sache anbetrifft, unrichtig. Schon Scaccia, tract. §. 1. Quaest. V. No. 75 sagt: „. . . in casu tamen, quo Petrus debitor „vellet ad nundinas accedere et ipsemet solvere, tunc mutarentur litterae „quoad personam, quae deberet solvere; quia Petrus debitor scriberet non „Titio, ut in praesenti formula litterarum (No. 72, einem trassirten Wechsel), „sed scriberet sibimet ipsi." S. auch Kheil a. a. O. S. 422 f.; u. Fick a. a. O. S. 17 f. — Ueber die Geschichte der Legislation über eigengezogene Wechsel s. Einert a. a. O. S. 374 f.

[2] Es kann übrigens ein Wechsel zugleich ein Wechsel an eigene Ordre und ein eigen-trassirter sein. Einert, a. a. O. S. 371.

[3] Treitschke, Encyc. II. S. 499. Arch. f. d. W. Bd. II. S. 335.

[4] Thöl, Handelsr. §. 275. 4. — Ueber die Veranlassung zur Ausstellung solcher Wechsel s. Kheil a. a. O. S. 428.

[5] D. W. O. Art. 6, Abs. 2. — Leipzig. Protoc. S. 17 und S. 158. — Schw. Entw. §. 6, Abs. 2. — Der Ort der Ausstellung und der Ort der Zahlung müssen verschiedene Plätze sein (Fick, a. a. O. S. 28 f.; dagegen Pöschmann im Arch. f. d. W. Bd. II. S. 195). Ist aber der Wechsel als Platztratte ausgestellt, so ist er nicht ein eigener Wechsel, wie Ortloff, D. W. O. S. 31, Fick a. a. O. S. 110 f. und Einert, a. a. O. S. 401 a. E. meinen, sondern kein Wechsel. Pöschmann im Arch. f. deutsch. W. Bd. II. S. 188 f. Doch geht aus der Gleichheit des Namens des Ausstellers und des Bezogenen an sich die Identität beider noch nicht hervor; ist daher diese Identität nicht sonst aus dem Wechsel ersichtlich, so muß sie von demjenigen erwiesen werden, der ein Recht daraus ableitet. Pöschmann, a. a. O. S. 191 f.

[6] Leipzig. Protoc. S. 159. — Arg. D. W. O. Art. 6, Abs. 2. — Die Ansicht Thöl's §. 275, wonach dieser Wechsel, falls die Identität des Trassanten und Trassaten aus der Urkunde ersichtlich, als eigener Wechsel zu behandeln, ist ungegründet, da die Annahme in der Natur der Sache liegt, daß der Wechselaussteller, der die Form der Tratte wählt und sich selbst bezieht,

den [7], und es ist der Aussteller im Falle des Accepts und nur in diesem als Acceptant verpflichtet [8]. Der gegen den Zieher gehende Regreß Mangels Zahlung dagegen ist durch die nämlichen Voraussetzungen wie bei der gewöhnlichen Tratte bedingt [9], so wie auch die bei derselben geltenden Bestimmungen über Notification und Verjährung gegenüber dem Aussteller des trassirt-eigenen Wechsels Anwendung finden [10].

Zweites Kapitel.

Der eigene Wechsel.

§. 43.

Geschichtliche Einleitung.

Eigene Wechsel kommen, wiewohl sie unter Handelsleuten weniger gebräuchlich waren, so früh wie gezogene vor [1], und wurden, wenn sie de loco in locum gingen, als cambia realia betrachtet [2].

sich in der Weise und nur in der Weise wie ein Trassant und resp. Trassat verpflichten will. D. W. O. mit Einl. u. Erläut. S. 58.

[7] Fick, a. a. O. S. 44 f. — Vielfach werden solche Wechsel acceptirt begeben. — Kheil, a. a. O. S. 429.

[8] Brauer, Erläut. S. 41.

[9] Brauer, a. a. O. S. 41. — Fick, a. a. O. S. 27. — Dagegen O. A. G. in Dresden, bei Kletke, Präjudiz. S. 173, Nr. 416.

[10] Fick, a. a. O. S. 40 f.

[1] Dies. Lehrb. §. 2. — v. Martens, Versuch S. 40 f. — Biener, Abh. S. 118 f. — Dagegen Mittermaier, Grundf. §. 357 zu Note 4.

[2] Biener, Abhandl. S. 68.

Nur gegen deren Mißbrauch zum Zwecke der Umgehung der Zinsverbote wurde von der Kirche geeifert; daher die Verbote gegen solche Wechsel, welche zur Einkleidung wucherlicher Schuldversprechen um Waarenschuld oder Darlehen dienten [3] (cambia sicca [4]), so wie gegen cambia mortua, bei welchen ein wucherlicher Zweck vermuthet wurde [5]. — Der Umstand aber, daß vorzüglich bei eigenen Wechseln die exceptio usurariae pravitatis zugelassen wurde [6], trug dazu bei,

---

[3] Eichhorn, Rtsg. §. 574. — Ein portugief. Gesetz aus dem 17ten Jahrh. (bei v. Martens, Versuch, Anh. S. 219) erklärt, daß das ein erlaubter und wahrhafter Wechsel sei, wenn statt einer größern Summe, die an einem Orte gegeben werde, an einem andern Orte eine geringere Summe bezahlt werde; daß es aber für einen wucherlichen Contract zu halten, wenn zuerst eine geringere Summe gegeben werde, um nachher eine größere Summe dafür zu empfangen.

[4] Baldus, consil. II. 436 (Ausg. v. 1491): „Mercantiae et cambium sic-„cum non sunt cambium, sed mutuum usuratum." Scaccia, tract. §. 1, Quaest. VII. Par. III. limit. IV. — Biener, Abhandl. S. 68 a. E. u. S. 94 a. E. — Cambia sicca wurden übrigens alle Wechsel genannt, welche in fraudem legis gemacht waren, wie z. B. Wechsel, die nur fingirter Weise de loco in locum lauteten. Scaccia, tract. §. 1. Quaest. VII. Par. III. limit. VII. Nr. 1; und die cambia obliqua oder con la ricorsa, wiewohl diese die Form von Tratten hatten. Scaccia, tract. §. VI. gloss. I. — Frémery, étud. p. 94. — v. Martens, Versuch S. 43 f. — Biener, Abh. S. 74. — S. auch Borchardt, D. W. O. S. 183.

[5] Der ursprüngliche Begriff eines cambium mortuum scheint der eines am Ausstellungsorte auszuzahlenden Wechsels gewesen zu sein. v. Martens, Versuch, S. 43. — Doch wurde jener Ausdruck auch in einem weitern Sinne gebraucht. Constitut. domin. Mediolanens. v. J. 1541 (bei v. Martens, Versuch, Anhang S. 17): „Quotiescumque requisitus fuerit debitor ex causa „literarum cambii cum protestatione non factae solutionis, juxta morem et „consuetudinem litterarum cambii, . . . si juraverit creditor, illud cambium „vere et realiter factum fuisse et non fuisse cambium (ut vulgo dicitur) „mortuum, Abbates omnibus juris remediis, etiam per personalem deten-„tionem, debitorem cogant ad solvendum . . . . Eo amplius sancitum est, „quod literae cambii veri et realis et non (ut vulgo dicitur) mortui, „hypothecam habeant."

[6] v. Martens, Versuch S. 40 a. E. u. S. 41.

dieselben unter Kaufleuten noch mehr ausser Gebrauch zu setzen [7], weßhalb denn in einzelnen Wechselordnungen nur der gezogene Wechsel als wirklicher Wechsel (cambium reale) anerkannt ward [8]. Dessenungeachtet wurde der eigene Wechsel, dessen Form nicht die eines Briefs [9], sondern diejenige eines Schuldscheins war [10], schon früh in den deutschen Wechselordnungen anerkannt [11] und allmählig in Deutschland den Tratten an die Seite gestellt [12].

§. 44.

Der eigene Wechsel im Allgemeinen. — Dessen Form *.

Das eigene Wechselversprechen (unförmlicher, uneigentlicher, trockner, todter Wechsel [1]), dessen gemein-

---

[7] Phoonsen im Wechselstyl v. Amsterdam v. 1677, Kap. I. (b. Siegel, corp. jur. camb. II. S. 229 f.) sagt §. 17: „Geld auf Wechsel geben geschieht entweder von denen Kauff- u. Handelsleuten oder von denen Rentenierss, welche von ihren Renten leben. §. 19. Der Rentenier-Wechsel ... bestehet in Geld auf Interesse geben, da die gegebene Summe mit einem gewissen Gewinn, auf bestimmte Zeit, von ebendemselbigen Orte, wieder empfangen wird."

[8] W. O. v. Bologna v. J. 1569, §. 1 (b. Siegel, corp. jur. camb. I. S. 500: „intendendo esser cambio reale, quando con effetto si da il denaro in un luogo, acciò che sia pagato in un altro secondo che cantano lettre di cambio, e cosi le lettre vadino con effetto al luogo e alla persona, à che sono indrizate; e che ivi siano pagate ò recusate".

[9] v. Martens, Versuch, S. 42.

[10] Scaccia, tract. §. 1. Gloss. V. Nr. 12 sqq.

[11] Dies. Lehrb. §. 14.

[12] Biener, Abh. S. 121.

* Formular eines eigenen lediglich die wesentlichen Bestandtheile enthaltenden Wechselbriefs:

Heidelberg den 5. July 1853.

Acht Tage a dato zahle ich gegen diesen meinen Wechsel an Herrn NN. die Summe von 500 fl. im 24 fl. Fuss.

A.

[1] Dies. Lehrb. §. 10. — Der eigene Wechsel wird auch Solawechsel genannt (dies. Lehrbuch §. 18), und ferner Depositowechsel; doch ist

rechtliche Gültigkeit nicht bezweifelt werden kann [2], wird in der Form eines Schuldscheins ausgestellt [3].

Die wesentlichen Bestandtheile der Wechselurkunde aber sind diejenigen eines jeden Wechsels [4]; dieß gilt insbesondere auch von der Bestimmung der Zahlungszeit, die übrigens nach gemeinem Rechte auf Kündigung gestellt sein kann [5], währenddem nach der D. W.

---

nicht jeder eigene Wechsel Depositowechsel im eigentlichen Sinne des Worts (Einert, Wechselr. S. 507 f.), und nicht jeder sog. Depositowechsel ein wirklicher (eigentlicher) Wechsel. Thöl, Handelsr. §. 269, Note 5.

[2] Pöhls, Wechselr. S. 579. — Thöl, §. 269 u. Not. 6. — Mittermaier, Grundſ. §. 357, II. — Motive z. preuss. Entw. S. LXXVI. — Einzelne Particularrechte erkennen den eigenen Wechsel gar nicht an, haben aber doch für den kaufmännischen Verkehr Schuldscheine, welche, wie die promissory note (Biener, Abh. S. 122) und das billet à ordre, rücksichtlich der Negotiabilität wie Wechsel behandelt werden. Treitschke Encyc. I. S. 368 f. und über das franz. Recht insbesondere Einert, Wechselr. S. 474 f. — Andere Gesetzgebungen lassen den eigenen Wechsel nur de loco in locum zu (Bremer W. O. v. 1712, Art. 8. 55. 61), währenddem wieder andere denselben nur unter Kaufleuten und Fabricanten gestatten. Oesterr. Patent v. 25. Febr. 1791 (b. Meißner, Cod. d. europ. Wechselrechte, I. S. 41). — S. auch d. Ordn. des Hanauisch. Wechselger. v. 31. Januar 1737, V. (Meißner a. a. O. S. 513). — Ueber die Brauchbarkeit des eigenen Wechsels im mercantilischen Verkehr s. Albers im Arch. f. civil. Prax. Bd. 28. 2, S. 158 f.

[3] Dessenungeachtet darf der eigene Wechsel nicht als eine Schuldverschreibung nach Wechselrecht definirt werden, da nicht jede Schuldverschreibung nach Wechselrecht ein eigener Wechsel ist. Thöl, §. 273. — Für die Unterscheidung des eigenen Wechsels von einer (sonstigen) Schuldverschreibung nach Wechselrecht ist aber nicht die Angabe oder Nicht-Angabe des der Ausstellung der Urkunde vorausgegangenen Rechtsgeschäfts characteristisch, wie Einert, Wechselrecht, S. 525 f. und Brauer, Erläut. S. 150 f. meinen (s. auch Seuffert, Arch. Bd. IX, Nr. 69); indem vielmehr eine Urkunde auch dann, wenn sie das ursprüngliche Vertragsverhältniß zwischen Aussteller und Nehmer angiebt, als eigener Wechsel zu betrachten, falls sie die wesentlichen Erfordernisse an sich trägt und der Aussteller gegen dieselbe zu bezahlen versprochen. Leipzig. Protoc. S. 155 f.; O. A. G. in München b. Seuffert, Arch. Bd. X, Nr. 281; Meißner, im Arch. f. d. W. Bd. IV. S. 401 f.

[4] Dies. Lehrb. §. 15. — D. W. O. Art. 96; Schw. Entw. §. 88.

[5] Thöl §. 270. 5. — Mittermaier, Grundſ. §. 357, I. zu Note 17. Die erfolgte Aufkündigung muß aber urkundlich festgestellt werden, was am

O. die Ungültigkeit eines auf Kündigung lautenden eigenen Wechsels anzunehmen [6]. Zahlungsort ist, wenn im Wechsel ein anderer Zahlungsort nicht angegeben, der Ort der Ausstellung, welcher zugleich als wechselmäßiger Wohnort des Ausstellers gilt [7]. Von der Wechselsumme endlich können Zinsen mit wechselmäßiger Wirkung zwar nach Gemeinem Rechte [8], nicht aber nach der D. W. O. [9] verschrieben

besten durch ein auf den Wechsel selbst gebrachtes Bekenntniß des Schuldners geschieht. Treitschke, Encyc. I. S. 135.

[6] Der §. 88 des Preuss. Entw. „Eigene Wechsel können auf Kündigung „gestellt werden" wurde aus der D. W. O. weggelassen. Leipz. Protoc. S. 157 und S. 160 a. E. f. — Pöschmann, im Arch. f. deutsch. Wechselrecht, Bd. II. S. 197 f. — Lüb. Einf. G. Art. 4. : Die Schuldverschreibungen, welche am 1. Mai dieses Jahres oder nachher unter der Form von eigenen Wechseln ausgestellt werden, jedoch eine Kündigungsclausel enthalten, fallen nicht unter die D. W. O., sondern sind nach statutarischen und gemeinrechtlichen Grundsätzen zu beurtheilen. — Würtemb. Einf. G. Art. 6. Spätestens drei Jahre nach dem 1. Mai 1849 erlischt die Wechselkraft der vorher auf Kündigung gestellten eigenen Wechsel, wenn sie auch noch nicht verfallen sind. — Bayer. Einf. G. Art. 8 desgleichen spätestens 3 Jahre nach dem 1. Januar 1851.

[7] Thöl, §. 270. 5. — D. W. O. Art. 97. — Die Adresse „auf mich selbst aller Orten" hat eine rein processualische Bedeutung. Seuffert, Arch. V. Nr. 222. — (Arch. f. deutsch. Wechselr. Bd. III. S. 225 f.) Borchardt, D. W. O. S. 184; daher denn ungeachtet derselben der Ausstellungsort als Zahlungsort anzusehen ist. Arch. f. d. W. Bd. V. S. 108. Sachsen-Altenburg. W. O. Kap. I. §. 5 : „Wenn die Clausula : Aller „Orten, befindlich, oder solche cumulative dem in specie benannten loco „solutionis beigefügt worden, kann der Wechseldebitor auch allenthalben „verfolget werden ; wo aber erstere weggelassen ist, hat der Inhaber sich „lediglich an den ausgedruckten Ort zu halten, es wäre denn, dass der „Debitor zur Zahlungszeit sich an dem bemerkten Ort nicht antreffen liesse, „auf welchen Fall er gleichergestalt allenthalben verfolget werden kann".

[8] Thöl, §. 270. I. 3. — Treitschke, Encyc. II. S. 831 f. Dagegen Einert, Wechselr. S. 508 f.

[9] Der §. 88 des Preuss. Entw. : „In eigenen Wechseln können mit „wechselmässiger Wirkung auch Zinsen der verschriebenen Summe versprochen werden" wurde aus der D. W. O. weggelassen. Leipz. Protoc. S. 161.

werden, nach welcher vielmehr die Zinsverschreibung wechselrechtlich als nicht hinzugefügt zu betrachten ist [10].

§. 45.

Der Wechselvertrag und dessen Wirkungen.

Ein wechselmäßiges Verhältniß zwischen dem Aussteller des eigenen Wechsels und demjenigen, zu dessen Gunsten derselbe ausgestellt worden, entsteht durch einen Wechselcontract (dies. Lehrb. §. 11), von dessen Natur und Form das Nämliche wie vom Wechselvertrage zwischen Trassanten und Remittenten gilt (dies. Lehrb. §. 37).

Durch jenen Vertrag verpflichtet sich aber der Aussteller wechselmäßig zur Zahlung der Wechselsumme in der in der Wechselurkunde bezeichneten Weise, ohne daß es, ausser bei Sichtwechseln, zur Begründung seiner Wechselverbindlichkeit einer Präsentation zur

---

[10] Dies allein folgt aus der Weglassung des §. 88 des Preuss. Entw. aus der D. W. O., nicht aber die Ungültigkeit des Wechsels, der bezüglich der Kapitalsumme allen gesetzlichen Erfordernissen entspricht. — Berl. Ob. Tr. bei Borchardt, die D. W. O. nach den v. den Gerichtshöfen ausgespr. Grunds. S. 10, Zus. 3, und im Arch. f. d. W. III. S. 191 f. — Brauer in dems. Arch. III. S. 173; Hauff in dems. Arch. Bd. V. S. 311 f. Unrichtig ist demnach die Meinung, daß der Wechsel als solcher ungültig (dagegen Lübisch. Einf. Ges. Art. 4; Ob. Trib. in Stuttgart bei Seuffert, Arch. III. Nr. 200 (Arch. f. d. W. III. S. 190 f.), O. A. G. in Rostock bei Seuffert VII. Nr. 93), in Oldenburg bei Seuffert X. Nr. 89, Urth. sächs. Gerichte im Arch. f. d. W. IV. S. 101 f. u. Braunschweig. im Arch. f. d. W. V. S. 331 f. — Borchardt in dems. Arch. I. S. 197 f.; Gelpke, Zeits. f. Handelsrecht, Heft 1. S. 127 f. v. Arnold, das Zinsenversprechen in eigenen Wechseln. Erlangen 1854; Brinckmann in der krit. Zeits. f. die gesammte Rechtswiss. Bd. II. S. 439 f.; Meißner im Arch. f. d. W. Bd. IV. S. 416. Ebenso verwerflich aber ist die Ansicht, daß das Zinsversprechen gültig (Berl. Kammerg. im Arch. f. d. W. II. S. 93; Braunschw. u. Bayer. Ger. bei Seuffert, Arch. VII. Nr. 354 u. XI. Nr. 92, Kletke, Präjud. S. 247. Nr. 637 u. 639; Martens im Arch. f. d. W. III. S. 62 f., Stern, die Lehre von den Wechseln, S. 34, Ladenburg, Annal. der badisch. Gerichte, Jahrg. 1854. Nr. 7 u. im Arch. f. d. W. V. S. 461 f.)

Zahlung bedürfte [1]. Die Präsentation zur Annahme fällt hier der Natur der Sache nach weg [2], und zwar auch bei Nach-Sichtwechseln [3], wiewohl die D. W. O. bei diesen letztern eine Präsentation zum Accepte, d. h. zur Sichterklärung und Datirung, binnen der im Wechselbriefe bestimmten Zeit und in Ermanglung einer solchen Bestimmung innerhalb zwei Jahren nach der Ausstellung bei Vermeidung des Verlusts des Wechselrechts gegen den Aussteller verlangt [4].

Dieser ist, von besonderer Verabredung abgesehen, zur Ausstellung von Wechselduplicaten nicht verpflichtet [5].

§. 46.

Der domicilirte eigene Wechsel und der eigene Wechsel an eigene Ordre.

Der domicilirte eigene Wechsel, der mit dem eigenen Distance-Wechsel zusammenfällt [1], ist entweder mit oder ohne Bezeichnung

---

[1] S. dies. Lehrb. §. 80.

[2] Treitschke, Encyc. I. S. 61 f.

[3] Das §. 33, Note 17 Gesagte findet hier gegenüber dem Aussteller Anwendung.

[4] Die D. W. O. Art. 98 bestimmt: „Nachstehende in diesem Gesetze für „gezogene Wechsel gegebene Vorschriften gelten auch für eigene Wechsel: „3. die Art. 19 u. 20 über die Präsentation der Wechsel auf eine Zeit „nach Sicht mit der Massgabe, dass die Präsentation dem Aussteller geschehen „muss". Pöschmann, im Arch. f. deutsch. Wechselr. Bd. II. S. 200 f. — Schw. Entw. §. 89. — Einzelne W. O. verlangen die Präsentation zur Annahme: 1) an die Erben des vor der Verfallzeit verstorbenen Wechselschuldners; 2) bei girirten eigenen Wechseln. — Sachs.-Altenburg. W. O. Kap. I. §. 9.

[5] Treitschke, Encyc. I. S. 354 f. — Liebe, Entw. S. 76. — Dies. Lehrb. §. 18.

[1] Thöl, Handelsr. §. 278. II.

eines Domiciliaten (bestimmtes oder unbestimmtes Domicil) [2] ausgestellt. Im erstern Falle [3] ist er am Domicilorte dem Domiciliaten rechtzeitig zur Zahlung zu präsentiren, und, wenn die Zahlung unterbleibt, zu protestiren, widrigenfalls der wechselmäßige Anspruch gegen den Aussteller verloren geht [4]. Besondere Formalitäten sind dagegen zur Erhaltung des Wechselrechts gegen den Aussteller eines eigenen Wechsels mit unbestimmtem Domicil nicht erforderlich [5].

An eigene Ordre ausgestellt ist der eigene Wechsel so lange ein unvollkommener Wechsel, bis durch Indossament ein Wechselnehmer daselbst bezeichnet worden; nach der D. W. O. jedoch ist eine derartige Urkunde gar kein Wechsel [6].

---

[2] Treitschke, Encyc. I. S. 384. — Mittermaier, Grundf. §. 357. VI,

[3] Die Ansicht Thöls, §. 278. II. 1, daß in diesem Falle der domicilirte eigene Wechsel ganz als Tratte zu behandeln, ist ungegründet. Treitschke. Encyc. II. S. 678 f.

[4] Dagegen Treitschke, Encyc. I. S. 385 a. E. f., dessen Gründe jedoch nicht zutreffen, indem hier vielmehr die Analogie des Acceptanten der domicilirten Tratte als entscheidend erscheint. — D. W. O. Art. 99: „Eigene „domicilirte Wechsel sind dem Domiciliaten, oder wenn ein solcher nicht „benannt ist, dem Aussteller selbst an demjenigen Orte, wohin der Wechsel „domicilirt ist, zur Zahlung zu präsentiren, und wenn die Zahlung unter- „bleibt, dort zu protestiren. Wird die rechtzeitige Protesterhebung beim „Domiciliaten verabsäumt, so geht dadurch der wechselmässige Anspruch „gegen den Aussteller und die Indossanten verloren.“

[5] Treitschke, Encyc. I. S. 385. — Thöl, §. 278 (S. 455). Seuffert, Arch. Bd. IX. Nr 329 u. X. Nr. 282. — Kletke, Präjudiz. S. 250. Nr. 649.

[6] Arg. D. W. O. Art. 98. 1 u. Art. 6, Abs. 1. — S. die Urth. Hamburg. Gerichte im Arch. f. d. W. Bd. III. S. 89 f. Walter, Syst. §. 361 zu Not. 4. — Dagegen: Trummer im Arch. f. d. W. III. S. 91 f. u. Fick, der trassirt-eigene Wechsel, S. 83 f.; O. A. G. in Darmstadt b. Seuffert, Bd. VI. Nr 250.

Drittes Kapitel.

Das Indossament.

A. Das ältere Recht.

§. 47.

Die geschichtliche Entwicklung des Indossaments.

Das ursprüngliche einfache Verhältniß, wonach die Wechselsumme nur an denjenigen zu bezahlen war, der im Contexte des Wechselbriefs als Präsentant bezeichnet, erlitt zunächst bei Tratten dadurch eine Veränderung, daß es um größerer Bequemlichkeit willen üblich ward, denjenigen, der die Ausstellung des Wechsels veranlaßt hatte, als Gläubiger zu nennen und ihm durch den Beisatz »o chi ordinerà« die spätere Bezeichnung eines Präsentanten zu überlassen [1]. Eine solche Bezeichnung, welche auf der Rückseite des Wechselbriefs geschah [2], nannte man giro, Indossament oder Transport. Das Giriren aber war, wo es überhaupt geschehen durfte [3], seiner ursprünglichen Bedeutung nach nur einmal

---

[1] Pragmat. a. Neapel vom 8. Nov. 1607, §. 14 (bei v. Martens, Anh. S. 77) : » . . . si sogliono fare molte lettere di cambio pagabili al tale, ò chi ordinerà . . « v. Martens, Versuch, S. 69.

[2] Biener, Abh. S. 87.

[3] Boßner Marktordn. vom J. 1635, Art. 8 (bei Siegel, corp. jur. camb. I. S. 209) : »Dass inskünfftige in keinerley weise girirte oder über»wiesene Wechselbriefe mögen acceptiret werden, die confusiones u. Unord»nungen, so sich dadurch begeben möchten, zu verhüten, ist derowegen »verordnet, dass kein eingeschriebener Handelsmann schuldig seyn wird, »dieselbe zu bezahlen, . . . sondern bleiben dergleichen Briefe gäntzlich »verboten, wie man's denn auch in andern Märckten also pflegt zu halten«.

zulässig [4] eine Bestimmung, die zwar mit Rücksicht auf die Begebbarkeit des Papiers durch das giro in bianco umgangen werden konnte [5]. Allmählig jedoch wurde das Indossiren, welches auch auf die eigenen Wechsel angewendet ward [6], mehr wie einmal gestattet [7],

---

[4] Pragmat. a. Neapel vom 8. Nov. 1607, §. 14: „. . . Ordiniamo „e comandiamo, che da oggi avanti tutte le lettere di cambio, che si faranno „per le piezze e fiere del presente Regno pagabili al tale, ò chi ordinerà, „non si possano girar più che una sola volta". — Nürnberg. W. O. vom J. 1654, Art. 10: — „sollen auch alle Wechselbriefe mehr nicht als einmal „girirt, u. die so mehr als einmal girirt seynd, von den Handelsleuten nicht „passirt, acceptirt, bezahlt, vorgeschlossene Wechsel anstatt Wechsel ange„nommen, intimirt noch auf dieselbe Protestationes angegeben — viel weniger „erhebet und fortgeschickt werden, dieweilen solche Protesti einige Krafft u. „Würkung nicht haben sollen". S. auch Frémery, études, p. 129.

[5] v. Martens, Versuch, S. 70. — Biener, Abhandl. S. 86. — Dasselbe wurde jedoch durch einzelne W. O. verboten. Leipzig. W. O. vom J. 1682, §. XI (bei Siegel, I. S. 18): „Obwohl die vielfältige Girirung „derer Wechselbriefe in etlichen ausländischen Städten . . . . gänzlich ver„boten, dieweil aber selbige sowohl hier als anderer Orten in starkem Ge„brauch ist, so lässet man es zwar dabey verbleiben, gleichwohl aber soll „dissfalls, nach etlicher Reichsstädte Exempel, das Indossament in bianco hier„mit gänzlich abgeschaffet . . . seyn". — Braunschw. W. O. vom J. 1715, Art. 43 (bei Siegel, I. S. 257): „Die Indossamente in bianco aber wer„den hiermit gänzlich abgeschafft."

[6] Leipzig. W. O. v. 1682, §. IV: „. . . Ein eigener Wechselbrief, er „sey noch in der ersten Hand oder an eine andere transportirt, bedarff keiner „sonderlichen Praesentation, noch Acceptation . . . Käme aber ein eigener „Wechselbrief durch Transportirung oder andere Cession in die dritte oder „mehr Hände, soll nicht allein der Inhaber des Briefs denselben . . . zur „Acceptation praesentiren, sondern auch der debitor oder dessen Erben, ohne „allen Verzug, damit der Inhaber u. Cessionarius von des Wechselbriefs „Richtigkeit desto eher versichert werden, zu acceptiren schuldig seyn."

[7] Braunschw. W. O. v. 1715, Art. XLII. (b. Siegel I. S. 257): „weil auch das Giriren derer Wechselbriefe bisbero erlaubt gewesen, so „sollen dergleichen girirte oder indossirte Wechselbriefe, zur Beförderung „derer Negotien, noch ferner passiret werden; jedoch mit der ausdrücklichen „Condition, dass solches Indossiren, um alle Weitlauftigkeit, Confusion u. Un„kosten zu evitiren, so zwischen denen vielen intermediis, insonderheit da „ein solcher Wechselbrief mit Protest zurücke kehrete, zu besorgen, nicht

und zuletzt als ein naturale cambii [8] ohne Beschränkung rücksichtlich der Zahl zugelassen [9].

Uebrigens wurde die Bezeichnung eines Präsentanten in der Form des Indossaments nicht allein zum Zwecke der Begründung wechselmäßiger Forderungen, sondern auch zur Bestellung eines Auftrags zur Eincassirung der Wechselsumme angewendet [10].

§. 48.

Die rechtliche Natur des Indossaments.

Der Zweck des Indossaments, insoferne dasselbe nicht einen bloßen Auftrag zur Eincassirung enthielt, war die Bezeichnung eines andern Wechselgläubigers als des ursprünglichen Wechselnehmers, also die Uebertragung der Wechselforderung. So war

---

„über drey oder höchstens viermahl geschehe : da es aber geschähe, soll „derselbe nicht acceptiret, noch dagegen einige Protestation verstattet „werden . .“ S. auch Biener im Arch. f. d. W. V. S. 250 f.

[8] Daher fiel die Beschränkung weg, wonach nur auf Ordre lautende Wechsel (Einert, Wechselr. S. 124) girirt werden konnten. Biener, Abh. S. 86 u. 87 u. im Arch. f. d. W. V. S. 253.

[9] W. O. v. Frankf. a. M. v. J. 1666 §. XI. (b. Siegel I. S. 384) : „Die girirte u. transportirte oder indossirte Wechselbriefe . . . sollen, aus ge- „wissen Ursachen, nicht ferner verbothen, sondern angenommen werden.“ Das Verbot des Indossirens, welches Verordnungen vom 4. April 1620 und vom 9. April 1635 aussprachen, wurde auf die dringenden Bitten des Handelsstandes aufgehoben. Bender, Grundſ. I. S. 558, Note a. — S. auch Biener, Abh. S. 87 a. E. und S. 88. — Noback, über Wechsel u. Wechselr. S. 16 f.

[10] Braunschw. W. O. A. XLII : „. . . Im Uebrigen (soll) aber allemahl „darinnen (im Wechselbriefe) der Giro . . . ingleichen . . . der Tauff- u. „Zunahme der Person, so die Zahlung haben soll, in welchergestalt die „Valuta von dem Inhaber empfangen, oder ob derselbe nicht ein Cessionarius, „sondern nur ein blosser Mandatarius sey, durch die Worte, soll mir vali- „diren oder gute Bezahlung seyn, von dem Ausgeber eines solchen Wechsel- „briefs völlig exprimiret, u. darauf sowol wider den Trassanten als Indossan- „ten . . . . nach Wechselrecht verfahren werden.“

es denn natürlich, daß die romanisirenden Juristen in demselben eine Cession fanden, welche sie jedoch von der gewöhnlichen Cession unterschieden [1]. Denn es konnte bei der Ansicht, daß der Aussteller durch die Worte "an Ordre" sich jedem wechselmäßig berechtigten Inhaber des Wechselbriefs verpflichten wolle [2], der Indossatar nicht schlechthin als Mandatarius in rem suam des Indossanten betrachtet werden, indem er vielmehr als selbstständiger Gläubiger erschien, welchem exceptiones ex persona indossantis nicht entgegengesetzt werden konnten [3].

Es vermittelte aber das Indossament nicht allein die Uebertragung einer Wechselforderung, sondern überdieß ein an das ursprüngliche Wechselversprechen sich anschließendes wechselmäßiges Versprechen des Indossanten [4], und zwar ein solches, welches auch bei eigenen Wechselbriefen ein gezogenes war [5].

---

[1] Dies. Lehrb. §. 47, Note 10 u. Note 6. — Leyser, med. ad pand. spec. CCII. med. 1. — S. auch Biener, Abh. S. 126. — Liebe, Entw. S. 84.

[2] Mittermaier, Grunds. §. 319 zu Note 22. — Noback, über Wechsel und Wechselr. S. 19.

[3] Chursächs. Mandat v. J. 1699 (bei Siegel, corp. jur. camb. I. S. 72): »Als setzen u. ordnen wir hiermit: dass hinfüro der Ausgeber „eines Wechselbriefs auf eine Schuld, womit derjenige, an welche solche „zuerst ausgestellet, ihm verhafftet, sie sey beschaffen, wie sie wolle, und »obgleich darüber ebenmässig ein Wechselbrief oder andere klare Verschrei»bung vorhanden, wider die Cessionarios oder diejenigen, an welche der »Wechselbrief indossiret, zu compensiren durchaus nicht befugt seyn solle: » . . . . wollen wir, dass künfftig die exceptio solutionis wider einen Wech»selbrief gegen einen Tertium, oder wenn die Sache nicht mehr zwischen »dem Ausgeber und dem ersten Empfänger bestehet, anderergestalt nicht zu»lässig seyn soll, als wenn dasjenige, so auf den Wechselbrief bezahlet, »darauf abgeschrieben.« S. auch Biener, Abhandl. S. 131 f.

[4] Dieß ist in den ältern W. O. bei der Cessions-Theorie, von welcher dieselben ausgehen, nur implicite dadurch anerkannt, daß sie beim Indossamente dieselben Bestandtheile wie bei der Tratte, und namentlich die Bezeichnung des Valuta-Empfangs verlangen (dies. Lehrb. §. 47, Note 10), und den Indossanten in derselben Weise wie den Aussteller einer Tratte verhaftet sein

B. Das heutige Recht.

Grolmann, de cessione literarum cambialium. Vom Transport der Wechselbriefe. Giss. 1711.

Leyser, med. ad pand. spec. CCII u. CCIII.

Riccius, de indossat. cambior. proprior. Gott. 1780. (In exercit. jur. camb. VI.)

Gries, de indossat. literar. cambial. sec. jus Hamburg. communi in auxilium vocato. Gott. 1795.

Grattenauer, über die Wechselprocura. Berlin 1800.

Jolly im Arch. f. d. W. Bd. IV. S. 374 f. u. Bd. V. S. 37 f.

§. 49.

Bedeutung und Arten des Indossaments.

Der Ausdruck „Indossament" bedeutet wörtlich eine auf dem Rücken des Wechselbriefs gemachte Beurkundung [1]; technisch aber bezeichnet er zwei verschiedene Arten auf dem Gebiete des Wechselrechts wirksamer Geschäfte, welche von der dieselben vermittelnden

---

lassen. Brandenburg. W. O. v. 1724, §. XX. (b. Siegel a. a. O. I. S. 115): „Wenn ein Wechselbrief . . . mit Protest wegen nicht geschehener „Acceptation oder Zahlung zurückkäme : so soll der Aussteller oder Endos- „sant . . . in continenti wegen des Capitals . . . . Wiedererstattung und Be- „zahlung thun, oder durch Pfand u. Bürgschaft seinem Creditori hinlängliche „Sicherheit schaffen."

[5] Brandenburg. W. O. §. III : „ . . . Wenn aber der eigene Wechsel- „brief auf Ordre gestellt und von dem Inhaber an einen dritten endossiret, „oder cediret worden, dieser dritte aber, da etwa der debitor zur Verfall- „zeit nicht solvendo wäre, sich an den Indossanten halten wollte, solchen „Fall müsste ein solcher Cessionarius des Wechselbriefs, um seinen Regress „nach Wechselbrauch zu erlangen, ordentlich protestiren lassen." S. auch dies. Lehrb. §. 47, Note 6.

[1] Treitschke, Encyc. I. S. 443. — Thöl, Handelsr. II. §. 228. — Dufresne, glossar. v. indossare : „indossare i. e. chartae dorsum s. tergum, „vel cujuscunque scripti partem aversam aut exteriorem inscribere."

gewöhnlichen Form so benannt sind [2] und das gemeinsam haben, daß durch sie die Geltendmachung und Wahrung der wechselmäßigen Rechte einem Anderen als dem bisherigen Wechselgläubiger übertragen wird.

Diese zwei Geschäfte sind:

1) Das eigentliche Indossament (Eigenthums-Indossament, Indossament zur Begebung, indossamentum in vim cessionis, Transport oder Giro [3]).
2) Das uneigentliche Indossament (Indossament zum Incasso, Indossament in Procura, Indossament zur Vollmacht, indossamentum in vim mandati [4].

I. Das eigentliche Indossament.

§. 50.

Begriff und juristische Natur des eigentlichen Indossaments.

Das eigentliche Indossament ist das wechselrechtliche Geschäft, durch welches der Wechselnehmer (Indossant, Girant) die Uebertragung seiner wechselmäßigen Rechte an einen Andern (den Indossatar, Giratar) unter eigener wechselmäßiger Verpflichtung bezweckt.

Das Indossament ist seiner rechtlichen Natur nach keine Cession [1], also auch nicht eine Cession mit Bürgschaft; es ist ferner

---

[2] Doch kann die Form des Indossaments auch für andere Geschäfte angewendet werden. Thöl, a. a. O. §. 229.

[3] Indossament in Giro. Weim. W. O. §. 33. — Andere Benennungen s. bei Treitschke, I. S. 447. — Nach dem Sprachgebrauche einzelner W. O. werden girirte Wechselbriefe nur die mehrfach indossirten genannt. Sachs. Altenb. W. O. Kap. III. §. 4. — S. auch Treitschke, I. S. 444.

[4] Thöl, a. a. O. II. S. 278, Note 3.

[1] So die ältere Theorie. Dies. Lehrb. §. 48. — Dagegen aber Thöl, Handelr. §. 231; Kitka, Erläut. S. 169 f. — Wechselcession und In-

keine Bürgschaft [2] und ebensowenig wird durch dasselbe Papiergeld in Umlauf gesetzt [3]. Vielmehr ist es eine Uebertragung der Wechselforderung unter Ausstellung eines trassirten Wechselversprechens.

1) Das Indossament, insoferne als es eine Uebertragung von Wechselrechten bewirkt, hat einen verschiedenen Gegenstand beim trassirten Wechsel, welchem in dieser Hinsicht der indossirte eigene Wechsel gleichsteht, und bei der acceptirten Tratte, welcher in dieser Beziehung der eigene Wechsel gleichkömmt. Insoweit fällt aber das Indossament nicht unter den Begriff der Cession, indem der Indossatar selbstständiger Wechselgläubiger wird, welchem exceptiones ex persona indossantis nicht entgegengesetzt werden können [4]; ebensowenig begründet es eine Novation, da dem Wechselschuldner ohne seine Mitwirkung ein neuer Gläubiger gegeben wird [5]; so wie es auch nicht dadurch zu erklären ist, daß der Aussteller des Wechsels sich einem beliebigen Rechtssubjecte verpflichtet, dessen Individualität es nun bestimmt [6]. Das Indossament bewirkt vielmehr

---

dossament sind verschiedene Geschäfte, und es wird die Annahme, daß letzteres vorhanden, durch den Ausdruck des Wechselnehmers, daß er cedire, ausgeschlossen. Pöhls, Wechselr. S. 363. — Die Wechselcession aber ist kein wechselrechtliches Geschäft (Pöhls, Wechselrecht S. 339; Thöl, Handelsr. §. 227; Kalessa, Handbuch des Oesterreich. Wechselr. S. 40 f.); doch kann der Cessionar wechselmäßig klagen. Entscheidungen des Berlin. Geh. Obertribun. pro 1852 (Entscheid. Bd. XXII. S. 409) : „Auch aus der Cession eines „Wechsels kann, wie aus dem Indossamente, vom Cessionar gegen den „Wechselschuldner wechselmässig geklagt werden.“ Arch. f. d. W. IV. S. 452.

[2] So Einert, Wechselr. S. 136 f. — Dagegen Thöl, a. a. O. II. S. 285 f.

[3] So Koch, Wechselrecht S. 135.

[4] Liebe, Entw. S. 87. — Preuss. Motive S. XXXVI. — Bluntschli, D. W. O. S. 37.

[5] Dagegen Unger, die rechtliche Natur der Inhaberpapiere, Wien 1857, S. 111 f. S. aber Mein. Auff. in der krit. Ueberschau Bd. V. H. 3. S. 392 f.

[6] Dagegen Jolly im Arch. f. d. W. IV. S. 386 f. u. V. S. 58. — S. aber Unger, a. a. O. S. 103 f. Von welcher Auffassung Bähr, die Anerkennung als Verpflichtungsgrund, S. 275, ausgeht, läßt sich bei der Unbestimmtheit, mit welcher er sich ausdrückt, in der That nicht sagen.

eine Singular-Succession in die Wechselforderung, welche hier insoferne möglich, als der Wechselschuldner von vorne herein an den Wechselnehmer oder den zur Verfallzeit als dessen Rechtsnachfolger legitimirten Inhaber des Wechselbriefs zu leisten sich verpflichtete [7].

2) Der Indossant sowohl des trassirten als auch des eigenen Wechselbriefs stellt ein trassirtes Wechselversprechen aus; bei jenem bezieht er den ursprünglichen Trassaten (den Bezogenen der Grundtratte [8]), bei diesem den Wechselaussteller [9]. Diese Bedeutung des Indossaments ergiebt sich aus der gewöhnlichen Form desselben, so wie aus dessen Wirkungen [10].

Ausnahmsweise kann übrigens ein Indossament nur ein trassirtes Wechselversprechen [11] oder nur eine Veräusserung wechselmäßiger Rechte enthalten [12], oder endlich wie eine Cession wirken [13].

---

[7] Dies. Lehrb. §. 48 zu Note 2. Mein Auff. in der Zeits. f. deutsch. Recht. Bd. XIV. S. 322 u. in der krit. Ueberschau Bd. V. 3. S. 394 f. S. auch Windscheid, die Actio des röm. Civilrechts, S. 152. — Die lex Anastasiana und die übrigen Beschränkungen der Cession finden hiernach auf das Indossament keine Anwendung. — Treitschke, Encyc. I. S. 123 f. u. S. 450. — Bender, Grunds. I. S. 595 f. Beim Wechsel auf den Inhaber, resp. Blanco-Wechsel, kann eine Veräusserung der Wechselrechte ohne Indossament durch die bloße Uebergabe des Papiers geschehen; es kann aber ein solcher Wechsel auch indossirt werden.

[8] Thöl, a. a. O. §. 232.

[9] Biener, Abhandl. S. 122.

[10] Thöl, a. a. O. §. 232. — S. auch Bender, Grunds. §. 364 u. §. 365.

[11] Wenn die Unterschriften des Ausstellers und Acceptanten, falls ein Accept vorhanden, unächt, oder Aussteller und Acceptant wechselunfähig sind. Dies. Lehrb. §. 16 u. §. 23.

[12] Dies. Lehrb. §. 51. 2. §. 53.

[13] Dies. Lehrb. §. 53.

§. 51.

Die Voraussetzungen des Indossaments.

Die Voraussetzungen des Indossaments sind:

1) Ein Ordre-Wechsel, d. h. ein begebbares Papier [1]. Für diese Eigenschaft streitet nach Gemeinem Rechte sowohl wie auch nach der D. W. O. die Vermuthung [2], währenddem andere Wechselordnungen dieselbe als durch das Wort „Ordre“ bedingt betrachten [3].

Die Indossirung eines Rectawechsels aber begründet für den Indossatar weder gegenüber dem Aussteller, noch gegenüber dem Acceptanten wechselmäßige Rechte [4], und eben so

---

[1] Dies. Lehrb. §. 17.

[2] Dies. Lehrb. §. 47 zu Note 8. — Treitschke, Encyc. I. S. 455 u. II. S. 51. — Mittermaier, Grunds. §. 337. I. — D. W. O. Art. 9, Abs. 1; Art. 98. 2. — Schw. Entw. §. 9, Abs. 1. — Hiernach sind die üblichen Worte „an die Ordre“ — „oder an dessen Ordre“, welche der Bezeichnung des Remittenten vor- oder nachgesetzt werden, ohne Bedeutung, Mittermaier, Grunds. §. 329 a. E.; indem sie als dem Wechsel einverleibt gesetzlich präsumirt werden. — Biener, im Arch. f. d. W. V. S. 255. — Das Durchstreichen derselben gilt nicht als Verbot des Giro's. Arch. f. deutsch. Wechselr. Bd. I. S. 204 f. — Einzelne Schriftsteller jedoch, wie Pöhls, Wechselr. S. 343 und Thöl, Handelsr. §. 239. II. meinen, daß die Begebbarkeit des Papiers dadurch bedingt sei, daß dasselbe „an Ordre“ laute.

[3] Code d. comm. Art. 110. — Niederländ. W. O. Art. 34. — Códico de commercio Art. 426. — Das englische u. das nordamerikanische Wechselrecht (Borchardt, D. W. O. S. 47). — S. auch Leipzig. Protoc. S. 22. — Andere Bedeutungen des Wortes „Ordre“ sind: daß das Papier begeben werden muß (Koch, Wechselr. S. 136. IV. S. jed. dies. Lehrb. §. 64, Not. 2); daß es das unterscheidende Merkmal zwischen der Tratte und der geschriebenen Anweisung bildet. Dies. Lehrb. §. 15, Note 2. — Treitschke, Encyc. II. S. 51.

[4] Thöl, §. 241. I. — Eine Cession, wie Koch, Wechselr. S. 136 i. A. meint, liegt in einem solchen Indossamente keineswegs immer, Jolly, im Arch. f. d. W. IV. S. 398; wohl aber ein uneigentliches Indossament.

wenig gegenüber dem Indossanten, da das Papier ein nicht indossirbares ist [5].

2) Ein Indossant, als welcher nur der Nehmer des Wechsels, mag derselbe übrigens der erste Nehmer, oder der erste, zweite, dritte u. s. w. Indossatar sein [6], vorkommen kann. Die passive Wechselunfähigkeit des Indossanten zieht aber keineswegs die Ungültigkeit des Indossaments nach sich, wiewohl dieser wechselmäßig nicht verpflichtet wird [7]; die active Wechselunfähigkeit desselben kömmt bei der Prüfung der Legitimation zur Zahlungserhebung nicht in Betracht [8].

3) Ein Indossatar, welcher nicht allein eine dritte, sondern auch eine bereits im Wechselverbande fungirende Person sein kann [9], wiewohl in diesem letztern Falle die Wirkungen des Indossaments der Natur der Sache nach theilweise modificirt werden. Der Indossatar bedarf als solcher der passiven Wechselfähigkeit nicht [10]. Da übrigens Theilindossamente nicht unstatthaft sind [11], so kann der nämliche Wechsel an mehrere Indossatare girirt werden [12].

---

[5] Leipzig. Protoc. S. 23. — D. W. O. mit Einleit. u. Erläut. S. 71 f. — D. W. O. Art. 9, Abs. 2; Art. 98. 2. — Schw. Entw. §. 9, Abs. 2 u. §. 89. — Brauer, Erläut. S. 45 a. E. — Jolly, a. a. O. S. 397. — Nach englischem und nordamerikanischem Rechte wird jedoch der Indossant eines Rectawechsels wechselmäßig verpflichtet. Borchardt, D. W. O. S. 48, was Thöl, §. 241. II. unrichtig für das gemeine Recht behauptet.

[6] Die früheren Beschränkungen der Zahl der Indossamente (dies. Lehrb. §. 47) sind für das heutige Recht weggefallen. Daniels, Grunds. S. 91.

[7] Daß das Indossament hier nur als gemeine Cession gelte, wie Treitschke, Encyc. I. S. 496, und Bender, Grunds. I. S. 589 meinen, ist unrichtig.

[8] Dies. Lehrb. §. 64.

[9] Leyser, med. ad pand. spec. CXXXIII. med. 10. — Preuss. Motive S. XLI f. — D. W. O. Art. 10 u. Art. 98. 2. — Schw. Entw. §. 10, Abs. 2.

[10] Treitschke, Encyc. I. S. 497. — Bender, Grunds. I. S. 595.

[11] Bender, Grunds. I. S. 585.

[12] Treitschke, Encyc. I. S. 501. — Koch, Wechselr. S. 137. — Brauer, Erläut. S. 47. — Liebe, Entw. S. 102. — Bluntschli, D. W. O. S. 40.

§. 52.

Der Wechselvertrag zwischen Indossanten und Indossatar.

Der Wechselvertrag zwischen Indossanten und Indossatar (Begebungs-Vertrag) [1] hat zur Form:

1) eine wechselrechtliche Erklärung [2] des Indossanten auf der Wechselurkunde, einer arretirten Copie oder Allonge [3]. — Wesentlich ist hierbei:

a) die Unterschrift des Indossanten [4]. Ist dieselbe unächt, so ist weder der angebliche Indossant, noch der Fälscher wechselmäßig verpflichtet [5];

b) die deutliche Kundgebung der Absicht zu indossiren [6], welche üblicher, nicht aber nothwendiger Weise mittelst eines mehr oder weniger aus der Grundtratte zu ergänzenden Zahlungs-Auftrags zu Gunsten des Indossatars geschieht [7];

— Berger, die österr. W. O. S. 50; Kitka, Erläut. S. 154 f. — Blaschke, österr. Wechselr. S. 133, Not. 7. — Dies. Lehrb. §. 56. 2. — Dagegen Pöhls, Wechselr. S. 347. — Thöl, Handelsr. §. 245. IV. B. — Borchardt, D. W. O. S. 47. — Jolly, a. a. O. S. 399 f. — Weim. W. O. §. 38.

[1] Begebung gemachter Wechsel im Gegensatze zur Begebung von der Hand. Doch ist nicht jeder indossirte Wechsel ein gemachter. Kitka, Erläut. S. 22 f.

[2] Ueber die Worte „ich cedire" s. dies. Lehrb. §. 50, Note 1.

[3] Liebe, Entw. S. 88 a. E. und S. 89. — D. W. O. Art. 11 u. 71 Art. 98. 2 und 8. Schw. Entw. §. 11, Abs. 1, §. 75 und §. 89.

[4] S. auch dies. Lehrb. §. 12.

[5] Dies. Lehrb. §. 16. — Thöl, Handelsr. §. 286.

[6] Jolly, im Arch. f. d. W. Bd. V. S. 51.

[7] Die gewöhnlichen Formeln sind: — Für mich an — für mich an die Ordre — Ordre des — An — s. Thöl II. S. 291 f. — Eine Quittung auf dem Wechsel kann nicht als Indossament betrachtet werden. Jolly, a. a. O. S. 52 f. — Dagegen Treitschke, Encyc. I. S. 494.

c) die Bezeichnung dieses Letztern. — Sie geschieht mit Angabe des bürgerlichen Namens oder der Firma desselben (vollständiges, ausgefülltes Indossament[8]) oder ohne eine solche, indem der Inhaber des Wechsels entweder ausdrücklich (Indossament auf den Inhaber) oder stillschweigend (Blanco-Indossament, Indossament in bianco)[9] als Wechselnehmer bezeichnet wird. In diesem letzteren Falle genügt die bloße Unterschrift des Indossanten auf der Rückseite des Wechsels oder der Copie, oder auf einer Allonge[10].

Nicht erforderlich ist dagegen nach Gemeinem Rechte, so wie nach der D. W. O., daß der Bezeichnung des Indossatars die Worte „an Ordre" beigesetzt werden[11], und ebensowenig erscheinen

---

[8] Ein solches kann auch bei Wechseln auf den Inhaber und Blancowechseln Statt finden.

[9] Treitschke, Encyc. I. S. 487. — Mittermaier, Grundſ. §. 336. — Jolly a. a. O. S. 69 f. — Altenburg. W. O. Kap. III. §. 4. — Die einzelnen W. O. befolgen rücksichtlich des Indossaments in bianco, mit welchem Ausdrucke sie übrigens auch das Indossament auf den Inhaber umfassen, verschiedene Systeme: 1) es ist ungültig (Código de commercio, Art. 471); 2) es ist nur Kaufleuten gestattet (Dessau. W. O. Art. 18); 3) auf Verlangen des Bezogenen muß es ausgefüllt oder statt dessen Caution bestellt werden (Cöthen. W. O. Art. 55); 4) es gilt nur als Procura-Indossament. —Dies. Lehrb. §. 58.

[10] Thöl, Handelsr. II. S. 294 u. Note 8. — D. W. O. Art. 12 u. Art. 98. 2. — Schw. Entw. §. 11 Abs. 2 u. §. 89. — Arch. f. d. W. IV. S. 343; Seuffert, Arch. IX. Nr. 60. — Das Indossament in bianco kann übrigens auch in den Worten : „Für mich an" oder mit einer gleichbedeutenden Formel auf die Vorderseite des Wechsels oder der Copie gesetzt werden.

[11] Bender, Grundſ. I. S. 577. Anders nach einzelnen W. O. — Cod. de comm. Art. 136.

das Datiren des Giro's [12], so wie eine Angabe des Valuten-Verhältnisses [13] bei demselben als wesentlich.

2) Das Geben und Nehmen der Wechselurkunde nach den vom Abschlusse des Wechselcontracts zwischen Trassanten und Remittenten geltenden Grundsätzen (dies. Lehrb. §. 37).

§. 53.

Die Wirkungen des Indossaments.

Die Wirkungen des eigentlichen Indossaments äussern sich:

I. Im Verhältnisse des Indossanten zum Indossatar [1]. Jener haftet diesem dafür, daß der Trassat der Grundtratte, resp. der Aussteller des eigenen Wechsels die Wechselsumme nach Maßgabe der im Wechselbriefe enthaltenen Bestimmungen zahlen werde [2]; er ist zur Sicherheitsbestellung verpflichtet auf den Fall, daß der Bezogene den Wechsel nicht trassirtermaßen acceptirt [3], oder daß der Acceptant, resp. Aussteller des eigenen Wechsels unsicher werden sollte [4].

---

[12] Thöl, Handelsr. §. 233. IV. — Dagegen Stern, die Lehre von den Wechseln, S. 43. — Nützlich kann namentlich das Zeitdatum sein. Treitschke, Encyc. I. S. 506 f. — Jolly im Arch. f. d. W. Bd. V. S. 55. Einzelne W. O. verlangen die Datirung. Cod. de comm. Art. 137. — Altenburg. W. O. Kap. III. §. 4. — Die Dessau. W. O. §. 18 verlangt ein Zeit-, nicht aber ein Ortsdatum.

[13] Seuffert, Arch. Bd. III. Nr. 364. — Dagegen Bender, Grunds. I. S. 573. — Cod. de comm. Art. 137. — Dessau. W. O. §. 18. — Cöthen. W. O. Art. 54.

[1] Dies. Lehrb. §. 50. 2. — Thöl, Handelsr. §. 237.

[2] D. W. O. Art. 14 u. Art. 98. 2. Schw. Entw. §. 13, Abs. 1 u. §. 89. — S. jedoch über Theilindossamente dies. Lehrb. §. 51. 3.

[3] D. W. O. Art. 14 u. Art. 25. — Schw. Entw. §. 13, Abs 1 u. §. 25.

[4] D. W. O. Art. 29 u. Art. 98. 4. — Schw. Entw. §. 30.

Diese Wirkungen fallen jedoch weg, indem das Indossament ein gezogenes Wechselversprechen nicht enthält:

1) wenn dasselbe unter der der Wechselerklärung beigesetzten Clausel „ohne Gewährleistung“ oder „ohne Obligo“ oder mit einem geichbedeutenden Vorbehalte gemacht worden [5];

2) wenn es nach der wechselmäßigen Zeit für die Präsentation zur Zahlung geschehen ist [6].

Der Sinn eines solchen Indossaments kann nämlich nicht der sein, daß der Indossant sich verpflichtet, es solle die Wechselsumme zur Verfallzeit dem dermaligen Inhaber bezahlt werden [7], und ebensowenig kann darin die Ausstellung einer Tratte mit einem andern Verfalltage als demjenigen der Grundtratte, eines Sichtwechsels, gefunden werden [8], weil eine Urkunde ohne ausdrückliche Bestimmung der Verfallzeit kein Wechsel ist [9].

---

[5] Einert, Wechselr. S. 143 u. 144. — Thöl, Handelsr. II. S. 306. — D. W. O. Art. 14 u. Art. 98. 2. — Schw. Entw. §. 13, Abs. 2 u. §. 89. — Kitka, Erläut. S. 150 f.

[6] Also nicht immer, wenn nach dem Verfalltage indossirt worden. — Mittermaier, Grunds. §. 337. II. — Derselbe im Arch. f. deutsch. Wechselrecht Bd. I. S. 29.

[7] Preuss. Motive S. XLIII.

[8] So Thöl a. a. O. II. S. 340 f. u. S. 344. — S. ferner Treitschke, Encyc. I. S. 503, der ein Regreßrecht des Indossatars gegen den Nachindossanten für den Fall annimmt, daß der Wechsel mit nächster Post eingesandt, präsentirt und protestirt worden ist.

[9] Dies. Lehrb. §. 15. — Die einzelnen W. O. befolgen verschiedene Systeme: 1) das nach der Verfallzeit geschehende Indossament ist ungültig (Braunschweig. W. O. v. 1715, Art. 42; Hamburg. W. O. Art. 15); 2) es gilt als Cession (Niederländisch. Gesetz vom 23. December 1834, Art. 32); 3) als Procura-Indossament (Sardinisch. Handelsgesetzb. Art. 151); — die Mehrzahl der W. O. enthalten jedoch über das Indossament nach Verfall keine Bestimmungen; dieß gilt z. B. vom Code de commerce. Liebe, Entw. S. 97. — Die neuern Entwürfe gehen ebenso von verschiedenen Auffassungen aus. Der Preuss. Entw. §. 16 bestimmte: „Ein nach dem Verfalltage des Wechsels ausgestelltes Indossament hat nur

Nach der D. W. O. jedoch ist nur derjenige Indossant wechselmäßig nicht verpflichtet, der den Wechsel nach erhobenem Proteste Mangels Zahlung indossirt hat und dies beweist; der Indossant eines zur Verfallzeit nicht bezahlten nicht protestirten Wechsels dagegen wechselrechtlich verbunden [10]. Derselbe ist aber als Aussteller

---

„die Wirkung einer Cession"; der Würtemb. Entw. Art. 576: „Die Begebung eines verfallenen Wechsels . . . . gilt bloss als Bevollmächtigung „zum Einzuge. Sie ist ungültig, wenn die Zahlung eines nicht angenommenen „Wechselbriefs bereits verweigert und Protest desshalb erhoben wäre"; — der Sächs. Entw. v. Einert, Kap. VIII. §. 13: „Ein Wechsel kann auch „nach der Verfallzeit durch Indossament begeben werden. Der Nehmer erlangt dadurch den Anspruch an den Acceptanten, aber, wo nicht ein Accept „auf einen spätern Zahltag vorliegt, oder sich der Bezogene nicht beim Protest anderweite Erklärung auf einen bestimmten Tag vorbehalten, kein „Regressrecht wider seinen Indossanten. Er kann aber, wenn die Solennität „der Präsentation u. Protestation am Verfalltage beachtet ist, auf die Vormänner seines Indossanten den Regress nehmen"; der Braunschw. Entw. v. Liebe, §. 28: „Wechsel können auch nach der Verfallzeit gültig indossirt werden. Der Indossatar erlangt alsdann die Rechte aus dem etwa vorhandenen Accepte gegen den Bezogenen und ausserdem a) wenn der Wechsel „gehörig zur Zahlung präsentirt und protestirt war, die gesetzlichen Regressrechte gegen den Aussteller und diejenigen, welche den Wechsel bis zur „Verfallzeit girirt haben; b) wenn der Wechsel präjudicirt war, Regressrechte gegen diejenigen, welche den Wechsel nach der Verfallzeit girirt „haben. Diese Regressnahme setzt voraus, dass der Wechsel innerhalb 24 „Stunden nach Empfang zur Zahlung präsentirt oder zur Präsentation abgesandt ist." S. auch Mittermaier im Arch. f. deutsch. Wechselrecht Bd. I, S. 11 f.

[10] D. W. O. Art. 16: „Wenn ein Wechsel indossirt wird, nachdem die „für die Protesterhebung Mangels Zahlung bestimmte Frist abgelaufen ist, so „erlangt der Indossatar die Rechte aus dem etwa vorhandenen Accepte gegen „den Bezogenen und Regressrechte gegen diejenigen, welche den Wechsel „nach Ablauf dieser Frist indossirt haben.

„Ist aber der Wechsel vor dem Indossamente bereits Mangels Zahlung protestirt worden, so hat der Indossatar nur die Rechte seines Indossanten „gegen den Acceptanten, den Aussteller und diejenigen, welche den Wechsel „bis zur Protesterhebung indossirt haben. Auch ist in einem solchen Falle „der Indossant nicht wechselmässig verpflichtet." Art. 98. 2. — Leipzig. Protoc. S. 25 f. — Schw. Entw. §. 16 u. §. 89. — Auch der Indossant des eigenen Wechsels. Borchardt, die D. W. O. mit den von den Gerichten ausgesprochenen Grunds. S. 169, Zus. 115.

einer Sichttratte zu betrachten, — daher denn der Wechselnehmer den Wechsel binnen der für Sichtwechsel bestimmten (dies. Lehrb. §. 61), hier vom Datum des Giro's laufenden Frist zur Zahlung präsentiren muß [11]. Es bedarf demnach der Wechselinhaber zur Regreßnahme gegen einen Nachindossanten eines Protestes M. Z., dessen rechtzeitige Aufnahme er durch den Nachweis herzustellen hat, daß das betreffende Indossament nach der wechselmäßigen Zeit für die Präsentation zur Zahlung Statt gefunden [12]; wogegen dem Nachindossanten der Beweis zusteht, daß der nachindossirte Wechsel nicht binnen der für Sichtwechsel bestimmten Zeit zur Zahlung präsentirt worden. [13].

---

[11] Brauer, Erläut. S. 54. — Mittermaier im Arch. f. deutsch. Wechselrecht Bd. I. S. 30. — Bluntschli, D. W. O. S. 48. — Hamb. Ob. Ger. im Arch. f. d. W. Bd. V. S. 449 f. — Dagegen hat das Berl. Ob. Tr. (bei Borchardt a. a. O. S. 131, Zus. 39) angenommen, daß die Präsentation und Protesterhebung innerhalb der für die Wechselklage gegebenen Verjährungszeit (D. W. O. Art. 77) Statt finden müsse (s. auch Kheil, Wechselr. S. 101); während das O. A. G. in Dresden davon ausgegangen, daß zwar zur Begründung des Regresses gegen den Nachindossanten Protesterhebung erforderlich, daß aber in Ermanglung einer gesetzlich dafür bestimmten Frist ein Regreß nur dann zuläßig sei, wenn über das vom Indossatar zu beobachtende Verfahren im Indossamente ausdrücklich Bestimmung Statt gefunden, oder doch wenigstens im Wechsel auf andere Weise indicirt worden, daß von Seiten des Zahlers eine anderweite Erklärung wegen der von ihm zu gewärtigenden Einlösung für einen von ihm bestimmten Tag vorbehalten worden, wie z. B. durch Acceptation auf einen zur Zeit des Indossaments noch nicht eingetretenen Tag. Seuffert, Arch. Bd. IX. Nr. 65.

[12] Der entscheidende Zeitpunkt ist aber nicht der der Beurkundung des Indossaments auf dem Wechsel, sondern vielmehr derjenige der Vollendung des Begebungs-Vertrags (Jolly im Arch. f. d. W. V. S. 48); unbegründet ist dagegen der Satz, daß, wenn das Indossament vor Ablauf der Protestzeit vollendet war, jedoch so spät erfolgte, daß die Protestation innerhalb der wechselmäßigen Zeit nicht mehr möglich, dasselbe rechtlich einem nach Ablauf jener Frist stattgehabten Giro gleich gelte. Dageg. Arch. f. d. W. V. S. 449.

[13] Jolly a. a. O. S. 47. Unrichtig ist demnach die Bemerkung Brauer's, Erläut S. 54, für den Fall, daß das Indossament nicht datirt sei, werde

II. Im Verhältnisse des Indossatars zu den Indossaten.

1) Der Aussteller der Tratte, die Vorindossanten des gezogenen und des eigenen Wechsels, haften dem Indossatar, und zwar kraft dessen eigenen Rechts [14], wie ihrem ersten Nehmer.

Doch greifen abweichende Grundsätze bei dem nach der wechselmäßigen Zeit für die Präsentation zur Zahlung indossirten Wechsel ein.

War derselbe nämlich nicht protestirt, so haften der Trassant, so wie die Vorindossanten, welche ihn vor Ablauf der Protestzeit indossirten, nicht, weil der Wechsel ihnen gegenüber präjudizirt ist [15]. Ebensowenig haften nach Gemeinem Rechte die Vorindossanten, deren Indossament nach Ablauf der Protestzeit Statt gefunden (die Nachindossanten in diesem Sinne), weil sie von vorn herein wechselmäßig nicht verbunden worden; währenddem nach der D. W. O. hier der entgegengesetzte Grundsatz gilt.

War dagegen der nach Verfall indossirte Wechsel protestirt, so erwirbt der Indossatar gegen den Trassanten und diejenigen, welche den Wechsel bis zur Protesterhebung indossirt haben, nur die Rechte seines Indossanten, da diese sich dahin verpflichtet, daß der Wechsel zur wechselmäßigen Zahlungszeit dem dermaligen Inhaber bezahlt werden solle [16]; — er erwirbt aber keine Wechselrechte

---

man die Präsentationsfrist vom ursprünglichen Verfalltage als dem Tage, an welchem die Indossirung höchstens erfolgt sein könne, laufen lassen müssen.

[14] Dies. Lehrb. §. 50. 1. — Treitschke, Encyc. I. S. 463 f. — Thöl, §. 240. V. — D. W. O. Art. 10 u. Art. 98. 2. — Schw. Entw. §. 10, Abs. 1 u. §. 89.

[15] Thöl, §. 245. III.

[16] Thöl, §. 245 (II. S. 341). — Preuss. Motive S. XLIII. — D. W. O. Art. 16, Abs. 2. — Mittermaier im Arch. f. deutsch. Wechselrecht, Bd. I. S. 31 u. das nämliche Arch. Bd. IV. S. 449. — Seuffert, Arch. X. Nr. 172. — Ueber den Schw. Entw. §. 16, Abs. 2 s. Mein Auff. in der krit. Ueberschau IV. S. 356.

gegen die spätern Vorindossanten (die Nachindossanten in diesem Sinne), welche den Beweis, daß ihr Indossament erst nach dem Proteste M. Z. erfolgt, als Beweis einer aus dem Wechselrechte selbst hervorgehenden Einrede auch einem mittelbaren Indossatar entgegensetzen können [17].

2) Der Acceptant der Tratte, der Aussteller des eigenen Wechsels [18] haben gegenüber dem Indossatar die nämlichen Verbindlichkeiten wie gegenüber dem Wechselnehmer zur Zeit der Acceptation, resp. der ersten Begebung [19]. Sie haften jenem kraft dessen eigenen Rechts [20], wenn nicht der Wechsel nach der wechselmäßigen Zeit für die Präsentation zur Zahlung [21], und nach der D. W. O. nach der Protesterhebung Mangels Zahlung indossirt worden [22], eine Thatsache, die der Wechselschuldner, welcher Rechte daraus ableiten will, beweisen muß [23].

---

[17] S. auch Jolly im Arch. f. d. W. V. S. 49. — Dagegen Thöl II. S. 345.

[18] Particularrechtlich kömmt hier das Recht, resp. die Verpflichtung des Indossatars vor, den eigenen Wechsel dem Aussteller zur Annahme zu präsentiren. Dief. Lehrb. §. 45, Note 4. — Treitschke, Encyc. I. S. 63 f. — Thöl, §. 272 (II. S. 439 f.).

[19] Der Umstand, daß der Wechsel von dem Aussteller selbst um einen niedrigern Betrag als die Wechselsumme girirt worden, ändert selbst dann, wenn er aus dem Indossamente ersichtlich ist, die Verbindlichkeit des Acceptanten, die ganze Wechselsumme zu bezahlen, nicht. Arch. f. d. W. III. S. 342 u. Seuffert, Arch. Bd. VII. Nr. 233. Bei einem Theilindossamente dagegen ist der Acceptant dem Inhaber des Originalaccepts nur für den auf ihn girirten Betrag verpflichtet. Kitka, Erläut. S. 156.

[20] Seuffert, Arch. Bd. III. Nr. 364 u. Bd. X. Nr. 280. — D. W. O. Art. 10 u. Art. 98. 2.

[21] Thöl, §. 245. II.

[22] D. W. O. Art. 16; Art. 98. 2. — Borchardt, die D. W. O. mit den von den Gerichten ausgespr. Grunds. S. 130, Zus. 38.

[23] Thöl §. 245. II. Der Behauptung Jolly's im Arch. f. d. W. V. S. 49, daß der Acceptant zur Führung dieses Beweises eine Ausfertigung des Protests vom Notar verlangen könne, steht die R. N. O. von 1512. I. §. 23 entgegen.

III. Im Verhältnisse des Indossanten zu den Indossaten. Verliert auch der Indossant in Folge seines Indossaments die ihm gegen die Indossaten zustehenden Wechselrechte[24], so erwirbt er dieselben durch die Einlösung des Wechsels wieder[25], auf welchem er sein und seiner Nachmänner Giro auszustreichen befugt ist[26].

§. 54.

Das Recht des Indossatars, weiter zu indossiren. — Die Form des weitern Indossaments.

Der Indossatar kann den Wechsel mit voller Wirkung weiter indossiren, mag das Indossament, kraft dessen er denselben erhalten, an Ordre lauten oder nicht; denn jedes Indossament ist im Zweifel ein Ordre-Indossament[1].

Selbst ein Recta-Indossament, als welches nach Gemeinem Rechte wie nach der D. W. O. allein dasjenige gilt, welches „Nicht an Ordre" lautet oder einen gleichbedeutenden Zusatz hat, schließt das Recht des Recta-Indossatars, den Wechsel weiter zu

---

[24] D. W. O. Art. 10 und Art. 98. Nr. 2. Schw. Entw. §. 10 u. §. 89.

[25] D. W. O. Art. 51 u. 98. Nr. 6. u. Arg. A. 23. — Schw. Entw. §. 52 u. §. 89 u. Arg. §. 24. — Jolly im Arch. f. d. W. V. S. 59 f.

[26] D. W. O. A. 55 u. A. 98. Nr. 6. — Schw. Entw. §. 56. — Und zwar zum Zwecke seiner Legitimation (dies. Lehrb. §. 64), wiewohl die Durchstreichung des Indossaments hierzu nicht nothwendig (Berl. Ob. Tr. im Arch. f. d. W. Bd. III. S. 126 f.; Blaschke, Wechselr. S. 192. Not. 6), sowie zu andern Zwecken. Brauer, Erl. S. 105; Bluntschli, D. W. O. S. 98.

[1] Treitschke, Encyc. I. S. 455. — Mittermaier, Grundf. §. 337. — D. W. O. Art. 10, Art. 15 u. Art. 98. 2. — Schw. Entw. §. 10, Abs. 1. — Leipzig. Protoc. S. 22. — Dagegen Daniels, Grundf. S. 94. — Bender, Grundf. I. S. 582. — Pöhls, Wechselr. S. 343 f. — Thöl, Handelsr. §. 241. II. — Cod. de comm. Art. 110.

indossiren, nicht aus; nur überträgt derselbe alsdann seine Wechselrechte gegen den Recta-Indossanten nicht auf seine Nachmänner [2], was jedoch deren Befugniß nicht ausschließt, gegen jenen als Bevollmächtigte des Recta-Indossatars zu regrediren [3].

Die Form des weitern Indossaments ist die des Indossaments überhaupt. Beim Blanco-Indossamente tritt jedoch der Natur der Sache nach die Eigenthümlichkeit ein, daß der Wechselinhaber den Wechsel entweder unter Ausfüllung des Blanquets mittelst Einschaltung des Namens oder der Firma des Indossatars so wie des Datums der Indossirung [4], oder ohne dieses weiter indossiren kann [5].

Uebrigens kann ein in bianco oder auf den Inhaber indossirter Wechsel auch ohne Indossament mit oder ohne Ausfüllung auf den Namen des Nehmers weiter begeben werden [6].

---

[2] Thöl, Handelsrecht §. 241. II. — D. W. O. Art. 15 u. Art 98. 2. — Schw. Entw. §. 14 u. § 89. — Brauer, Erläut. S. 51 f. — Bluntschli, D. W. O. S. 46 f.

[3] Entw. einer Wechselordn. für das K. Sachsen v. Einert (Tit. VIII. §. 4). S. dagegen aber Liebe, Entw. S. 95.

[4] Der Preuss. Entw. §. 14 bestimmte: „Jeder Eigenthümer eines Wech„sels ist befugt, die auf demselben befindlichen Blanco-Indossamente auszu„füllen; insbesondere den Namen oder die Firma des Indossatars, „und die Angabe des Orts, Monatstages und Jahres der Indos„sirung einzurücken . . .“ Die Worte insbesondere u. s. w. wurden aus der D. W. O. A. 13 nur aus Redactionsgründen weggelassen (Leipz. Protoc. S. 24 f.). — Unstatthaft dagegen ist die Ausfüllung des Blanquets durch Angabe eines Valuta-Empfangs (Seuffert, Arch. Bd. VIII. Nr. 80), oder durch Beifügung der Clausel „ohne Protest“. Kletke, Präjud. S. 181, Nr. 443 u. S. 183, Nr. 447.

[5] Thöl, a. a. O. §. 279. I. — D. W. O. Art 13 u. Art. 98. 2. — Schw. Entw. §. 12. — Brauer, Erläut. S. 50.

[6] Einert, Wechselr. S. 130. — Borchardt, die D. W. O. mit den von den Gerichten ausgespr. Grundſ. S. 128, Zus. 34.

§. 55.

Die Wirkungen des Indossaments an solche Personen, welche bereits im Wechselverhältnisse fungiren.

Der Wechsel kann an den Aussteller, an einen frühern Indossanten, an den Bezogenen oder Acceptanten gültig indossirt und von einem solchen Indossatar weiter begeben werden [1]. Findet aber eine weitere Begebung, welche selbst vom Acceptanten und resp. Aussteller des eigenen Wechsels mit voller Wirksamkeit vorgenommen werden kann [2], nicht Statt, so erleiden die regelmäßigen Wirkungen des Indossaments, den Fall eines Giro's an den Bezogenen ausgenommen, gewisse Modificationen, rücksichtlich welcher in folgender Weise zu unterscheiden ist:

---

[1] Dies. Lehrb. §. 54. — D. W. O. Art. 10: „Durch das Indossament „gehen alle Rechte aus dem Wechsel auf den Indossatar über, insbesondere „auch die Befugniss, den Wechsel weiter zu indossiren. Auch an den Aus„steller, Bezogenen, Acceptanten oder einen frühern Indossanten kann der „Wechsel gültig indossirt und von denselben weiter indossirt werden." — Art. 98. 2. — Schw. Entw. §. 10 u. §. 89.

[2] Dieß ist jedoch für das Gemeine Recht bestritten, indem behauptet wird, durch das Giro an den Acceptanten würden sofort der Trassant und alle Indossanten liberirt. Im Einklange hiermit bestimmte z. B. die Bremer W. O. v. 1712, Art. 30: „. . . wenn . . ein Wechselbrief an Ordre ge„stellt oder an Ordre indossiret ist, so mag der Bezogene (Acceptant) den„selben sowohl als ein anderer negotiiren (vor Verfall), und an ihm selbst „zur Bezahlung indossiren lassen, wodurch der Wechselbrief vor dem „Verfalltage vollthan und gänzlich mortificiret ist." Diese Ansicht stützt man entweder darauf, daß man die Einlösung des Wechsels von Seiten des Acceptanten oder selbst des Bezogenen, der nicht acceptirt hat (Frankfurt. W. O. v. 1739, §. 44), als eine vor Verfall geleistete Bezahlung des Wechsels auffaßt, oder darauf, daß mit der Indossirung an den Acceptanten eine Confusion seines Rechts und seiner Verbindlichkeit eintrete (Jurist. Wochenschrift f. die preuss. Staaten 1843, S. 592 f. u. S. 610 f.). — Allein die Annahme einer Zahlung wird durch die von den Parteien gewählte Giroform ausgeschlossen (Preuss. Motive S. XLII.), und eine Confusion findet in Wirklichkeit nicht Statt, da der Acceptant in dem Augenblicke, in welchem ihm der Wechselbrief begeben wird, aufhört Wechselschuldner zu sein. S. auch die D. W. O. mit Einl. u. Erläut. S. 73.

1) Der Trassant, welcher den Wechsel durch Indossament erworben, wird frei von der Gefahr eines Regresses von Seiten des Remittenten und der seitherigen Indossatare [3], währenddem er keine Wechselrechte gegenüber den Indossanten geltend machen kann, da jeder derselben sofort nach gezahlter Regreßsumme wieder gegen ihn regrediren könnte [4]. Dagegen wird er wechselmäßig gegenüber dem Acceptanten berechtigt, wenn er es auch als Trassant nach dem anzuwendenden Rechte nicht sein sollte [5]; aus welchem Grunde denn einzelne Wechselordnungen das Indossiren an den Aussteller eines gezogenen Wechselbriefs verbieten [6]. Ist aber auch nach der maßgebenden W. O. der Trassant als solcher aus dem Accepte berechtigt, so ist derselbe dessenungeachtet, wenn er den Wechsel durch Rückgiro erworben, als Indossatar zu behandeln, daher ihm im Falle einer nach Protestirung des Wechsels an ihn erfolgten Girirung die exceptiones ex persona indossantis entgegenstehen [7].

2) Der Indossant, an welchen der Wechsel zurückindossirt worden, wird von der Gefahr des Regresses befreit, und erwirbt Wechselrechte gegenüber dem Acceptanten, so wie den seinem früheren Indossamente vorgehenden Indossanten, nicht aber gegenüber den Giranten, welche zwischen diesem Indossament und demjenigen, durch welches er den Wechsel wieder erworben, stehen [8].

---

[3] Bluntschli, D. W. O. S. 39.

[4] Treitschke, Encyc. I. S. 498. — Brauer, Erläut. S. 46. — Arch. f. d. W. IV. S. 98 u. Seuffert, Arch. VII. Nr. 348. — Kletke, Präjud. S. 270. Nr. 707. — Eine Compensationseinrede, wie Thöl, Handelsrecht §. 300. 3 meint, haben die Indossanten gegen den Trassanten nicht.

[5] Treitschke, Encyc. I. S. 498. — Thöl, a. a. O. §. 300. 3. — Kitka, Erläut. S. 117 f.

[6] Weimar'sche W. O. §. 29. — Treitschke, Encyc. II. S. 477.

[7] Berl. Ob. Tr. bei Seuffert, Arch. XI. Nr. 173 u. im Arch. f. d. W. Bd. V. S. 425 f.

[8] Treitschke, Encyc. I. S. 498. — Thöl, §. 300. 4. — Bluntschli,

3) Der Acceptant, auf welchen der Wechsel girirt worden [9], kann zur Verfallzeit bei sich selbst einen Protest Mangels Zahlung erheben lassen und Regreß nehmen; diesen Regreß hat er jedoch nur gegen den Trassanten [10], und auch gegen diesen nicht, wenn er, wie dieß nach der D. W. O. der Fall ist, demselben aus dem Accepte wechselmäßig haftet [11].

4) Der Aussteller des eigenen Wechsels, welcher denselben durch Indossament erworben, wird hierdurch von der Verpflichtung zur Wechselzahlung befreit, kann aber selbst keine Wechselrechte geltend machen [12], ausser gegen den Mitaussteller des Wechsels, welcher jedoch die Regreßklage mittelst der exceptio doli insoweit elidiren kann, als sie über den auf ihn fallenden Antheil an der Schuld hinausgeht [13].

5) Der Bezogene endlich, welcher den an ihn indossirten Wechsel nicht acceptirt hat, kann auf den bei ihm selbst erhobenen Protest Mangels Annahme oder Zahlung gegen alle Wechselverbundenen wirksam regrediren, so wie auch gegen den Ehrenacceptanten klagen [14].

D. W. O. S. 40. — Die Verpflichtung der zuletzt genannten Indossanten erlischt nicht, wie Brauer, Erläut. S. 47, sagt.

[9] Formeln des Giro's an den Acceptanten, resp. Bezogenen sind: — Für mich an Sie selbst oder Ihre Ordre — Für mich an den Bezogenen oder dessen Ordre — Für mich an ihre eigene Ordre — Für mich zahlt Herr NN. zu seiner Zeit an sich selbst —.

[10] Treitschke, Encyc. I. S. 499 a. E. — Die Einrede, welche Thöl, Handelsr. §. 300. 2 dem Trassanten gegenüber dem Acceptanten beilegt, steht jenem keineswegs immer liquid zur Seite.

[11] Dies. Lehrb. §. 39. — Eine Confusion, wie Brauer, Erläut. S. 47 und Bluntschli, D. W. O. S. 40 meinen, tritt hier jedoch nicht ein (s. oben Note 2 a. E.); wohl aber hat der Trassant gegen den Acceptanten die Einrede, daß er, sobald er den Wechsel eingelöst, sich an ihm erholen könne.

[12] Kitka, Erläut. S. 118 f. u. S. 123.

[13] Seuffert, Arch. Bd. X. Nr. 205.

[14] Treitschke, Encyc. I. S. 500. — Thöl, Handelsr. §. 300. I. — Bluntschli, D. W. O. S. 40. — Kletke, Präjud. S. 177. Nr. 428.

§. 56.

Der Gebrauch von Wechselduplicaten und Copien bei der Indossirung.

Die Bequemlichkeit der Wechselduplicate und Copien tritt bezüglich der Indossirung, und zwar in verschiedener Weise, hervor [1]:

1) Das eine Exemplar der Tratte wird zum Accepte versandt, das andere oder eine Copie indossirt, und auf dem indossirten Duplicate oder der Abschrift [2] bemerkt, bei wem das zur Annahme versandte Exemplar zu treffen [3], und überdieß bei

---

[1] Auch der Indossatar kann bei oder nach der Indossirung auf seine Kosten (Jolly, über Wechselduplicate und Wechselcopien im Arch. für deutsch. Wechselrecht, Bd. III. S. 8 f.) die Ausstellung von Duplicaten, welche in allen Stücken mit der ursprünglichen Wechselurkunde übereinstimmen, verlangen. Er hat sich deßhalb an seinen unmittelbaren Vormann zu wenden, welcher wieder an seinen Vormann zurückgehen muß, bis die Anforderung, welche übrigens keine wechselrechtliche ist, an den Trassanten, resp. den ersten Indossanten des eigenen Wechsels gelangt. Dieser hat alsdann ein zweites, drittes u. s. w. Original-Exemplar auszustellen, welches durch die Hand der sämmtlichen Indossanten, von einem jeden derselben mit einem mit dem auf das ursprüngliche Exemplar gesetzten, gleichlautenden Indossamente versehen, an den letzten Indossatar zurückgelangt. — D. W. O. Art. 66, Abs. 3. — Schw. Entw. §. 70, Abs. 2. — Cod. de comm. Art. 154. — Jolly, a. a. O. S. 8 u. S. 11 f.

[2] D. W. O. Art. 70, Abs. 2 u. Art. 98. 8. — Schw. Entw. §. 74 u. §. 89.

[3] D. W. O. Art. 68, Abs. 1: „Wer eines von mehreren Exemplaren „eines Wechsels zur Annahme versandt hat, muss auf den übrigen Exemplaren „bemerken, bei wem das von ihm zur Annahme versandte Exemplar anzu„treffen ist. Das Unterlassen dieser Bemerkung entzieht jedoch nicht dem „Wechsel die Wechselkraft.“ — Schw. Entw. §. 71, Abs. 1. — Der sog. Depositions-Vermerk geschieht mit der gewöhnlich unter den Namen des Ausstellers gesetzten Formel: — Prima (oder Secunda) acceptirt bei NN. — oder — Prima (Secunda) zur Verfallzeit bei NN. — Einert, Wechselr. S. 404 u. 408. Derselbe braucht nicht unterschrieben (Jolly, a. a. O. S. 34), noch auch vom Versender eigenhändig geschrieben zu sein. Borchardt, D. W. O. S. 122.

Nach-Sichtwechseln, zu welcher Zeit die Einsendung Statt gefunden [4].

Der Indossatar und dessen Nachmänner werden an sich nicht Eigenthümer des zum Accepte versandten Exemplars [5]; dagegen haben sie gegen dessen Bewahrer [6] eine persönliche Klage auf Herausgabe desselben, und zwar sowohl eine Klage aus dem Rechte des Einsenders, als auch eine selbstständige actio ad exhibendum [7]. Erhält aber der Inhaber des indossirten Exemplars das zum Accepte versandte nicht, oder ist der auf jenem Duplicate bezeichnete Verwahrer des letztern nicht zu finden, so ist hierüber Protest zu erheben, worauf nun auf den Mangels Annahme oder Zahlung des indossirten Duplicats gegen den Bezogenen levirten Protest [8] Re-

---

[4] Nicht bei Sichtwechseln überhaupt, wie Borchardt, D. W. O. S. 122 und Jolly, a. a. O. S. 35 meinen. — Eine Unterlassung dieser Angabe hat übrigens keine besondern Folgen. Jolly, a. a. O.

[5] Jolly im Arch. f. deutsch. Wechselr. Bd. III. S. 22 f. u. S. 52 f. — Blaschke, Wechselr. S. 133. — Dagegen Treitschke, Encyc. I. S. 356. — Einert, Wechselr. S. 413 f. — Thöl, Handelsr. §. 281. IV. — Mittermaier, Grundſ. §. 331 zu Note 28. — Leipzig. Prot. S. 136.

[6] Derselbe ist Mandatar des Einsenders. Jolly, a. a. O. S. 38 f.

[7] Jolly, a. a. O. S. 54 f. — D. W. O. Art. 68, Abs. 2: „Der Ver„wahrer des zum Accepte versandten Exemplars ist verpflichtet, dasselbe „demjenigen auszuliefern, der sich als Indossatar (Art. 36) oder auf andere „Weise zur Empfangnahme legitimirt.“ D. W. O. Art. 72, Abs. 1: „Der „Verwahrer des Originalwechsels ist verpflichtet, denselben dem Besitzer einer „mit einer oder mehreren Original-Indossamenten versehenen Copie auszu„liefern, sofern sich derselbe als Indossatar oder auf andere Weise zur „Empfangnahme legitimirt.“ — Art. 98, Note 8. — Ueber die Worte „oder „auf andere Weise“ s. Jolly, a. a. O. S. 37. — Schw. Entw. §. 71, Abs. 2 u. §. 76, Abs. 1.

[8] D. W. O. Art. 69: „Der Inhaber eines Duplicats, auf welchem ange„geben ist, bei wem das zum Accepte versandte Exemplar sich befindet, „kann Mangels Annahme desselben den Regress auf Sicherstellung, und Man„gels Zahlung den Regress nicht eher nehmen, als bis er durch Protest hat „feststellen lassen:

greß genommen werden kann. Der Regreß geht gegen alle Vormänner; dieß gilt auch von dem Falle, daß laut dem Proteste der Bezogene Annahme oder Zahlung auf Grund der Acceptation des ihm nicht vorgelegten Exemplars verweigert haben sollte, da bei einer solchen Fassung des Protests die nicht stattgehabte Honorirung des indossirten Duplicats feststeht, währenddem die Thatsachen, welche die Befreiung der Vormänner des Einsenders bewirken sollen, völlig ungewiß bleiben [9].

Die nämlichen Grundsätze finden auf den Fall Anwendung, daß das zum Accepte versandte Original dem Inhaber der indossirten Copie nicht verabfolgt wird; nur daß hier der Regreß lediglich gegen die Original-Indossanten genommen werden kann [10]. Eigenthümlich ist jedoch die Bestimmung der D. W. O., nach welcher in diesem Falle der Regreß ohne Protest Mangels Annahme oder Zahlung Statt findet [11].

2) Ein Theilindossament kann nur unter Benutzung eines Wechselduplicats oder einer arretirten Copie geschehen, indem auf

---

1. „dass das zum Accepte versandte Exemplar ihm vom Verwahrer nicht „verabfolgt worden ist, und

2. „dass auch auf das Duplicat die Annahme oder die Zahlung nicht zu „erlangen gewesen". Schw. Entw. §. 72.

Bestritten ist für das Gemeine Recht, ob nicht auf den bloßen Protest über die verweigerte Herausgabe des zum Accepte versandten Exemplars Regreß Mangels Annahme oder Zahlung genommen werden könne (Thöl, Handelsrecht, II. S. 466 f. — Liebe, Braunschweig. Entw. §. 19 und S. 77 f.). Nach den Leipz. Protoc. S. 137 wurde jedoch die im Texte angenommene und durch die D. W. O. sanctionirte Ansicht als allgemeine Praxis anerkannt.

[9] Bluntschli, D. W. O. S. 113. — D. W. O. Art. 69. — Leipzig. Protoc. S. 137. — Dagegen Brauer, Erläut. S. 125 f. — Borchardt, D. W. O. S. 124. — Braunschw. Entw. §. 19. — Sächs. Entw. §. 190.

[10] Treitschke, Encyc. I. S. 1 f. — Einert, Wechselrecht, S. 418. — Liebe, Entw. S. 82. — D. W. O. Art. 72, Abs. 2 und Art. 98. 8.

[11] D. W. O. Art. 72, Abs. 2 und Art. 98. 8. — Schw. Entw. §. 76, Abs. 2 u. §. 89. — Arch. f. d. W. V. S. 411. — Ueber die Inconsequenz dieser Bestimmung s. Koch, Wechselr. S. 284.

dem einen Duplicate, resp. dem Originale, das auf dem andern Duplicate, beziehungsweise der Copie, stattgehabte Theilindossament verzeichnet [12], und auf der indossirten Urkunde angedeutet wird, welches Bewenden es mit dem andern Theile der Wechselsumme hat [13].

3) Die mehreren Exemplare eines Wechsels, resp. Original und Copie, können ohne Theilung der Wechselsumme an verschiedene Indossatare begeben werden [14]. Der Indossant, welcher den Wechsel an verschiedene Personen begeben, haftet diesen und deren Nachmännern wechselmäßig aus einem jeden Duplicate [15], beziehungsweise aus dem Originale und der indossirten Copie; — die Vormänner jenes Indossanten dagegen sind aus den mehreren Duplicaten nur wie aus einem Wechsel verbunden [16].

II. Das uneigentliche Indossament.

§. 57.

Begriff des uneigentlichen Indossaments. — Dessen juristische Natur.

Das uneigentliche Indossament (dies. Lehrb. §. 49) ist das Geschäft, durch welches der Wechselnehmer die Geltendmachung und

---

[12] Z. B. in den Worten: »Von diesem Wechsel ist auf Grund einer davon »genommenen Abschrift die Summe von . . . Rthl. an den Herrn NN. indos»sirt«. A.

[13] Also z. B. durch die auf das Indossament: »Für mich auf den Betrag „von . . . Rthlr. an die Ordre des Herrn NN.« folgenden Worte: »Das Ori„ginal ist auf den Betrag von . . . Rthl. anderweit indossirt«. A.

S. auch Bluntschli, D. W. O. S. 40.

[14] Auch durch Indossament anf den Inhaber oder in bianco. Mittermaier, Grundſ. §. 331 zu Note 26.

[15] Treitschke, Encyc. II. S. 380. — D. W. O. Art. 67. 1. — Schw. Entw. §. 73, Abs. 2. — Brauer, Erläut. S. 122. — Jedoch dann nicht, wenn er die mehreren Duplicate „ohne Obligo" indossirte. Dagegen Jolly, im Arch. f. Wechselrecht, Bd. III. S. 30 f. S. aber Denselben in dem näml. Arch. V. S. 69, Not. 1.

[16] Preuss. Motive, S. LXIX.

Wahrung seiner wechselmäßigen Rechte, ohne sich derselben zu begeben, einem Andern überträgt. — Es bewirkt sonach dieses Indossament weder eine Veräusserung der Wechselrechte, noch eine wechselmäßige Verpflichtung des Indossanten; vielmehr begründet dasselbe ein wechselmäßiges Vertretungs-Verhältniß des Indossanten durch den Indossatar gegenüber den im Wechselverbande stehenden Personen.

§. 58.

Die Form des uneigentlichen Indossaments.

Die Form des uneigentlichen Indossaments ist mit den in der Natur der Sache begründeten Modificationen diejenige des eigentlichen (s. §. 52).

1) Die wechselrechtliche Erklärung des Indossanten muß mit einem Zusatze [1] versehen sein, aus welchem die Absicht, den Wechsel in Procura zu indossiren, deutlich hervorgeht [2], da die einfache Giro-Form auf ein eigentliches Indossament hinweist [3].

---

[1] Solche Formeln sind: — zum Incasso — zur Eincassirung — in Vollmacht — in Procura — Werth einzusenden — für meine Rechnung — es soll mir gute Zahlung werden — u. a. m. — Treitschke, Encyc. I. S. 477. — Thöl, Handelsr. §. 229. I. — D. W. O. Art. 17, Abs. 1 und Art. 98. 2. — Schw. Entw. §. 15, Abs. 1 u. §. 89. — Anders der Preuss. Entw. §. 17. — Das Indossament in Procura kann auch auf den Inhaber oder in bianco geschehen. Dagegen Mittermaier, Grunds. §. 335. II.

[2] Als ein solcher Zusatz ist die Formel „Werth in Rechnung" nicht anzusehen. Kletke, Präjudiz. S. 183, Nr. 449.

[3] Thöl, Handelsr. §. 229. III. — Treitschke, Encyc. I. S. 484 f. — D. W. O. Art. 17, Abs. 1. — Jolly, i. Arch. f. d. W. V. S. 75 f. — Hat daher Jemand seinem Bevollmächtigten einen Wechsel zur Eincassirung mittelst einfacher Giroform übergeben, so ist, wenn später über das Vermögen des Machthabers der Concurs eröffnet wird, der noch uneingehobene in der Masse befindliche Wechsel als zu derselben gehörig zu betrachten. Arch. f. d. W. IV. S. 92 u. Seuffert, Arch. VII, Nr. 349. — S. jedoch dies. Lehrb. §. 59, Note 7. — Viele W. O. jedoch stellen gewisse Formbestimmungen für

2) Das Geben und Nehmen des Wechsels geschieht nicht in der Absicht der Uebertragung, resp. Erwerbung des Eigenthums an demselben [4], sondern lediglich zu dem Zwecke, damit der Indossatar mittelst des Papiers die Wechselrechte des Indossanten wahren und ausüben könne. Aus diesem Grunde braucht der Procurist nicht wechselfähig zu sein [5].

§. 59.

Die Wirkungen des uneigentlichen Indossaments.

Zu seinem Indossanten steht der Procurist in einem möglicherweise sehr verschieden gestalteten Mandats-Verhältnisse [1], welches jedoch ausserhalb des Gebiets des Wechselrechts liegt.

Die wechselrechtlichen Wirkungen des uneigentlichen Indossaments sind dagegen:

1) Der Indossatar ist zur Einziehung der Wechselsumme, Erhebung und Notificirung des Protests Mangels Zahlung und Ausklagung des Acceptanten, resp. Ausstellers des eigenen Wechsels, sowohl als auch der Vormänner seines Indossanten legitimirt [2], wobei ihm jedoch die exceptiones ex persona indossantis entgegenstehen [3].

---

das eigentliche Indossament auf, wie Datirung, Bezeichnung einer bestimmten Person als Indossatars und Angabe des Valuten-Verhältnisses, und erklären jedes Indossament, welchem das eine oder das andere dieser Erforderniße abgeht, für ein Procura-Indossament. Cod. de comm. Art. 136—138. — Dessau. W. O. §. 18. — Altenburg. W. O. Kap. III. §. 4. — Cöthen. W. O. §. 54.

[4] D. W. O. Art. 17, Abs. 1. — Art 98. 2.

[5] Bender, Grunds. I. S. 601.

[1] Treitschke, Encyc. I. S. 470. — Mittermaier, Grunds. §. 335 zu Note 32. — Jolly, im Arch. f. d. W. V. S. 77 f.

[2] Treitschke, Encyc. I. S. 475. — D. W. O. Art. 17, Abs. 1: „Ist „dem Indossamente die Bemerkung „zur Einkassirung", „in Procura" oder „eine andere die Bevollmächtigung ausdrückende Formel beigefügt worden, „so überträgt das Indossament das Eigenthum an dem Wechsel nicht, er-

Ebenso kann er auf den in seiner Innehabung befindlichen Protest Mangels Annahme, resp. Securitätsprotest, den Regreß auf Sicherstellung nehmen [4].

2) Seine Befugnisse kann der Procurist durch ein weiteres Procura-Indossament auf einen Andern übertragen [5], wenn ihm dieß nicht durch das Giro, mittelst dessen er den Wechsel erhalten, untersagt worden ist [6]; in keinem Falle ist er dagegen den Wechsel weiter zu begeben befugt [7].

„mächtigt aber den Indossatar zur Einziehung der Wechselforderung, Protest-„erhebung und Benachrichtigung des Vormannes seines Indossanten von der „unterbliebenen Zahlung (Art. 45), so wie zur Einklagung der nicht bezahl-„ten und zur Erhebung der deponirten Wechselschuld." D. W. O. Art. 98. 2. — Schw. Entw. §. 15, Abs. 1 u. §. 89. — Bluntschli, D. W. O. S. 50. — Die Legitimation des Procuristen zum Empfange und resp. zur Einklagung der Regreßsumme gegen die Vormänner seines Indossanten wird vielfach in Abrede gestellt (Einert, Wechselr. S. 143. — Thöl, Handelsr. §. 229. II. 4. — Braunschweig. Entw. §. 27); jedoch aus nicht zureichenden Gründen. — Leipzig. Protoc. S. 32.

[3] Treitschke, Encyc. I. S. 470.

[4] Brauer, Erläut. S. 56. — D. W. O. Art. 26 u. Art. 29. — Das Recht zur Annahme zu präsentiren und Protest Mangels Annahme, so wie auch einen Securitätsprotest erheben zu lassen, hat der Procurist nicht als solcher, sondern lediglich als Inhaber der Wechselurkunde.

[5] Treitschke, Encyc. I. S. 474 f. — D. W. O. Art. 17, Abs. 2 u. Art. 98. 2. — Schw. Entw. §. 15, Abs. 2. — Nach einer anderen Ansicht nur dann, wenn das Giro „auf Ordre" lautet. Bender, Grunds. I. S. 602. So auch einzelne W. O. — Dessau. W. O. §. 20. — Niederländ. Handelsgesetzb. Art. 37.

[6] Treitschke, Encyc. I. S. 474.

[7] Treitschke, Encyc. I. S. 471 f. — Bender, Grunds. I. S. 603 f. — D. W. O. Art. 17, Abs. 3 u. Art. 98. 2. — Leipzig. Protoc. S. 32. Daher gilt das Indossament des Procuristen, auch wenn es die Form des eigentlichen Indossaments hat, nur als Procura-Indossament. Thöl, Handelsr. §. 229. II. 2. — Die Befugniß des Procuristen, den Wechsel weiter zu begeben, wird von Einigen für den Fall behauptet, daß das Procura-Indossament auf Ordre lautet. So auch die Dessau. W. O. §. 20. — S. aber Treitschke, Encyc. I. S. 472 f.

Die hier bezeichneten Rechte hat aber der Procurist so lange, als er sich in der Innehabung des auf ihn indossirten und nicht weiter girirten Wechsels befindet [8].

Viertes Kapitel.

Die Wechselzahlung.

---

§. 60.

Zahler und Zahlungsart.

Zahler ist ordentlicher Weise bei der Tratte der Trassat oder Acceptant, beim eigenen Wechsel der Aussteller [1], oder statt derselben der Domiciliat.

Die Zahlung des Wechsels muß baar [2] und zu voll [3], und

---

[8] Der Widerruf und der Tod des Indossanten sind sonach an sich im Verhältnisse des Procuristen zu den Wechselverbundenen unerheblich. S. aber Treitschke, Encyc. I. S. 470. — Kalessa, Handb. des Wechselr. S. 39. Jolly, im Arch. f. d. W. V. S. 79

[1] Treitschke, Encyc. II. S. 765.

[2] Der Wechselgläubiger braucht sich Zahlung durch Anweisung, Wechsel, Scontro, Compensation (Thöl, Handelsr. §. 175) gegenüber dem Aussteller der Tratte, resp. den Indossanten des gezogenen oder eigenen Wechsels nicht gefallen zu lassen. Treitschke, Encyc. II. S. 767 f. — Pöhls, Wechselr. S. 439. — Mittermaier, Grundf. §. 343. IX. — Der Acceptant des gezogenen und resp. der Aussteller des eigenen Wechsels kann dagegen der Wechselklage unter gewissen Voraussetzungen die Einrede der Compensation entgegensetzen. S. §. 79.

[3] Anders particularrechtlich. Thöl, Handelsr. §. 173 zu Note 3.

zwar in der im Wechsel bestimmten Geldsorte [4] geschehen. Besteht aber über die Geldsorte ein Zweifel, so findet die Zahlung in der am Platze geltenden Wechselwährung Statt [5], so wie auch ein Wechsel, welcher auf eine bloße Rechnungswährung lautet, in der Landesmünze zu bezahlen ist [6].

Nach der D. W. O. kann überdies die Wechselsumme in der Landesmünze bezahlt werden, wenn der Wechsel auf eine Münzsorte lautet, die am Zahlungsorte nicht cursirt, und der Aussteller nicht ausdrücklich die Zahlung der daselbst benannten Münzsorte bestimmt hat [7]. Die Reducirung der Wechselsumme auf Landesmünze [8] ge-

---

[4] Treitschke, Encyc. II. S. 776 u. 786. — Thöl, a. a. O. §. 173. 1. — Cod. de comm. Art. 143. — Códico de commercio Art. 494. — Schw. Entw. §. 42 : »Lautet ein Wechsel auf eine fremde Geldsorte oder „Währung, so ist derselbe in der angegebenen Geldsorte oder Währung zu »bezahlen, insofern nicht auf dem Wechsel selbst durch den Beisatz „oder „Werth zum Tagescurs« oder durch eine ähnliche Bestimmung die Zahlung „in schweizer. Währung gestattet wird.“ Mein Auff. in der krit. Ueberschau. IV. S. 359.

[5] Treitschke, Encyc. II. S. 776. Der Wechsel kann auch ausdrücklich auf „Wechselzahlung“ oder auf „Wechselzahlung oder Werth“ lauten. Ueber den Werthwechsel s. Mittermaier, Grundſ. §. 330. V.

[6] D. W. O. Art. 37. — Bluntschli, D. W. O. S. 78; Blaschke, Wechselr. S. 198. S. fern. Holst. Einf. G. §. 8 : »Auf Altona gezogene „Bancowechsel sind durch Abschreiben in der Hamburg. Bank zu bezahlen.“

[7] D. W. O. Art. 37 : „Lautet ein Wechsel auf eine Münzsorte, welche „am Zahlungsorte keinen Umlauf hat, oder auf eine Rechnungswährung, so „kann die Wechselsumme nach ihrem Werthe zur Verfallzeit in der Landes- „münze gezahlt werden, sofern nicht der Aussteller durch den Gebrauch der „Worte »»effectiv«« oder eines ähnlichen Zusatzes die Zahlung in der im „Wechsel benannten Münzsorte ausdrücklich bestimmt hat.“ Art. 98. 5. Leipzig. Protoc. S. 71. — Der Art. ist nicht glücklich redigirt.

[8] Scheidemünze braucht nur insoweit angenommen zu werden, als das Gesetz des Zahlungsorts Zahlungen in Scheidemünze erlaubt. Es können aber Zweifel darüber entstehen, ob eine gegebene Münze Scheidemünze ist. Trummer im Arch. f. d. W. III. S. 319 f. — Landesmünze ist auch das inländische Papiergeld (Borchardt, die D. W. O. mit den von den Gerichten ausgespr. Grundſ. S. 138, Zus. 51). — Lautet aber ein Wechsel auf

schieht aber, insoweit als nicht im Wechsel selbst oder durch das particuläre Recht des Zahlungsorts etwas Anderes bestimmt ist [9], nach deren Curswerthe zur Verfallzeit [10].

---

eine inländische Silbermünze, so braucht inländisches Papiergeld nicht angenommen zu werden; der Art. 37 der D. W. O. findet hier keine Anwendung, daher es bei dem allgemeinen Grundsatze verbleibt. S. dagegen die Entscheidung. österr. Gerichte im Arch. f. d. W. IV. S. 93 u. S. 97.

[9] Frankf. Einf. Ordn. §. 7: „Diejenigen Wechsel, welche in Preuss. „Courant zu 105 Kreuz. oder in Preuss. Thalern, wenn das Wort „„effectiv““ „nicht beigefügt ist, auf Frankfurt ausgestellt worden, kann der Bezogene „entweder in Preuss. Silbergelde oder in Gulden, den Preuss. Thaler zu „1 fl. 45 kr. gerechnet, bezahlen. — Diejenigen Wechsel, welche in Franken, „wenn das Wort „„effectiv““ nicht beigefügt ist, auf Frankfurt ausgestellt „werden, kann der Bezogene in französischem Silbergelde oder in Gulden, „den Franken zu 28 kr. berechnet, bezahlen. — K. Sächs. Einf. Ordn. §. 7: „Der Ausdruck — nach Curs — ohne speciellere Bezeichnung ist „von dem Curs am Verfalltage, wie er Vormittags 9 Uhr in dem letzten „am Zahlorte, oder falls dieser kein Wechselplatz ist, am nächsten Wechsel„platze angegebenen Curszettel notirt ist, zu verstehen. Fehlt jede Be„ziehung auf Curs, so wird die angegebene Sorte nach ihrem „Münzwerthe angenommen, z. B. der Louisd'or zu 5 Thalern, „der Ducaten zu 3 Thalern im Vierzehnthalerfusse.“

[10] Brauer, Arch. f. d. W. Bd. V. S. 113 f. Kletke, Präjud. S. 275. Nr. 725. — Seuffert, Arch. Bd. X. Nr. 86. Dagegen Kheil im Arch. f. d. W. III. S. 394 f. und Wechselrecht, S 141 f., welcher die Berechnung nach dem Münzwerthe als Regel aufstellt. — Die Reduzirung der Wechselsumme auf Landesmünze geschieht im Streitfalle durch einen beeidigten Mäkler nach dem Curse der Börse des Zahlungsorts oder des nächsten Platzes. Treitschke, Encyc. II. S. 786; Koch, Wechselr. S. 214; — Brauer, a. a. O. S. 120. — Hamburg. Einf. Ordn. §. 4: „Wenn ein Wechsel auf eine „fremde Landesmünze, welche hierselbst keinen Umlauf hat, lautet, ohne dass „der Aussteller sich dabei des Worts „„effectiv““ oder eines gleichbedeuten„den Ausdruckes bedient, oder eine anderweitige Bestimmung über die Art „der Bezahlung getroffen hat, so ist die Wechselsumme entweder in der im „Wechsel benannten Münze oder in Banco nach dem zur Verfallzeit notirten, „oder wenn solche Notirung nicht statt findet, nach dem sonst geltenden „kurzen Curs auf den hauptsächlichsten Platz des Landes, welchem jene „Münze angehört, zu bezahlen.“ Holstein. Einf. Ordn. §. 4: „Wenn „ein Wechsel auf eine fremde Landesmünze lautet, welche hieselbst keinen

§. 61.

Die Verfallzeit des Wechsels.

Die Verfallzeit der Wechselsumme tritt nach Maßgabe der in der Wechselurkunde darüber enthaltenen Bestimmungen ein (s. §. 15).

Tagwechsel, welche auf die Mitte eines Monats lauten, werden am 16ten, 15ten oder 14ten [1] fällig, wenn nicht das particuläre Recht, wie dieß auch die D. W. O. gethan, den 15ten schlechtweg bestimmt hat [2]. — Wechsel, welche im Allgemeinen auf einen Monat gestellt, — was jedoch nach der D. W. O. nicht zulässig, verfallen am letzten Monatstage [3].

Dato- und Nach-Sichtwechsel verfallen, wenn die Frist nach Tagen bestimmt ist, am letzten Tage der Frist, welche vom Tage nach dem Wechseldatum [4], resp. nach der Präsentation zur Sicht und beziehungsweise Annahme [5] an läuft [6].

„Umlauf hat, ohne dass der Aussteller sich dabei des Worts „„effectiv““ oder „eines gleichbedeutenden Ausdrucks bedient, so ist die Wechselsumme ent„weder in der im Wechsel benannten Münze oder nach dem an dem betref„fenden Orte bekannten, zuletzt in Hamburg notirten Geldcurs, oder, wenn „solche Notirung in Hamburg nicht stattfindet, nach dem sonst dort gelten„den kurzen Curs auf den hauptsächlichsten Wechselplatz des Landes, wel„chem jene Münze angehört, zu leisten. — Für die in Altona zahlbaren „Wechsel richtet sich die Berechnung nach dem zur Verfallzeit in Hamburg „notirten Curs, und gilt überdiess die Regel, dass die Zahlung, wenn selbige „nicht in der im Wechsel benannten Münze geleistet wird, in Hamburg„Banco verlangt werden kann.“ — Hat jedoch die im Wechsel verschriebene Münze an der für den Zahlungsplatz maßgebenden Börse keinen Curs, so findet die Reducirung in Landesmünze nach dem Münzwerthe Statt. Brauer a. a. O. S. 120.

[1] Treitschke, Encyc. II. S. 536 f. – Thöl, §. 165.

[2] D. W. O. Art. 30 u. Art. 98. 5. — Schw. Entw. §. 31 u. §. 89. — Altenburg. W. O. Kap. III. §. 1. — Dessau. W. O. §. 28 a.

[3] Treitschke, Encyc. II. S. 538. – Bender, Grundf. I. S. 495.

[4] Ueber den particularrechtlichen Unterschied zwischen den Wechseln a dato und nach dato s. Treitschke, Encyc. II. S. 540.

[5] Dies. Lehrb. §. 33 zu Note 16 u. 17, und §. 45 zu Note 3 u. 4.

[6] Treitschke, Encyc. II. S. 540 f. und S. 547. — Thöl, §. 166 u.

Ist die Frist nach Wochen bestimmt, so verfällt der Wechsel an dem Tage der Zahlungswoche, der auf das Wechseldatum, resp. den Tag der Präsentation zur Sicht folgt [7]; nach der D. W. O. jedoch an dem nämlichen Wochentage, an welchem der Wechsel ausgestellt, beziehungsweise zur Annahme präsentirt worden ist [8].

Bei Dato- und Nach-Sichtwechseln, in denen die Verfallzeit nach Monaten bezeichnet ist, werden der einzelne Monat zu 30, zwei Monate zu 61 [9], sechs Monate zu 182 Tagen [10] berechnet; währenddem nach einer Mehrzahl von Particularrechten und so auch nach der D. W. O. der Wechsel an dem Tage des Zahlungs-Monats, welcher dem Tage der Ausstellung, resp. der Präsentation entspricht, verfällt [11].

Wenn endlich die Verfallzeit nach Jahren bestimmt ist, so wird der Wechsel an dem mit dem Wechseldatum, resp. dem Tage der Präsentation gleichlautenden Monatstage des Zahlungsjahrs fällig [12].

Wechsel, die auf Sicht gestellt sind, verfallen (und dasselbe gilt von den Wechseln a piacere [13]) bei deren Präsen-

---

§. 167. 2. — D. W. O. Art. 32. 1. — Schw. Entw. §. 33. — Ueber den Ausdruck „8 Tage" s. Brauer, Erläut. S. 80.

[7] Thöl, §. 166.

[8] D. W. O. Art. 32. 2. Art. 98. 5. — Schw. Entw. §. 33. — Bluntschli, D. W. O. S. 72.

[9] 1. 101. D. de R. J. (50. 17).

[10] l. 12. D. de statu homin. (1. 5) verb. mit l. 3, §. 12 D. de suis et legitim. haeredib. (38. 16).

[11] D. W. O. Art. 32. 2. — Schw. Entw. §. 33. — Bluntschli, D. W. D. S. 72. — Brauer, Erläut. S. 80. — S. auch Frémery, étud. p. 149.

[12] Treitschke, Encyc. II. S. 542. — Thöl, §. 166. — D. W. O. Art. 32. 2. — Ueber den Fall, daß ein im Inlande zahlbarer Datowechsel in einem Lande ausgestellt worden, in welchem nach altem Styl gerechnet wird, s. D. W. O. Art. 34. — Schw. Entw. §. 35. — Bluntschli, D. W. O. S. 74. — Borchardt, D. W. O. S. 81. — Ditscheiner, Wechselr. S. 308 f.

[13] Treitschke, Encyc. II. S. 53. — Thöl, §. 170. 2.

tation zur Zahlung [14]. Rücksichtlich dieser ist nach Gemeinem Rechte der Wechselinhaber an keine Zeit gebunden [15]; dagegen muß er nach der D. W. O. bei Verlust des wechselmäßigen Anspruchs gegen Indossanten und Aussteller den Wechsel binnen der darin bezeichneten Zeit, und in Ermanglung einer solchen Bestimmung binnen zwei Jahren nach der Ausstellung zur Zahlung vorzeigen. Hat aber ein Indossant seinem Indossamente eine besondere Präsentationsfrist hinzugefügt, so ist jenem gegenüber diese Frist zu beobachten, währenddem im Verhältnisse zum Aussteller und den übrigen Indossanten die im Wechsel bezeichnete, resp. die gesetzliche Frist in Anwendung kömmt [16]. — Ist dagegen ein Sichtwechsel acceptirt worden, so ist der Inhaber gegenüber dem Acceptanten für die Präsentation zur Zahlung an keine Zeit gebunden.

Meß- und Marktwechsel verfallen, wenn die Messe oder der Markt nur Einen Tag dauert, an diesem Tage [17], sonst an der

---

[14] Treitschke, Encyc. II. S. 545. — Thöl, §. 167. 1. — D. W. O. Art. 31, Abs. 1. Art. 98. 5. — Schw. Entw. §. 32, Abs. 1 u. §. 89. — Bluntschli, D. W. O. S. 71. — Particularrechtlich hat der Zahler noch eine Frist von 24 Stunden, welche durch die Worte „stracks oder fix auf Sicht" keineswegs immer ausgeschlossen wird. Treitschke, Encyc. II. S. 547.

[15] Thöl, §. 167. 1.

[16] D. W. O. Art. 31 : „Ein auf Sicht gestellter Wechsel ist bei der Vorzeigung fällig. Ein solcher Wechsel muss bei Verlust des wechselmässigen „Anspruchs gegen die Indossanten und den Aussteller nach Massgabe der besondern im Wechsel enthaltenen Bestimmung, und in Ermanglung derselben „binnen zwei Jahren nach der Ausstellung zur Zahlung präsentirt werden.

„Hat ein Indossant auf einem Wechsel dieser Art eine besondere Präsentationsfrist hinzugefügt, so erlischt seine wechselmässige Verpflichtung, wenn „der Wechsel nicht innerhalb dieser Frist präsentirt worden ist." Art. 98. 5. Schw. Entw. §. 32 : „— Die gesetzl. Präsentationsfrist beträgt Ein Jahr." — Ist einmal ein auf Sicht gestellter Wechsel zur Zahlung präsentirt und nicht honorirt, so kann die unterlassene Protesterhebung nicht durch neue Vorzeigung unter Protelevirung im Laufe der gesetzlichen Präsentationsfrist nachgeholt werden. Borchardt, die D. W. O. mit den von den Gericht. ausgespr. Grunds. S. 33, Zus. zu Art. 31.

[17] D. W. O. Art. 35, Abs. 2. Art. 98. 5. — Schw. Entw. §. 36, Abs. 2.

am Meß- oder Marktorte rechtlich bestimmten Zahlungszeit [18], und in Ermanglung einer solchen am letzten Tage der Messe, resp. des Monats [19], nach der D. W. O. jedoch an dem Tage vor deren gesetzlichem Schlusse [20].

---

[18] Treitschke, Encyc. II. S. 563 f. Solche Zahlungszeiten sind: K. Sächs. Einführ. Ordn. §. 5: — Leipzig. Meßwechsel, d. h. solche, welche schlechthin in einer namhaft gemachten Leipziger Messe in Leipzig zahlbar lauten, verfallen in der Jubilate- und Michaelis-Messe Donnerstag nach Ausläutung der Messe, in der Neujahrs-Messe den 12. Januar, und wenn dieser auf einen Sonntag fällt, am folgenden Tage. — §. 6: Bei Wechseln, welche mit Bezeichnung einer der Meßwochen an einem bestimmten Wochentage zahlbar gestellt sind, ist unter der „ersten Meßwoche" die vor Einleitung der Messe oder sog. Böttcherwoche, unter der „zweiten" die darauf folgende (eigentliche Meßwoche), unter der „dritten" die Zahlwoche, d. i. die Woche nach Ausläutung der Messe, zu verstehen. — Lautet ein Wechsel schlechthin zahlbar „in der Meßwoche", so versteht man darunter die Woche zwischen Einläutung und Ausläutung der Messe. — Frankfurt. Gesetz v. 13. Febr. 1850, §. 2: — Wechsel, welche auf eine Messe ohne nähere Angabe der Woche oder auf die Zahlwoche einer Messe lauten, müssen am Dienstage der dritten Woche, d. i. an dem letzten Tage der Messe bezahlt oder protestirt werden. — Wechsel, welche auf die erste oder zweite oder dritte Woche einer Messe lauten, müssen am Dienstage der benannten Meßwoche bezahlt oder protestirt werden. — Braunschweig. Einführungs-Ordn. §. 4: — Der Verfalltag der auf einer der Braunschweiger Messen zahlbaren Wechsel soll der Mittwoch in der ersten Meßwoche sein. — Oesterr. Einf. Pat. §. 4: Der Verfalltag ist der Tag vor dem gesetzlichen Schlusse des Marktes oder der Messe, wenn dieselbe mehrere, jedoch nicht über 8 Tage, dauern; im letzteren Falle dagegen der dritte Tag vor dem gesetzlichen Schlusse. — In Preussen verfallen Meß- und Marktwechsel: in Breslau am Freitag der Meß- oder Marktwoche; in Elbing am 8. Tage nach der Ausläutung bis um 12 U. Mitt.; in Frankfurt a. O. am Dienstag der zweiten Meßwoche; in Königsberg am fünften Tag der Zahlwoche; in Magdeburg am vierten Tag der Zahlwoche; in Naumburg am Donnerstag der Zahlwoche. Borchardt, die D. W. O. S. 83.

[19] Treitschke, Encyl. II. S. 562. — Cöthen. W. O. Art. 49. — Código de commercio Art. 449. — Die Prorogation der Messe oder des Markts prolongirt auch die Verfallzeit. — Pöhls, Wechselr. S. 444.

[20] D. W. O. Art. 35, Abs. 1. Art. 98. 5. — Schw. Entw. §. 36. — Code de comm. Art. 133.

Uso-Wechsel endlich werden nach Ablauf der durch Üsance oder Gesetz am Zahlungsorte für Wechsel der Art bestimmten Frist [21], welche im Zweifel von der Präsentation zur Sicht an läuft [22], fällig.

§. 62.

Die Prolongation des Wechsels *.

Die Prolongation des Wechsels ist, wenn eine freiwillige [1], das

---

[21] Blaschke in Haimerl's Magaz. für Rechts- und Staatswiss. Bd. III. S. 244. — S. auch Berger, die österr. W. O. S. 38. Unrichtig nehmen Brauer, Erläut. S. 37 u. Kitka, Erläut. S. 34 den Uso des Ausstellungsorts schlechthin als maßgebend an. — Bayer. Einführ. Gesetz zur D. W. O., Art. 3: „Bei den vom Auslande eingehenden Usowechseln wird die „Verfallzeit auf 14 Tage, vom Tage der Präsentation der Wechsel an, fest„gestellt". — K. Sächs. Einführ. Gesetz §. 4: „Usowechsel, welche vom „Auslande aus in Sachsen zahlbar sind, verfallen am 14ten Tage nach der „Präsentation zur Annahme." — Deßgleichen das Weimar'sche Einführ. Gesetz §. 2. — Ueber kaufmännische Anweisungen, welche auf Uso gestellt sind, s. das K. Sächs. Gesetz v. 7. Juny 1849, Art. 3 u. das Weimar'sche Gesetz vom 3. Aug. 1849, Art. 2, die kaufmännischen Anweisungen betreffend. — S. ferner Cod. de comm. Art. 132. — Die Usi der deutschen und der ausserdeutschen Wechselplätze sind zusammengestellt bei Treitschke, Encyc. II. S. 551 f. und Pöhls, Wechselr. S. 396 f.

[22] Dies. Lehrb. §. 14. — Mittermaier, Grundf. §. 342 zu Note 11. — Anders, wenn im Wechsel eine entgegengesetzte Bestimmung wegen des Laufs des Uso getroffen. — Nach einzelnen W. O. läuft der Uso von der Acceptation oder dem Proteste M. A. (Cod. de comm. Art. 131; Sachs. Altenburg. W. O. Kap. III. §. 2 und oben Note 21; s. aber Thöl, Handelsr. §. 168); nach andern a dato. Die Cöthen. W. O. Art. 31 bestimmt, daß die Gewohnheit eines jeden einzelnen Handelsplatzes darüber entscheiden solle, ob der Uso a dato oder von der Sicht an zu berechnen sei.

* Becker, de literar. cambial. prolongat. Rostock 1738. — Kapf, de prolongat. cambii. Tub. 1777. — Huch in der Zeitſ. f. Rechtspflege im Herz. Braunschw. Jahrg. II. (1855), S. 1 f. — Brauer im Arch. f. d. W. V. S. 13 f.

[1] Die nothwendige Prolongation ist das Hinausschieben der Verfall-

Hinausschieben seiner Verfallzeit [2], und kann sonach nur vor deren Eintritt Statt finden [3]. Nicht blos bei eigenen Wechseln möglich[4], geschieht sie am sichersten auf dem Wechselbriefe selbst [5], durch Beisetzung eines Termins [6] oder einer Frist, welche im Zweifel vom Verfalltage, und im Falle mehrmaliger Prolongation von der letzten prolongirten Verfallzeit an läuft [7].

---

zeit durch ein von der Willkür der Parteien unabhängiges Ereigniß (dies. Lehrb. §. 61 Not. 19) oder der Zeit für die Präsentation und Protesterhebung (dies. Lehrb. §. 63 a. E.). Unrichtig wird eine Art nothwendiger Prolongation in der Ertheilung eines Moratoriums gefunden (Thöl, §. 293; Brauer a. a. O. S. 34 f.), da ein solches weder die Verfallzeit, noch sonst die Zeit für Präsentation und Protesterhebung aufschiebt, womit jedoch die Frage nach dem Einflusse desselben auf die Wechselverjährung nicht entschieden ist. Vgl. §. 87.

[2] Treitschke, Encyc. II. S. 270. — Thöl, §. 293.

[3] Huch a. a. O. S. 2 f. — Die Bewilligung einer Frist nach Verfall des Wechsels wird uneigentlich Prolongation genannt.

[4] Einzelne Particularrechte jedoch erwähnen der Prolongation nur hinsichtlich eigener Wechsel, Dessau. W. O. §. 116. — Preuss. Landr. Th. II. Tit. 8, §. 1219 f., bei denen sie auch häufiger vorkömmt. Kheil, Wechselr. S. 253.

[5] Thöl, §. 293. II. — Treitschke, Encyc. II. S. 272. — Einzelne W. O. verlangen, daß die Prolongation auf den Wechsel selbst geschrieben werde. Altenburg. W. O. Kap. III. §. 6.

[6] Treitschke, Encyc. II. S. 272.

[7] Thöl, §. 293. III. — Bender, Grunds. II. S. 247. — Preuss. Landr. Th. II. Tit. 8, §. 1232—1235. — Abweichend Treitschke, Encyc. II. S. 272 f. — Die Prolongation ohne Zeitbestimmung ist keine Prolongation (Treitschke, Encyc. II. S. 273, Brauer a. a. O. S. 29. — Dagegen Kitka, Erläut. S. 83 a. E. f.). — Particularrechtlich jedoch wird hier die Prolongationszeit auf so lange gerechnet, als der Wechsel zuerst ausgestellt worden, oder, wenn schon vorher Prolongationen erfolgt sind, auf den Zeitraum der nächst vorhergehenden Prolongation. Preuss. Landr. Th. II. Tit. 8. §. 1231.

Die freiwillige Prolongation steht nur denjenigen entgegen, welche in dieselbe eingewilligt haben [8]; also dem Acceptanten, resp. Aussteller des eigenen Wechsels, wenn er sie durch seine Unterschrift genehmigt hat, indem sie den Anfang der Wechselverjährung gegen ihn aufschiebt [9]; — dem Wechselnehmer aber, indem er bis zum Eintritt der hinausgeschobenen Verfallzeit nicht klagen kann, auch dann, wenn er den Wechsel, auf welchem die Prolongation geschrieben, an sich genommen [10].

Der Regreß Mangels Zahlung wird durch die Prolongation an sich nicht abgeschnitten [11]; dagegen muß der Wechselnehmer zu dessen Wahrung den prolongirten Wechsel zur Verfallzeit präsentiren und Mangels Zahlung protestiren lassen, wie wenn er nicht

---

[8] Treitschke, Encyc. II. S. 271. — Koch, Wechselr. S. 206. — In diesem Sinne sagen die W. O. (so z. B. die Dessau. W. O. §. 116), daß ein Wechsel mit Einstimmung des Wechselgläubigers und Wechselschuldners prolongirt werden könne.

[9] Treitschke, Encyc. II. S. 270. — Schw. Entw. §. 83, Abs. 2. und §. 89.

[10] Daniels, Grundſ. S. 145. — Thöl, §. 293. II. Nicht nothwendig ist sonach, daß der Gläubiger die Prolongation unterschrieben habe, wie Wagner, Handb. des österreich. Wechselr. Th. II. §. 247 meint. S. jed. über die hier aufgestellten sehr verschiedenen Ansichten Brauer a. a. O. S. 30 f. Unrichtig ist die Behauptung Koch's, Wechselr. S. 207 f., daß der von dem Gläubiger, nicht aber von dem Schuldner unterschriebene Prolongations-Vermerk unwirksam sei, weil eine Fristbewilligung die Verjährung hindere, diese aber ohne Einwilligung des Schuldners nicht gehindert werden könne. Denn einmal ist die Ertheilung einer Zahlungsfrist innerhalb der Verjährungsfrist möglich (Brauer, Erläut. S. 140), und dann hindert überhaupt nicht jede Fristbewilligung die Verjährung.

[11] Thöl, §. 293. IV. Dagegen Treitschke, Encyc. II. S. 389. Mittermaier, Grundſ. §. 343. X. — Preuss. Landr. Th. II. Tit. 8. §. 1238-1239. — Bad. Landr. Anh. Art. 186 a. — Schw. Entw. §. 44: „Gewährt der Wechselinhaber dem Acceptanten eine Prolongation, so verliert „er seine Rechte gegen diejenigen Vormänner, welche zu dieser Prolongation „nicht eingewilligt haben“ u. §. 89. — S. aber mein. Auff. in der krit. Ueberschau IV. S. 360.

prolongirt wäre, es wäre denn, daß derjenige, gegen den regredirt werden soll, in die Prolongation eingewilligt hätte [12].

Die D. W. O. erwähnt der Wechselprolongation nicht; doch ist eine solche im Sinne dieses Gesetzes für wechselrechtlich unwirksam zu erachten [13]. Indem sie sonach die Verfallzeit des Wechsels nicht ändert, vermag sie den Lauf der Wechselverjährung nicht aufzuschieben [14], so wie sie die Zeit für die Vornahme der zur Begründung und Erhaltung der Wechselrechte erforderlichen Solennitäten, selbst gegenüber den einwilligenden Vormännern, nicht hinaussetzt [15], dagegen bei gehöriger Beobachtung dieser Formalien den Regreß gegenüber den Nicht-Einwilligenden nicht abschneidet [16].

Wohl aber giebt die Prolongation dem Acceptanten, und resp. Aussteller des eigenen Wechsels, nicht aber dem Ehrenacceptanten [17], eine Einrede [18], welche er jedoch als eine nicht aus dem Wechselrechte selbst hervorgehende nur dem Kläger entgegensetzen kann, der in die Prolongation eingewilligt [19], oder aus dem Rechte des Einwilligenden klagt.

---

[12] Thöl, §. 293. IV.

[13] Brauer a. a. O. S. 14 f.

[14] Brauer a. a. O. S. 20. Arch. f. d. W. Bd. V. S. 331. Dagegen Kheil, Wechselr. S. 154. — Auch unterbricht eine nach Verfall ertheilte s. g. Prolongation die Wechselverjährung nicht. Arg. D. W. O. Art. 80; Kletke, Präjud. S. 212, Nr. 534; Seuffert, Arch. Bd. VII. Nr. 234; dageg. Koch, Wechselr. S. 300.

[15] Brauer a. a. O. S. 22 f.; dagegen Kheil, Wechselr. S. 154; Kitka, Erläut. S. 85.

[16] Brauer a. a. O. S. 23; Kitka, Erläut. S. 78 a. E. f. u. S. 80 not.; dagegen Kheil a. a. O. S. 155; Kalessa, Handb. S. 31; Koch, Wechselrecht, S. 206.

[17] Brauer a. a. O. S. 27.

[18] Erstreckt sich die Prolongationsfrist über die Verjährungsfrist hinaus, so steht die Prolongation einem Verzichte auf die Wechselklage gleich. Brauer a. a. O. S. 28. — In jedem Falle kann aber der Schuldner vor Ablauf der Prolongationsfrist bezahlen. Brauer a. a. O. S. 19 a. E.; dagegen Kitka, Erläut. S. 80.

[19] Eine solche Einwilligung liegt hier aber nicht in dem Nehmen des prolongirten Wechsels (Brauer a. a. O. S. 25; dagegen Kitka, Erläut. S. 83

§. 63.

Die Bedeutung der Verfallzeit. — Der Zahlungstag.

Die Verfallzeit ist der Tag, mit welchem vom Acceptanten, wenn derselbe nicht seinem Accepte einen dies beigefügt (§. 36), resp. dem Aussteller des eigenen Wechsels die Zahlung gefordert werden, mit dem ferner der Zahler sicher zahlen kann [1], so wie endlich der Tag, an welchem zur Begründung des Regresses der gezogene Wechsel dem Trassaten, selbst dann, wenn er unter Beifügung eines dies acceptirt [2], der indossirte eigene Wechsel dem Aussteller, oder statt dieser dem Domiciliaten, zur Zahlung präsentirt nnd Mangels Zahlung protestirt werden muß [3]. Nach der D. W. O. jedoch ist die Zeit für die Präsentation zur Zahlung und Protesterhebung bis zum zweiten Werktage nach dem Zahlungstage ausgedehnt [4], so daß

---

u. S. 85), da der Indossatar in das in Folge der Prolongation von einer wechselmäßigen Einrede nicht betroffene Wechselrecht seines Indossanten gegen den Wechselschuldner succedirt, in dem zwischen Indossanten und Indossatar abgeschlossenen Wechselgeschäfte aber die Gewährung einer Zahlungsfrist von Seiten dieses letztern an den Wechselschuldner nicht zu finden ist.

[1] Bender, Grundſ. I. S. 527 f. und S. 529 f. — Treitschke, Encyc. II. S. 816 f. — Pöhls, Wechselr. S. 381 f. — Thöl, Handelsr. §. 208. A. II. — Mittermaier, Grundſ. §. 343. III. — Liebe, Entw. S. 126. — Cod. d. comm. Art. 144. — Schw. Entw. §. 40. — Ist aber die Zahlungszeit durch eine längere Periode ausgedrückt, so kann schon zu Anfang derselben, uud ebenso vor Ablauf der Respecttage sicher gezahlt werden. Treitschke, Encyc. II. S. 813 und 814. Dieß ist namentlich bei Meß- und Marktwechseln wichtig. Treitschke, Encyc. II. S. 562.

[2] Arch. f. d. W. IV. S. 206; Seuffert, Arch. Bd. IX, Nr. 62.

[3] Treitschke, Encyc. II. S. 141.

[4] D. W. O. Art. 41 : „. . . Die Erhebung des Protests ist am Zahlungs-„tage zulässig, sie muss aber spätestens am zweiten Werktage nach dem „Zahlungstage geschehen“. D. W. O. Art. 98. 6. — Nach dem Code de comm. Art. 161. 162 ist der Wechsel am Verfalltage zur Zahlung zu präsentiren und am folgenden Tage zu protestiren; nach dem Schw. Entw. §. 45 sind Präsentation und Protesterhebung „am Verfalltage oder spätestens am nächstfolgenden Werktage“ vorzunehmen.

jene [5] wie diese nicht allein am Zahlungstage, sondern auch an einem der beiden auf denselben zunächst folgenden Werktage Statt finden kann [6].

Jene Bedeutung hat die Verfallzeit nach Gemeinem Rechte selbst dann, wenn sie mit einem Sonn- oder Feiertage des Zahlers oder Wechselnehmers zusammentrifft [7].

---

[5] Seuffert, Arch. Bd. XI, Nr. 89.

[6] Auffez, in Nr. 56 der Allg. Oesterr. Gerichtszeitung vom J. 1852, S. 217; Lutteroth, im Arch. f. d. W. Bd. II. S. 414 f.; Haimerl, in demselb. Arch. Bd. III. S. 84 f.; — Mothes, ebendaselbst, Bd. III. S. 86 f.; — Borchardt, ebendas. Bd. III. S. 182 f.; — Brauer, ebendas. Bd. III. S. 166 f.; — Gelpcke, Zeitf. f. Handelsr. Heft 3. S. 67 f.; — Kitka, Erl. S. 64 f.; — Blaschke, Wechselr. S. 172. — Berlin. Ob. Tr. bei Borchardt, die D. W. O. mit den v. den Gerichten ausgesp. Grundf. S. 41, Zus. 4; Bekanntmachung des O. A. G. in Dresden mit Genehmigung des Justizminist. erlassen; bei Seuffert, Arch. Bd. VIII, Nr. 78 und Kletke, Präjudiz. S. 197, Nr 490; Stuttgart. Ob. Tr. bei Seuffert, Arch. VII, Nr. 91; über Oesterreich s. Arch. f. d. W. IV. S. 240 a. E. u. Not. — Nach einer andern Meinung, welche sich auf die Leipz. Protoc. S. 73 f. und S. 80, so wie auf die D. W. O. Art. 92 stützt, sind Präsentation und Protesterhebung längstens am zweiten Tage nach dem Zahlungstage, wenn der zweite Tag ein Werktag ist, vorzunehmen. Brauer, Erl. S. 91 und im Arch. f. d. W. Bd. II. S. 407 f.; — Stubenrauch, Vortr. über die neue Wechselordn. S. 74; Brinckmann, im Arch. f. d. W. III. S. 187 f. — Nach einer dritten von vorn herein unhaltbaren Meinung endlich ist unter dem ersten Werktage der Zahlungstag, und unter dem zweiten Werktage der nächste auf den Zahlungstag folgende Werktag zu verstehen. (Beilage zu Nr. 90 der Allg. Oesterr. Gerichtszeitung v. J. 1851, S. 22).

[7] Treitschke, Encyc. II. S. 531. — Thöl, Handelsrecht, §. 171. — Einzelne W. O. stimmen hiermit überein; so im Allgemeinen die Dessau. W. O. §. 29. — Andere enthalten nur unvollständige Bestimmungen: die Protesterhebung darf nicht an Sonn- und Festtagen geschehen (Altenburg. W. O. Kap. II. §. 10); der Christ braucht den acceptirten Wechsel erst am nächsten Werktage zu bezahlen, der Jude muß ihn am vorhergehenden Tage bezahlen (Cöthen. W. O. Art. 51). — Nach dem Cod. de comm. Art. 134 ist der an einem Feiertage verfallende Wechsel am vorhergehenden Tage zahlbar.

Particularrechtlich dagegen giebt es Fälle, in denen mit der Verfallzeit die Zahlung der Wechselsumme nicht gefordert werden kann, oder auch die Protestzeit damit nicht zusammenfällt, resp. nicht von da an läuft; — man unterscheidet alsdann Verfallzeit und Zahlungstag:

1) Verfällt der Wechsel an einem Sonntage oder allgemeinen Feiertage, so ist nach der D. W. O. der nächste Werktag der Zahlungstag in dem doppelten Sinne: die Wechselzahlung kann erst mit diesem Tage vom Wechselschuldner verlangt werden; — der Wechselnehmer kann und darf erst an diesem Tage oder in den beiden folgenden Tagen nach den oben bezeichneten nähern Bestimmungen den Wechsel zur Zahlung präsentiren und Mangels Zahlung protestiren lassen [8].

2) Bestehen am Zahlungsorte allgemeine Zahl- oder Cassirtage [9], so ist der nächste Cassirtag, der auf die Verfallzeit des Wechsels folgt, Zahlungstag in dem Sinne und nur in dem Sinne, daß erst an diesem Tage die Wechselzahlung geleistet zu werden braucht [10]; doch findet diese Ausnahmsbestimmung nach der D. W. O. auf Wechsel, die auf Sicht lauten, keine Anwendung [11].

---

[8] D. W. O. Art. 92 und Art. 98. 10. — Schw. Entw. §. 37 u. §. 89. Dies. Lehrb. §. 27. — Hamb. Einf. G. §. 9: „Verfällt ein in Banco „zahlbarer Wechsel während der Zeit des Bankschlusses, so ist der nächste „Werktag, an welchem die Bank wieder geöffnet ist, der Zahlungstag.“ Desgl. Holstein. Einf. Ordn. §. 13.

[9] Einert, Wechselr. S. 379. — Bayer. Einf. Ordn. §. 6: „Mit dem „1. Januar 1851 werden für die Stadt Augsburg der Montag und der Don„nerstag als allgemeine Zahltage (Cassirtage) bestimmt. Die an andern „Plätzen bestandene Einrichtung allgemeiner Zahltage wird aufgehoben“. — In Bremen sind Cassirtage der Mittwoch und Sonnabend. S. auch Leipzig. Protoc. S. 219.

[10] D. W. O. Art. 93 und Art. 98. 10.

[11] D. W. O. Art. 93. — Nach gemeinrechtlicher Theorie dagegen gilt hier von den Wechseln a vista und a piacere das Nämliche was von andern Wechseln. — Augsburg. W. O. v. 1778, Kap. IV. §. 3.

3) Wo Respecttage (Respit-, Discretions-, Ehren-, Honor-, Vergünstigungs-, Gnaden-, Faveur-Tage, jours de grace) bestehen [12], fällt der Zahlungstag mit der Verfallzeit insoferne nicht zusammen, als der Wechselinhaber während einer gewissen durch Herkommen oder Gesetz bestimmten Zahl von Tagen mit der Erhebung der Wechselsumme warten muß, oder mit der Präsentation zur Zahlung und Protesterhebung warten darf, — welches letztere im Zweifel anzunehmen ist [13].

Wo aber auch die Respecttage, wie dieß durch die D. W. O. geschehen, aufgehoben worden [14], können, ungeachtet der ursprünglichen Bedeutung jenes Instituts [15], die Nachtheile der nicht rechtzeitig geschehenen Präsentation zur Zahlung und beziehungsweise Protesterhebung durch den Beweis der höhern Gewalt nicht abgewendet werden, da der Aussteller eines trassirten Wechselversprechens nach Laut desselben lediglich für die Zahlung zur Verfallzeit haftet, sonach die Voraussetzungen seiner Verhaftung nicht vorhanden sind, wenn — gleichgültig aus welchem Grunde — eine rechtzeitige Präsentation zur Zahlung nicht Statt gefunden [16]. Es

---

[12] Die einzelnen W. O. geben Respecttage für alle oder nur für gewisse Wechsel, zu Gunsten des Präsentanten oder des Wechselschuldners oder beider. — Die Copenhagener W. O. §. 9 u. 10 giebt dem Acceptanten 8, dem Präsentanten 10 Respecttage; die Cöthen. W. O. Art. 53 giebt dem Acceptanten 3 Respecttage; ebenso die Hanau. W. O. §. 3. — Pöhls, Wechselr. S. 403 f. — Treitschke, Encyc. II. S. 152 f. — Borchardt, D. W. O. S. 80.

[13] Treitschke, Encyc. II. S. 149 f. — Einert, Wechselr. S. 380 a. E. und S. 381. — Thöl, Handelsr. §. 172 zu Note 17. — Dagegen Mittermaier, Grundſ. §. 342 zu Note 21.

[14] D. W. O. Art. 33 und Art. 98. 5. — Leipz. Protoc. S. 73 f. — Cod. de comm. Art. 135. — Leipzig. W. O. §. 15. — Dessau. W. O. §. 29. — Schw. Entw. §. 38.

[15] Einert, Wechselr. S. 376 f.

[16] Einert, Wechselrecht, S. 391 a. E. f. und im Arch. für deutsch. Wechselrecht, Bd. I. S. 277 f. — Brauer, ebendas. Bd. I. S. 272 f.

sind sonach die Nachtheile einer durch höhere Gewalt verursachten Versäumniß nur durch ein Gesetz abwendbar, welches wegen eingetretener ausserordentlicher Ereignisse die Frist für die Präsentation und Protestation aller bereits ausgestellten Wechsel verlängert [17].

§. 64.

Die Legitimation zur Zahlungserhebung *.

Zur Erhebung der Wechselsumme legitimirt ist [1]:

I. Bei nicht indossirten Wechseln (Tratten oder eigenen Wechseln) der Wechselinhaber, auf dessen Namen als Wechselnehmer der Wechsel lautet [2]; bei Wechseln auf den Inhaber und Blanco-Wechseln der Wechselinhaber schlechthin [3].

II. Bei indossirten Wechseln (Tratten oder eigenen Wechseln) jedenfalls nur derjenige Wechselinhaber, der durch das letzte Indossament als Zahlungsempfänger bezeichnet ist.

1) Ist der Wechsel nur einmal indossirt, so ist bei vollständigem Indossamente derjenige, welcher daselbst mit Namen oder

---

Bluntschli, D. W. O. S. 83 f. — Seuffert, Arch. Bd. II, Nr. 319 und Bd. III, Nr. 94. — Borchardt, die D. W. O. mit den von den Gerichtshöfen ausgesp. Grundf. S. 42, Zus. 6. — Dagegen Treitschke, Encyc. II. S. 619 f. — Liebe, Entw. S. 134 f. — Mittermaier, im Arch. für deutsch. Wechselr. Bd. I. S. 147 f.

[17] Brauer, im Arch. für deutsch. Wechselr. Bd. I. S. 273 u. Bd. V. S. 31 f. — S. aber Seuffert, Arch. Bd. III, Nr. 94.

* Jolly, im Arch. für deutsch. Wechselrecht, Bd. II. S. 163 f.

[1] Es kann hier übrigens selbstverständlich eine Stellvertretung Statt finden. Jolly, a. a. O. S. 165. — Ueber die Folgen einer an einen nicht Legitimirten geschehenen Zahlung s. Jolly, a. a. O. S. 183 f.

[2] Auch wenn vor der Bezeichnung des Remittenten die Worte „an die Ordre von" stehen, indem dieselben keine Verpflichtung zur Indossirung begründen. Borchardt, die D. W. O. mit den von den Gerichten ausgesp. Grundf. S. 137, Zus. 48.

[3] Thöl, Handelsr. §. 247. I.

Firma als Indossatar benannt ist, bei unvollständigem Giro aber jeder Wechselinhaber zur Zahlungserhebung berechtigt [4].

2) Ist der Wechsel mehrfach indossirt, so erscheint der letzte Indossatar, resp. der Wechselinhaber nur dann als legitimirt zur Zahlungserhebung, wenn die Reihe der Indossamente bis auf ihn herab eine ununterbrochene ist [5]. Diese Reihe wird aber dadurch nicht unterbrochen, daß inmitten derselben ein Indossament auf den Inhaber oder in bianco, welches übrigens jeder Wechselinhaber auszufüllen befugt ist [6], steht [7]; dagegen werden ausgestrichene Indossamente als nicht geschrieben angesehen [8].

Der Zahler hat sich aber bei indossirten wie bei nicht indossirten Wechseln der Identität des Präsentanten mit der auf dem Wechsel als letzter Nehmer bezeichneten Person zu versichern [9]. Dagegen ist

---

[4] Arch. f. d. W. IV. S. 452; Seuffert, Arch. Bd. X, Nr. 80.

[5] Treitschke, Encyc. II. S. 804 f. — Thöl, Handelsr. §. 247. II. — D. W. O. Art. 36, Abs. 1: „Der Inhaber eines indossirten Wechsels wird „durch eine zusammenhängende, bis auf ihn hinuntergehende Reihe von In„dossamenten als Eigenthümer des Wechsels legitimirt. Das erste Indossament „muss demnach mit dem Namen des Remittenten, jedes folgende Indossament „mit dem Namen Desjenigen unterzeichnet seyn, welchen das unmittelbar „vorhergehende Indossament als Indossatar benennt. Wenn auf ein Blanco„Indossament ein weiteres Indossament folgt, so wird angenommen, dass der „Aussteller des letztern den Wechsel durch das Blanco-Indossament erworben „hat". D. W. O. Art. 98, 5. — Schw. Entw. §. 39.

[6] D. W. O. Art. 13 und Art. 98, 2. — Brauer, Erläut. S. 50.

[7] D. W. O. Art. 36, Abs. 1 und Art. 98, 5. — Koch, Wechselr. S. 210.

[8] D. W. O. Art. 36, Abs. 2 und Art. 98, 5. — Brauer, Erläut. S. 86. — Bluntschli, D. W. O. S. 76. Daher denn eine im Wechsel nicht genannte Person als zur Zahlungserhebung legitimirt erscheint, wenn der Wechsel zuerst in Bianco indossirt worden, die spätern Indossamente aber durchstrichen sind. Seuffert, Arch. Bd. XI, Nr. 90.

[9] Scaccia, tract. §. II. Glos. V. Nr. 340 sqq. — Treitschke, Encyc. II. S. 805. — Thöl, Handelsr. §. 247. III. — Jolly, a. a. O. S. 170. —

er nicht verpflichtet, die Aechtheit der sämmtlichen Indossamente [10] oder doch diejenige des letzten Giro's [11] zu prüfen [12]; dieß ergiebt sich aus der Bestimmung des Wechsels, und nicht aus der angeblichen Verpflichtung eines jeden Wechselnehmers, sich der Identität der Person seines Gebers zu vergewissern, welche Pflicht in Wirklichkeit nicht besteht [13]. Zu einer solchen Prüfung ist aber folgeweise der Acceptant, resp. der Aussteller des eigenen Wechsels auch nicht berechtigt und daher zu der von ihm angebotenen Diffession der Indossamente nicht zuzulassen [14], was ebenfalls vom letzten Giro gilt [15].

Dagegen Beseler, Syst. III. S. 419. Not. 10; Hoffmann, im Arch. f. d. W. V. S. 607. — Schw. Entw. §. 39, Abs. 3: „Die Aechtheit der „Indossamente zu prüfen ist der Zahlende nicht verpflichtet; hingegen ist „derselbe berechtigt, von einem unbekannten Inhaber den Nachweis der „Identität zu fordern, und wenn derselbe nicht beigebracht wird, den Betrag „der Wechselsumme bei der zuständigen Behörde niederzulegen."

[10] Die Begründung dieser Ansicht s. bei Thöl, Handelsr. II. S. 487 f. — Souchay, in der Zeitſ. f. deutsch. Recht, Bd. XII. S. 342 f. — S. dagegen aber Thöl, a. a. O. S. 490.

[11] So das Preuss. Landr. Th. II. Tit. 8. §. 1153. — Dessau. W. O. §. 100.

[12] Mittermaier, Grundſ. §. 343. IV. — Thöl, II. S. 489 f. Jolly, a. a. O. S. 166 f. — D. W. O. Art. 36, Abs. 3: „Die Aechtheit der In„dossamente zu prüfen ist der Zahlende nicht verpflichtet". Art. 98, Nr. 5. — Cod. d. comm. art. 145. — Liebe, Entw. S. 128.

[13] Dagegen Thöl, II. S. 492 f. — S. aber Jolly, a. a. O. S. 167 f.

[14] Brauer, Erläut. S. 85. — Koch, Wechselr. S. 212. — Füssel, im Arch. für deutsch. Wechselrecht, Bd. II. S. 257 f. und S. 267 f. — Bluntschli, D. W. O. S. 76. — Blaschke, Wechselr. S. 193. — Dagegen Seuffert, Arch. Bd. III. Nr. 92 und Urtheil im Arch. f. deutsch. Wechselr. Bd. I. S. 207 f. — Wohl aber kann der Wechselschuldner dem letzten Indossatar, resp. bei einem Indossamente in bianco dem Wechselinhaber die Einrede der Fälschung und eines dolosen oder culposen Verhaltens desselben bei der Erwerbung des Wechsels entgegensetzen. Berl. Ob. Trib. im Arch. f. d. W. V. S. 94; Seuffert, Arch. Bd. X. Nr. 203.

[15] Dagegen Brauer, Erläut. S. 85. — S. aber Jolly, a. a. O., S. 174. — Füssel, a. a. O. S. 276 f. — O. A. G. zu Rostock im Arch. f. d. W. III. S. 405.

— Die nämlichen Grundsätze finden rücksichtlich der Prüfung der Wechselfähigkeit der Indossanten Anwendung [16]. Von selbst aber versteht es sich, daß der Wechselinhaber zur Zahlungserhebung alsdann nicht legitimirt ist, wenn ein Indossament schon seiner äussern Beschaffenheit nach die geschehene Fälschung in einer einem Jeden erkenntlichen Weise ersehen läßt [17].

Die Legitimation kann übrigens nur mittelst eines Wechsel-Originals geschehen, wobei das eine oder das Andere von mehreren Duplicaten genügt, wenn alle Bedingungen jener aus dem präsentirten Exemplare ersichtlich sind [18]. Doch braucht der Acceptant das nicht acceptirte Exemplar nicht zu bezahlen [19], wiewohl er auf dasselbe bezahlen kann [20].

Sind aber die mehreren Duplicate Eines Wechsels an verschiedene Personen indossirt worden, so zahlt der Bezogene mit voller Wirkung an den ersten Präsentanten [21], währenddem im Falle gleichzeitiger Meldung mehrerer legitimirter Inhaber zur Zahlung keiner den Vorzug hat, und der Trassat sonach an den einen oder den andern zu zahlen befugt ist [22], wenn nicht das eine Duplicat von ihm acceptirt worden [23].

---

[16] Jolly, a. a. O. S. 170.

[17] Jolly, a. a. O. S. 171 f.

[18] Treitschke, Encyc. II. S. 811. — S. jedoch dies. Lehrb. §. 56. 1.

[19] Einert, Wechselr. S. 450.

[20] Einert, Wechselr. S. 448 f.

[21] Brauer, Erläut. S. 122 a. E. und S. 133.

[22] Die gewöhnliche Lehre ist, daß hier der Bezogene nicht zahlen könne, sondern die Wechselsumme deponiren müsse (Treitschke, Encyc. II, S. 170. Brauer, Erläut. S. 123). Allein gesetzt der Trassat bezahlt an den Inhaber des einen Duplicats, so bezahlt er gültig, weil an einen gehörig Legitimirten, und der Anspruch auf Deckung kann ihm zweifelsohne nicht abgesprochen werden.

[23] Einert, Wechselr. S. 450.

§. 65.

Die Rechte des Zahlers.

Der Zahler, welcher dem Wechselinhaber weder die Zahlung anzubieten, noch auch das Geld zu überbringen verpflichtet ist [1], kann gegen die in seinem Geschäftslocale und in Ermanglung eines solchen in seiner Wohnung vorzunehmende Zahlung [2] der Wechselsumme die Aushändigung des Wechsels, und, wenn mehrere Duplicate vorhanden sind, des acceptirten Exemplars [3], resp. der mehreren Exemplare, aus deren Zusammenstellung allein die Legitimation des Inhabers sich ergiebt [4], nicht aber aller [5] oder aller

[1] Treitschke, Encyc. II. S. 797 f. — Bender, Grundſ. I. S. 489. — Thöl, Handelsr. §. 174. 2. — Mittermaier, Grundſ. §. 343. VIII. — Altenburg. W. O. Kap. II. §. 7 : „Wer einen bereits acceptirten Wechsel„brief in Händen hat, ist schuldig, das Geld von dem Debitore bei der Ver„fallzeit selbst oder durch Andere abholen zu lassen. Im Fall aber solches „nicht geschieht, steht dem Debitori frei, das Geld gerichtlich zu deponiren. „ . . . Würde auch unterdessen eine Veränderung der Münze vorgehen, und „der Präsentant oder Briefsinhaber sein Geld zur Verfallzeit nicht abholen, „soll der Acceptant oder Debitor die Zahlung in keiner andern Münze, als wie „sie im Wechselcurs gültig und verschrieben, zu thun schuldig seyn, wie denn „vor keinen dem Präsentanten aus solchem Verzug fliessenden Schaden zu „stehen schuldig“. — Leipzig. W. O. Art. 12. — Cöthen. W. O. Art. 20. — Nach einzelnen W. O. jedoch muß dem Gläubiger das Geld überbringen: 1) der Aussteller des eigenen Wechsels (Dessau. W. O. §. 30); 2) der jüdische Wechselschuldner (Leipzig. W. O. §. 12).

[2] Arg. D. W. O. Art. 91; was übrigens auch vom regreßpflichtigen Vormanne gilt. Arch. f. d. W. Bd. IV. S. 345 u. S. 352 f. — Seuffert, Arch. Bd. IX. Nr. 67.

[3] Treitschke, Encyc. I. S. 29 f.

[4] Thöl, Handelsr. §. 192. 1. — Jolly, im Arch. für deutsch. Wechselrecht, Bd. III. S. 38. — Preuss. Landr. Th. II. Tit. 8. §. 1102. — Liebe, Entw. §. 45.

[5] Borchardt, die D. W. O. mit den von den Gerichtshöfen ausgespr. Grundſ. S. 37, Zus. 3. — Dagegen Pöhls, Wechselrecht, S. 441. — Treitschke, Encyc. II. S. 808.

acceptirten Duplicate [6] fordern, — und ferner Quittirung der bezahlten Summe auf dem Wechsel [7]. Bei Theilzahlungen jedoch ist der Zahler nur die Vermerkung der Zahlung auf dem Wechsel und die Ausstellung einer abgesonderten Quittung zu verlangen befugt [8].

Wird aber die fällige Wechselsumme bei ihm nicht rechtzeitig abgeholt, oder doch von einer nicht gehörig legitimirten Person [9], so berechtigt ihn ein solcher Verzug zur gerichtlichen Deposition [10]. Die mora accipiendi des Wechselgläubigers tritt unter der angegebenen Voraussetzung gegenüber dem Acceptanten, resp. Aussteller des eigenen Wechsels zur Verfallzeit ein, wenn jener nicht erst in einem spätern Termine die Zahlung zu fordern berechtigt

---

[6] Jolly, im Arch. für deutsch. Wechselr. Bd. III. S. 25 f.

[7] Treitschke, Encyc. II. S. 807. — Thöl, Handelsrecht. §. 192. 2. — Pöhls, Wechselr. S. 442. — Dessau. W. O. §. 39. — Cöthen. W. O. Art. 56. — D. W. O. Art. 39, Abs. 1: „Der Wechselschuldner ist nur gegen „Aushändigung des quittirten Wechsels zu zahlen verpflichtet". Art. 98. 5. — Hamburg. Einführ. Ordn. §. 5: „Bei einem in Banco zahlbaren Wechsel „vertritt die auf denselben gesetzte Anweisung, an welche Banco-Conto der „Betrag abgeschrieben werden soll (Bank-Indorso), die Stelle der nach Art. 39 „der D. W. O. vor dem Empfang der Zahlung vorzunehmenden Quittirung „des Wechsels". Holstein. Einführ. Ordn. §. 9. — Bluntschli, D. W. O. S. 79 f. — Der Domiciliat kann überdieß eine besondere Quittung verlangen. Treitschke, Encyc. I. S. 30. Dagegen braucht sich der Kläger zur Aushändigung des quittirten Wechsels in der Klage nicht zu erbieten. Kletke, Präjud. S. 194. Nr. 478.

[8] Bender, Grundſ. I. S. 539. — D. W. O. Art. 39, Abs. 2 (auf einer Copie) und Art. 98. 5. — Schw. Entw. §. 41. — Doch kann der Avalist des Wechselschuldners die Aushändigung des Wechsels verlangen, wenn das zwischen ihm und dem Gläubiger ergangene rechtskräftige Urtheil ausgesprochen, daß der Wechsel nicht nach Höhe des ausgedrückten Betrags, sondern nur nach einer geringeren Summe Gültigkeit habe und er diese geringere Summe bezahlt hat. O. A. G. in Dresden b. Borchardt die D. W. O. mit den von den Gerichten ausgespr. Grundſ. S. 138, Zus. 52.

[9] S. auch Brauer, Erläut. S. 89. 4. — Koch, Wechselr. S. 220. II.

[10] Bender, Grundſ. I. S. 492 h; nicht aber ist der Wechselschuldner hierzu verpflichtet. Arch. f. d. W. III. S. 343.

ist [11], gegenüber dem Bezogenen, der nicht acceptirt, aber mit Ablauf der Zeit, während welcher der Wechselnehmer den Protest Mangels Zahlung erheben darf [12]. — Nach der D. W. O. jedoch kann der Zahler ohne Unterschied erst nach Ablauf der für die Protesterhebung Mangels Zahlung bestimmten Frist die Wechselsumme deponiren [13], dieß aber auch in andern als den durch das Gesetz ausdrücklich bestimmten Fällen [14].

---

[11] So lange der Wechselgläubiger die fällige Wechselzahlung vom Wechselschuldner zu fordern nicht berechtigt, wie z. B. in Folge von Cassirtagen oder von Respecttagen zu Gunsten des Debitors (Dies. Lehrb. §. 63), kann von einer mora accipiendi nicht die Rede sein. — Der Wechselschuldner braucht aber mit der Deposition nicht so lange zu warten, als der Wechselinhaber Zeit für die Protesterhebung Mangels Zahlung hat; denn diese Zeit, wie z. B. Respecttage zu Gunsten des Präsentanten, ist letzterem nur im Verhältnisse zu seinen Vormännern gegeben.

[12] Der Trassat ist nicht Schuldner des Wechselnehmers; dieser also nur insoferne in mora accipiendi, als die Präsentationszeit, die ihm gegenüber dem Wechselgeber zusteht, abgelaufen ist.

[13] D. W. O. Art. 40, Abs. 1: „Wird die Zahlung des Wechsels zur Verfallzeit nicht gefordert, so ist der Acceptant nach Ablauf der für die Protesterhebung Mangels Zahlung bestimmten Frist befugt, die Wechselsumme auf Gefahr und Kosten des Inhabers bei Gericht, oder bei einer andern zur Annahme von Depositen ermächtigten Behörde oder Anstalt niederzulegen". D. W. O. Art. 98. 5. — Brauer, Erläut. S. 88. — Borchardt, D. W. O. S. 89. Für Oesterreich fallen die Schlußworte des Art. 40, Abs. 1: „oder — niederzulegen" weg. — Nach dem Würtemb. Einf. G. Art. 8 geschieht die Deposition bei dem für Wechselsachen zuständigen Gerichte des Zahlungsorts; nach dem Großh. Hess. Einf. G. §. 1: nach Maßgabe des Gesetzes vom 20. Oct. 1821 die Anlegung der Depositen bei der Staatsschuldentilgungs-Casse betreffend; nach dem Bad. Einf. G. Art. 3: auf den Grund einer von dem zuständigen Amts- oder Handelsgerichte ausgegangenen Verfügung oder einer von dem zuständigen Staatsschreiber aufgenommenen Hinterlegungsurkunde nach Vorschrift des Gesetzes v. 3. August 1837 über die Errichtung der Hinterlegungscasse und der über dasselbe ergangenen Vollzugs-Vorschriften. — Schw. Entw. §. 43.

[14] Leipz. Prot. S. 70, aus denen sich ergibt, daß die Deposition der Wechselsumme unter besondern Umständen, deren Prüfung dem richterlichen

Einer Vorladung des Inhabers bedarf es übrigens zur gerichtlichen Deposition nicht [15].

Fünftes Kapitel.

Die Intervention.

Thomasius, de jure adimpl. lit. camb. honoris causa, Hal. 1715.
Mothes, de interventione cambiali. Lips. 1822.
Heidenreich, de interventione cambiali. Lips. 1826.

§. 66.

Die Wechselintervention im Allgemeinen. — Geschichtliche Einleitung.

Die Wechselintervention ist die Dazwischenkunft in ein Wechselverhältniß durch Honorirung, also durch Annahme oder Zahlung (Ehrenannahme, Ehrenzahlung im weitesten Sinne des Worts) des trassirtermaßen nicht honorirten Wechsels (einer Tratte, eines indossirten eigenen Wechsels) [1]. Eine solche Dazwischenkunft geschieht nun entweder in Folge eines in der

Ermessen zu überlassen, selbst dann gestattet sein soll, wenn der Wechselinhaber nach Art. 36 der D. W. O. als zur Zahlungserhebung legitimirt erscheint. Arch. f. d. W. Bd. IV. S. 453; Seuffert, Arch. Bd. X. Nr. 81.

[15] Leipz. W. O. §. 12. — D. W. O. Art. 40, Abs. 2.

[1] Treitschke, Encyc. I. S. 517 f. — Einert, Wechselr. S. 321 f.

Wechselurkunde stehenden Auftrags (Nothadresse) oder nicht in Gemäßheit eines solchen (Ehrenintervention im engern Sinne des Worts) [2].

Die Intervention der letztern Art war schon früh zur Aufrechthaltung des Credits des Wechselgebers [3] sogar dem Bezogenen (super protestum) [4] gestattet, und zwar unter Anwendung der Grundsätze über negotiorum gestio [5]; daher denn der Intervenient sich nur an demjenigen, zu dessen Ehren er den Wechsel bezahlt hatte, erholen konnte [6]. Doch gestattete ihm die Praxis, durch ausdrückliche Erklärung zum Proteste sich die Rechte des Inhabers gegen die übrigen Wechselverpflichteten vorzubehalten [7]; eine Wirkung, welche bald von selbst an die Zahlung sich knüpfte [8], jedoch mit der bei richtiger Erkenntniß des Wesens der Wechselintervention

---

[2] Thöl, Handelsr. §. 248.

[3] Der Gebrauch der Intervention scheint nach v. Martens, Versuch, S. 72 schon im 15. Jahrh. aufgekommen zu sein; „pro honore litterarum, „crediti et reputationis Titii (des Traffanten)". Die Capit. nundinar. Genuens. Nr. 35 bestimmen: „che sia lecito à cui si voglia pagar sopra „protesto". Scaccia, tract. §. II. Glos. V. Nr. 382.

[4] Scaccia, tract. §. II. Glos. V. Nr. 358 sqq. — Ansaldi de Ansaldis, de commercio et mercatura, Discurs. LXXIX. Nr. 4 u. 5.

[5] Decis. rotae Gen. dec. 19: „Actores qui solverunt literas cambii „pro honore — liberando eos — negotia utiliter gesserunt — pecunias solutas „repetere possunt, eorumque fundatam intentionem habemus ex instrumento „Protesti. — Scaccia, tract. §. II. Glos. V. Nr. 357—359. 365.

[6] Antwerp. W. O. von 1578, §. 5. Leipzig. W. O. vom J. 1682, §. 17. — Braunschweig. W. O. von 1715, Art. 17.

[7] Ansaldi de Ansaldis, de commercio et mercatura, Disc. LXXIX. Nr. 8 sqq.

[8] Hamburg. W. O. von 1711, Art. 11 (bei Siegel, corp. jur. camb. I. S. 417): „Wenn an Jemand ein Wechselbrief zur Acceptation präsentiret „und von demselben nicht acceptiret wird, mag ein Dritter zu Ehren des „Ausgebers oder Indossanten ihn acceptiren, der dann krafft selbiger Accep„tation Selbstschuldiger wird, und hingegen durch würckliche Zahlung in des „Inhabers jura tritt. . . "

eingetretenen Beschränkung, daß der Intervenient keine Wechselrechte gegen die Nachmänner des Honoraten erhielt[9].

Die wechselmäßige Aufforderung zur Intervention dagegen, welche früher mittelst eines dem Wechsel angehefteten Zettels geschah[10], scheint erst seit dem 18. Jahrhundert in allgemeinere Uebung gekommen zu sein[11].

I. Die Nothadressaten.

§. 67.

Begriff und juristische Natur der Nothadresse. — Allgemeine Grundsätze.

Die Nothadresse (Hülfs- oder Nebenadresse) ist eine Adresse für den Fall der Noth; d. h. die Bezeichnung einer andern Person als des Trassaten, resp. Ausstellers des indossirten eigenen Wechsels, auf dem Wechselbriefe selbst, einer Allonge[1] oder Copie[2], mit einem an dieselbe gerichteten Zahlungsauftrage für den Fall, daß der Wechsel trassirtermaßen nicht honorirt werden sollte[3].

Die Nothadresse enthält hiernach eine neue eventuelle Tratte[4], welche nicht allein vom Trassanten, sondern auch von einem Indossanten ausgestellt werden kann[5]; doch gilt im Zweifel

---

[9] Würtemb. W. O. von 1759, Kap. IV. §. 20. — Oesterr. W. O. von 1763, Art. XXVI.

[10] Siegel, corp. jur. camb. I. S. 32; II. S. 109.

[11] Frémery, études, p. 151. — Brem. W. O. von 1712, Art. 24.

[1] Bender, Grundf. I. S. 624. — Dies. Lehrb. §. 66 zu Note 10.

[2] D. W. O. Art. 62.

[3] Die Nothadresse wird gewöhnlich unter oder neben die Adresse gesetzt, mit den Worten: nöthigenfalls bei Herrn N. — Im Fall der Noth bei N. — Im Falle bei. — In Ermanglung der Honorirung bei. — Au besoin chez Mr. N. — à défaut chez N. — Bender, Grunds. I. S. 624. — Thöl, Handelsr. §. 249, Note 7.

[4] Bender, Grunds. I. S. 625 f. — Thöl, Handelsr. II. §. 249. II.

[5] Bender, Grunds. I. S. 623. Pöhls, Wechselr. S. 248. — Brauer, Erläut. S. 108. 5. — Dagegen Cod. de comm. Art. 173 und Frémery,

der Aussteller der Grundtratte, resp. der erste Indossant des eigenen Wechsels als Nothadressant [6].

Aus der juristischen Natur der Nothadresse ergeben sich aber folgende allgemeine Grundsätze:

1) Der Noth- oder Nebentrassat wird unter den nämlichen Voraussetzungen wie der Trassat, und nur unter diesen, wechselmäßig verpflichtet [7].

2) Der Wechsel ist ihm nur dann zur Annahme und resp. Zahlung zu präsentiren, wenn er Noth leidet [8] und deßhalb Protest erhoben worden ist. Der Wechsel leidet aber auch dann Noth, wenn der Acceptant, resp. Aussteller des indossirten eigenen Wechsels, unsicher ist [9].

3) Der Nothadressat darf allein unter dieser Voraussetzung interveniren [10].

4) Der Wechselinhaber hat den Regreß Mangels Annahme oder Zahlung gegen den Nothadressanten und dessen Nachmänner nur dann, wenn er sich auch an den Nothadressaten um Annahme, resp. Zahlung vergeblich gewendet und dieß rechtzeitig durch Protest hat herstellen lassen. Die Regreßnahme gegen diejenigen Vormänner, welche den Wechsel, wie aus dieser Urkunde selbst ersichtlich, ohne Nothadresse begeben haben, ist dagegen durch die Präsentation zur Annahme oder Zahlung an den Nothadressaten nicht bedingt [11], da dieser

---

études, p. 151 sqq. Holländ. Handelsg. A. 181. — Nach der Russ. W. O. §. 46 muß die Nothadresse vom Trassanten oder Indossanten eigenhändig geschrieben sein.

[6] Thöl, Handelsr. II. S. 363.

[7] Bender, Grundſ. I. S. 628. — Thöl, Handelsr. §. 249. IV. Daher ist eine blos auf dem Proteste befindliche Ehrenannahme unwirksam. Gengler, Privatr. S. 655; dagegen Bluntschli, D. W. O. S. 101.

[8] Treitschke, Encyc. I. S. 520.

[9] D. W. O. Art. 29, Abs. 2 und Art 98. 4.

[10] Einert, Wechselr. S. 365.

[11] Mittermaier, Grundſ. §. 348 zu Note 16.

im Verhältnisse des Inhabers zu solchen Wechselgebern keine Function im Wechselgeschäfte hat[12].

Nach der D. W. O. braucht der Wechselinhaber nur die auf den Zahlungsort lautende Nothadresse zu berücksichtigen[13]. Die Regreßnahme Mangels Zahlung aber ist wie nach Gemeinem Rechte allein gegenüber dem Nothadressanten und dessen Nachmännern durch erfolglose Präsentation zur Zahlung und Protesterhebung gegen den Nothadressaten bedingt[14], währenddem der

[12] Ohne Grund bezeichnet Thöl, Handelsrecht, §. 249. IV. als Ansicht des Gemeinen Rechts, daß die Regreßnahme Mangels Annahme und Zahlung einen gegenüber dem Nothadressaten levirten Protest voraussetze, gleichviel gegen welchen Vormann der Regreß genommen werde, und von wem die Nothadresse herrühre. — Nach einer andern Ansicht ist, in Ermanglung der Acceptation des Trassaten, der Regreß Mangels Annahme, durch Präsentation an den Nothadressaten nicht bedingt. — Preuss. Entw. §. 55: „Der Eigen-„thümer eines Wechsels, dessen Annahme bei dem Bezogenen nicht zu er-„halten ist, hat keine Verpflichtung die Annahme bei einer Nothadresse zu „fordern", und Preuss. Motive, S. LXVI. — S. aber die Leipzig. Protoc. S. 116 f. — Brauer, Erläut. S. 107.

[13] D. W. O. Art. 56. 62 und 98. 7. S. aber die Hamburg. Einf.-Ordn. §. 7: „Die in den Art. 56 u. 62 der D. W. O. enthaltene Vorschrift „der Präsentation des Wechsels an die auf den Zahlungsort lautenden Noth-„adressen gilt auch für Altonaische Nothadressen, welche sich auf einem auf „Hamburg gezogenen, so wie für Hamburgische Nothadressen, welche sich „auf einem auf Altona gezogenen Wechsel befinden." — Holstein. Einf.-Ordn. §. 11: „Die in den Art. 56 u. 62 der D. W. O. enthaltene Vorschrift „der Präsentation des Wechsels an die auf den Zahlungsort lautenden Noth-„adressen gilt auch für Hamburger Nothadressen, welche sich auf einem auf „Altona gezogenen, so wie für Altonaer Nothadressen, welche sich auf einem „auf Hamburg gezogenen Wechsel befinden." — Schw. Entw. §§. 59. 65. 89.

[14] D. W. O. Art. 62, Abs. 1 und 2: „Befinden sich auf dem von dem „Bezogenen nicht eingelösten Wechsel oder der Copie Nothadressen oder ein „Ehrenaccept, welche auf den Zahlungsort lauten, so muss der Inhaber den „Wechsel spätestens am zweiten Werktage nach dem Zahlungstage den „sämmtlichen Nothadressen und dem Ehrenacceptanten zur Zahlung vorlegen, „und den Erfolg im Proteste Mangels Zahlung oder in einem Anhange zu „demselben bemerken lassen.

„Unterlässt er diess, so verliert er den Regress gegen den Adressanten „oder Honoraten und deren Nachmänner". — D. W. O. Art. 98. 7. — Leipzig. Protoc. S. 128. — Schw. Entw. §. 65. — Brauer, Erläut. S. 115. — Bluntschli, D. W. O. S. 104.

Regreß auf Sicherstellung schlechtweg einen gegenüber der Nothadresse levirten Protest Mangels Annahme voraussetzt [15].

Im Verhältnisse des Wechselinhabers zum Acceptanten kömmt die Nothadresse weder rücksichtlich der Klage auf Zahlung der Wechselsumme [16], noch bei derjenigen auf Sicherheitsbestellung [17] in Betracht.

§. 68.

Die Acceptation des Nothadressaten.

Der Nothadressat, welcher den Wechsel acceptirt, gilt im Zweifel, d. h. wenn er nicht einen andern Honoraten in seinem Accepte bezeichnet hat [1], als Intervenient zu Ehren des Nothadressanten [2], — nach der D. W. O. jedoch zu Ehren des Aus-

---

[15] D. W. O. Art. 56, Abs. 1 : »Befindet sich auf einem Mangels Annahme protestirten Wechsel eine auf den Zahlungsort lautende Nothadresse, „so muss, ehe Sicherstellung verlangt werden kann, die Annahme von der „Nothadresse gefordert werden«. Art. 29 : » . . . wenn in diesen Fällen (der Unsicherheit des Acceptanten oder Ausstellers (A. 98. 4) die Sicherheit »von dem Acceptanten nicht geleistet, auch von den auf dem Wechsel »etwa benannten Nothadressen die Annahme nach Ausweis des »Protests nicht zu erhalten ist, so kann der Inhaber des Wechsels . . . »von seinen Vormännern Sicherstellung fordern.« — Dagegen Koch, Wechselr. S. 253. — Unrichtig behauptet aber Blaschke, Wechselr. S. 164, Not. 3, daß im Falle des Art. 29 nicht bloß die auf den Zahlungsort lautenden Nothadressen zu berücksichtigen.

[16] Berl. Ob. Tr. bei Seuffert, Arch. III, Nr. 365.

[17] Berl. Ob. Tr. bei Borchardt, die D. W. O. mit den von den Gerichten ausgesprochenen Grunds. S. 32, Zus. 4.

[1] Thöl, Handelsr. §. 249 zu Note 8. — Ist aus dem Wechsel der Nothadressant ersichtlich, so kann der Nothadressat als solcher nur dann zu Ehren eines Andern interveniren, wenn dieser ein Nachmann des Nothtrassanten ist.

[2] Treitschke, Encyc. I. S. 552. — Thöl, II. S. 363. Dagegen Daniels, Grunds. S. 316.

stellers der Tratte[3], beziehungsweise des ersten Indossanten des eigenen Wechsels.

Die Wirkungen des Accepts sind aber:

I. Im Verhältnisse des Nothadressaten zum Wechselinhaber:

Jener haftet aus seinem Accepte gerade so wie der Trassat, der acceptirt hat[4], jedoch unter einer doppelten Beschränkung:

1) er haftet nicht dem Nothtrassanten, resp. Honoraten, und dessen Vormännern[5];
2) er ist nur dann zur Zahlung verpflichtet, wenn der Wechsel beim Trassaten oder Aussteller des eigenen Wechsels, resp. beim Domiciliaten rechtzeitig Mangels Zahlung protestirt worden ist[6].

Dagegen ist die Präsentation zur Zahlung am Zahlungstage oder spätestens am zweiten Werktage nach diesem an den Nothadressaten, wie sie die D. W. O. zur Erhaltung des Rechts aus dessen Accepte verlangt[7], ein nur particularrechtliches Erforderniß[8].

II. Im Verhältnisse des Wechselinhabers zu dessen Vormännern:

Der Präsentant so wie überhaupt die Nachmänner des Honoraten haben keinen Regreß auf Sicherstellung[9]; einen solchen können

---

[3] D. W. O. Art. 59. — Preuss. Motive, S. LXVII. — Brauer, Erläut. S. 111. — Preuss. Landr. Th. II. Tit. 8, §. 1028. — Dessau. W. O. §. 67, Abs. 2. — Schw. Entw. §. 61.

[4] Bender, Grundf. I. S. 657.

[5] Thöl, Handelsr. §. 249. V. — D. W. O. Art 60. — Schw. Entw. §. 63. — Koch, Wechselr. S. 262.

[6] Bender, Grundf. I. S. 459. — Einert, Wechselrecht, S. 368 f. — Liebe, Entw. S. 158.

[7] D. W. O. Art. 60. — Preuss. Motive, S. LXVII. — Schw. Entw. §. 63, Abs. 2.

[8] Treitschke, Encyc. I. S. 572. — Dagegen Bender, Grundf. II. S. 305. 6.

[9] D. W. O. Art. 61, Abs. 1. — Leipzig. Protoc. S. 117 f. — Koch, Wechselr. S. 264. I. — Brauer, Erläut. S. 112 f. — Schw. Entw. §. 64. — Dagegen Cod. de comm. Art. 128. — Códico de commercio, Art. 526 u. 529.

aber auch der Honorat und dessen Vormänner nach Gemeinem Rechte nicht geltend machen, weil ihnen die hierzu erforderliche Innehabung des Wechsels abgeht.

Nach der D. W. O. jedoch ist der Regreß auf Sicherstellung dem Honoraten gegen seine Vormänner gestattet [10], und zwar auf den beim Bezogenen erhobenen Protest Mangels Annahme hin [11], welchen ihm der Nothadressat, nachdem er sich denselben gegen Erstattung der Kosten hat aushändigen und in einem Anhange dazu die Ehrenannahme hat bemerken lassen, sofort zu übersenden hat [12].

Ebenso können aber auch die Vormänner des Honoraten auf jenen Protest hin gegen ihre Vormänner Mangels Annahme regrediren [13].

III. Gegenüber dem Zahler erwirbt der Nothadressat nach der D. W. O. durch seinen Accept einen zwar nicht wechselmäßigen Anspruch auf eine Provision von $1/3$ Procent, wenn er in Folge der durch den Bezogenen oder durch einen andern Intervenienten geleisteten Zahlung selbst nicht hierzu gelangt [14].

---

[10] D. W. O. Art. 61, Abs. 2. — Schw. Entw. §. 64 a. E.

[11] D. W. O. Art. 26. — Schw. Entw. §. 27.

[12] D. W. O. Art. 58: „Der Ehrenacceptant muss sich den Protest Man- „gels Annahme gegen Erstattung der Kosten aushändigen und in einem An- „hange zu demselben die Ehrenannahme bemerken lassen.

„Er muss den Honoraten unter Uebersendung des Protestes von der „geschehenen Intervention benachrichtigen und diese Benachrichtigung mit „dem Proteste innerhalb zweier Tage nach dem Tage der Protesterhebung „zur Post geben.

„Unterlässt er diess, so haftet er für den durch die Unterlassung entstehen- „den Schaden". D. W. O. Art. 88. 5. Schw. Entw. §. 62. S. auch Bender, Grundf. I. S. 634. 10.

[13] D. W. O. Art. 61, Abs. 2. — Koch, Wechselr. S. 264. — Schw. Entw. §. 64.

[14] D. W. O. Art. 65: „Der Ehrenacceptant, welcher nicht zur Zahlungs- „leistung gelangt, weil der Bezogene oder ein anderer Intervenient bezahlt

§. 69.

Die Zahlung des Nothadressaten.

Der Nothadressat hat die Wechselzahlung nur gegen Aushändigung des Wechsels und des beim Bezogenen oder Aussteller des eigenen Wechsels, resp. beim Domiciliaten, Mangels Zahlung erhobenen Protests zu leisten [1]. Durch diese Zahlung erwirbt er aber nach Gemeinem Rechte so wenig wechselmäßige Befugnisse gegen den Nothadressanten, beziehungsweise Honoraten, als der Trassat gegen den Trassanten [2]. Dagegen kann der Honorat, welchem der Wechsel sammt dem Proteste eingehändigt worden, gegen seine Vormänner den Regreß Mangels Zahlung nehmen.

Nach der D. W. O. jedoch erhält der Nothadressat durch die von ihm vorgenommene Wechselzahlung, welche er im Proteste oder in einem Anhange zu demselben bemerken lassen muß [3], dieselben Rechte wie der Ehrenzahler im engern Sinne des Worts [4].

„hat, ist berechtigt, von dem Zahlenden eine Provision von ⅓ Procent zu „verlangen". D. W. O. Art. 98. 7. — Leipzig. Protoc. S. 132. — Koch, Wechselr. S. 270.

[1] D. W. O. Art. 63, Abs. 1 und Art. 98. 7. — Schw. Entw. §. 67, Abs. 1.

[2] Bender, Grunds. I. S. 634. 11 und S. 668 a. — Die meisten deutschen W. O., welche der Intervention erwähnen, sprechen auch nur von einem Eintreten des Ehrenzahlers im engern Sinne des Worts in die Rechte des abbezahlten Wechselinhabers. So die Leipzig. W. O. §. 17; die Dessau. W. O. §. 67. — S. jedoch die Hannöv. W. O. §. 36. Civilrechtliche Befugnisse kann der Nothadressat gegen den Honoraten durch die Zahlung allerdings erwerben. Einert, Wechselr. S. 349 f. Thöl, Handelsr. §. 252 i. A.

[3] D. W. O. Art. 88. 5 u. Art. 98. 10.

[4] D. W. O. Art. 63, Abs. 2 und Art. 98. 7. — Cod. de comm. Art. 159. — Dies. Lehrb. §. 73.

§. 70.

Die Mehrheit von Nothadressen.

Ein Wechsel kann mit mehreren Nothadressen versehen sein. Es kann eine solche Adresse nämlich der Trassant, ferner der erste, zweite, dritte u. s. w. Indossant beigesetzt, — es kann auch jede dieser Personen dem Wechsel mehrere Nothadressen, und zwar mit oder ohne Anweisung ihres Rangs [1] gegeben haben. Sind aber aus dem Wechselbriefe die Aussteller der einzelnen Nothadressen nicht ersichtlich, so sind diese als vom Trassanten, resp. dem ersten Indossanten des eigenen Wechsels herrührend zu betrachten [2].

Was nun die aus einer Mehrheit von Nothadressen hervorgehenden Verhältnisse anbetrifft, so ist zu unterscheiden:

I. Präsentation zur Annahme.

Der Wechselinhaber hat zur Erlangung des Regresses auf Sicherstellung gegen einen Nothadressanten und dessen Nachmänner den Wechsel an sämmtliche von demselben begebenen Nothadressen zur Annahme zu präsentiren; also, wenn aus dem Wechsel nicht ersichtlich ist, von wem die Nothadressen herrühren, an alle Nothadressaten, um überhaupt zum Regresse Mangels Annahme berechtigt zu werden.

Diese Präsentation zum Accepte muß aber in gehöriger Ordnung geschehen, d. h. mit Berücksichtigung der Eventualität, für welche jeder einzelne Nothadressat durch die Wechselurkunde zur Intervention berufen ist, indem im entgegengesetzten Falle der gegen die betreffende Nothadresse erhobene Protest als unerheblich sich darstellt [3]. Es ist demnach der Wechsel zunächst an die Noth-

---

[1] Z. B. durch die Worte „nöthigenfalls zuerst bei Herrn M., dann bei Herrn N.“ Koch, Wechselr. S. 253. V.

[2] Dies. Lehrb. §. 67 zu Note 6.

[3] Denn es darf der Nothadressat nur dann interveniren, wenn die vor ihm zur Honorirung des Wechsels beauftragten Personen vergeblich angegangen worden sind.

adressen des Trassanten, dann an diejenigen des ersten, zweiten, dritten Indossanten u. s. f. zur Annahme vorzuzeigen [4]. Ist unter den mehrern von der nämlichen Person beigesetzten Nothadressen eine Ordnung nicht ausdrücklich vorgeschrieben worden, so hat der Wechselinhaber die Wahl, an welche derselben er sich zuerst wenden will [5]; und das Nämliche gilt für den Fall, daß aus dem Wechsel nicht ersichtlich ist, von wem die einzelnen Nothadressen herrühren [6].

Nach der D. W. O. jedoch ist der Regreß auf Sicherstellung gegen den einen oder den andern Vormann ohne Unterschied durch die Präsentation zum Accepte an sämmtliche Nothadressaten und Protestlevirung Mangels Annahme gegenüber denselben bedingt [7], wobei aber rücksichtlich der Reihenfolge der Präsentation die Grundsätze des Gemeinen Rechts in Anwendung kommen [8].

---

[4] Treitschke, Encycl. II. S. 37. — Pöhls, Wechselr. S. 255. — Bender, Grundf. I. S. 630. — Preuss. Landr. Th. II. Tit. 8. §. 1034. — Anders Thöl, Handelsr. II. S. 386 f.

[5] Bender, Grundf. I. S. 631.

[6] Thöl, II. S. 388. — Dagegen Pöhls, a. a. O. S. 255.

[7] Dies. Lehrb. §. 67 zu Note 15.

[8] D. W. O. Art. 56: „Befindet sich auf einem Mangels Annahme protestirten Wechsel eine auf den Zahlungsort lautende Nothadresse, so muss, ehe „Sicherstellung verlangt werden kann, die Annahme von der Nothadresse „gefordert werden.

„Unter mehreren Nothadressen gebührt derjenigen der Vorzug, durch „deren Zahlung die meisten Verpflichteten befreit werden“.

Die Fassung des zweiten Absatzes ist unklar, weil der Wechselinhaber nur nach vorheriger Anfrage bei sämmtlichen Nothadressen wissen kann, zu wessen Ehren die einzelnen Nothadressaten zu acceptiren gesonnen, und welcher von ihnen durch die Wechselzahlung die meisten Verpflichteten befreien wird. Daß der Wechselinhaber aber zu einer solchen Umfrage nicht verpflichtet, geht aus den Leipz. Protoc. S. 126 hervor. — Der wahre Sinn des Art. 56, Abs. 2 ergiebt sich aus seiner ursprünglichen Redaction: „Wenn mehrere „Nothadressen benannt sind, so ist diejenige aufzufordern, welche, wenn sie „zu Ehren des Adressanten eintritt, durch ihre demnächstige Zahlung die

II. Acceptation.

Das Accept des einen unter mehreren Nothadressaten kömmt dem Wechselinhaber zu Statten, gleichgültig, in welcher Reihenfolge er es gesucht hat. Der Inhaber kann also auch von mehreren ihm angebotenen Accepten nach seiner Wahl das eine oder das andere, oder alle annehmen [9].

Jedes Accept eines Nothadressaten schließt aber den Regreß des Präsentanten, so wie aller Nachmänner des Honoraten auf Sicherstellung aus [10]. Wird dagegen die von einer Nothadresse angebotene Annahme verweigert, so zieht dieß nach Gemeinem Rechte den Verlust jenes Regresses gegen den Adressanten und dessen Vormänner, nach der D. W. O. sogar gegen alle Vormänner nach sich, da nach diesem letztern Gesetze ein gegenüber sämmtlichen Nothadressen Mangels Annahme erhobener Protest zur Regreßnahme erforderlich ist.

III. Präsentation zur Zahlung.

Diese hat der Wechselinhaber rechtzeitig an sämmtliche Nothadressaten, und zwar in der gehörigen, d. h. in der bereits für die Präsentation zum Accepte bezeichneten Ordnung, bei Verlust des Regresses Mangels Zahlung gegen die betreffenden Adressanten und deren Nachmänner vorzunehmen.

Im Sinne der D. W. O. soll die Anfrage an alle Nothadressen auch dann fortgesetzt werden, wenn eine derselben bereits

---

„meisten Indossanten befreit. Verweigert diese das Accept, so ist der Wechsel „nach der durch die eben erwähnte Rücksicht bestimmten Reihenfolge den „übrigen Adressen vorzulegen, bis eine annimmt oder von allen die Annahme „nicht zu erhalten ist". Leipzig. Protoc. S. 122. — Koch, Wechselrecht, S. 253. V. — Bluntschli, D. W. O. S. 99. — Ditscheiner, Wechselrecht, S. 296. — Blaschke, Wechselr. S. 165. Dagegen verlangt Brauer im Arch. f. d. W. IV. S. 316 f. eine vorhergehende Anfrage bei sämmtlichen Nothadressen, womit der Schw. Entw. §. 59 übereinstimmt.

[9] Leipzig. Protoc. S. 126. — Thöl, Handelsr. II. S. 389.

[10] Dies. Lehrb. §. 68. II.

zur Zahlung sich erboten [11]; doch ist an die Nichtbeachtung dieser Bestimmung kein Präjudiz geknüpft.

IV. Die Zahlung.

Die Zahlung des einen unter mehreren Nothadressaten kömmt dem Wechselinhaber zu Statten, ohne Rücksicht auf die Reihenfolge, in welcher er dieselbe gesucht hat; er kann also, wenn mehrere Nothadressen sich zur Zahlung erbieten, diese nach seiner Wahl von der einen oder der andern annehmen [12]. Schlägt er aber die von einer Nothadresse angebotene Zahlung aus, so verliert er den Regreß gegen den Adressanten und dessen Nachmänner, nicht aber gegen dessen Vormänner, da er diesen gegenüber eines bei dem betreffenden Nothadressaten erhobenen Protests nicht bedarf.

Unter den Nothadressen selbst dagegen gebührt der Vorzug bezüglich der Zahlung derjenigen, welche durch dieselbe die meisten Wechselverbundenen befreit [13]; doch zieht die Nichtbeachtung dieses Vorzugs nach Gemeinem Rechte kein wechselmäßiges Präjudiz für die zahlende Nothadresse nach sich, währenddem dieselbe nach der D. W. O. den nämlichen wechselrechtlichen Nachtheil erleidet wie der Ehrenintervenient im engeren Sinne des Worts, der unter Verdrängung eines vor ihm Berufenen Zahlung leistet [14].

II. Die Ehrenintervenienten im engeren Sinne des Worts.

§. 71.

Bedingungen und Zweck der Ehrenintervention. — Die Honoraten und Honoranten.

Die Ehrenintervention im engeren Sinne des Worts (dies. Lehrb. §. 66) ist dadurch bedingt, daß der Wechsel vom Trassaten,

[11] Arg. D. W. O. Art. 62 und Art. 64, Abs. 2. — Brauer, Erläut. S. 115. — Schw. Entw. §. 65. 66.

[12] Thöl, Handelsrecht II. S. 391. — D. W. O. mit Einl. u. Erläut. S. 180.

[13] Thöl, Handelsr. §. 258. II und III.

[14] Dies. Lehrb. §. 74. — Schw. Entw. §. 66.

der indossirte eigene Wechsel vom Aussteller, oder statt derer vom Domiciliaten, resp. von dem oder den Nothadressaten trassirtermaßen nicht honorirt worden ist [1], oder daß ein Regreßfall wegen Unsicherheit des Wechselschuldners vorliegt [2]. Die Ehrenannahme und resp. Ehrenzahlung setzt demnach einen Protestfall und regelmäßig auch einen Protest voraus [3], weßhalb sie denn Acceptation und resp. Zahlung sopra Protesto genannt wird [4]. Ihr Zweck ist Aufrechthaltung des Credits des Wechselgebers, von welchem der Regreß des Wechselinhabers abgewendet wird [5], jedoch so, daß die Regreßrechte dieses Letztern in einem gewissen Umfange auf den Intervenienten übergehen [6].

Die Intervention kann zu Ehren des Trassanten (per onor di lettera) oder zu Ehren eines Indossanten der Tratte oder des eigenen Wechsels (per onor del giro oder della gira) geschehen [7], nicht aber zu Ehren des Bezogenen oder des Dritten, für dessen Rechnung gezogen worden [8]. Zu Ehren des Acceptanten oder Ausstellers des eigenen Wechsels ist eine Ehrenannahme der Natur der Sache nach ausgeschlossen [9], auch eine Intervention durch Zahlung aber für unstatthaft zu erachten [10], und zwar selbst dann, wenn der Wechsel vom Domiciliaten nicht bezahlt worden sein sollte [11].

---

[1] Thöl, Handelsr. §. 250 l. A.

[2] Treitschke, Encyc. I. S. 519. S. jedoch auch dies. Lehrb. §. 67. 2.

[3] S. auch dies. Lehrb. §. 72 und §. 73.

[4] Treitschke, Encyc. I. S. 518. — Gelpke, im Arch. für deutsch. Wechselr. Bd. II. S. 64. — Mittermaier, Grundſ. §. 349 zu Note 4.

[5] Einert, Wechselr. S. 321 f. — Thöl, §. 252. I.

[6] Dies. Lehrb. §. 66.

[7] Pöhls, Wechselr. S. 250. — Cod. de comm. Art. 126.

[8] Bender, I. S. 643 e. — Einert, S. 346. — Thöl, §. 253. I. — Dagegen Pöhls, Wechselr. S. 255.

[9] Treitschke, Encyc. I. S. 523 a. E. f.

[10] Treitschke, Encyc. I. S. 523 f. — Gelpke, a. a. O. S. 63. — Dagegen Einert, Wechselr. S. 346 f.

[11] Mittermaier, Grundſ. §. 349. IV. — Liebe, Entw. S. 156. — Bluntschli, D. W. O. S. 107. — Dagegen Treitschke, Encycl. I. S. 525. — Brauer, Erläut. S. 118.

Eine Intervention mit wechselrechtlicher Wirkung für den Intervenienten kann aber nicht allein von einer dem Wechsel fremden, sondern auch von einer beim Wechselverhältnisse betheiligten Person ausgehen [12], wie selbst vom Wechselinhaber [13]; doch können eine solche nicht vornehmen : der Acceptant, der Aussteller des eigenen Wechsels und der Trassant, so wie die Giranten zu Ehren ihrer Nachmänner [14], wiewohl eine auch von einer solchen Person vorgenommene Zahlung dem Wechselnehmer nützlich ist [15].

§. 72.

Die Ehrenannahme.

Eine Ehrenannahme (Freundes-Annahme [1]) braucht sich der Wechselinhaber nicht gefallen zu lassen [2], wenn sie nicht von einem Nothadressaten oder Trassaten angeboten worden [3], — welche letztere Ausnahme aber die D. W. O. nicht anerkennt [4].

Einzelne W. O. jedoch verpflichten den Wechselinhaber entweder schlechthin, die Ehrenannahme auch anderer Personen zuzu-

---

[12] Thöl, §. 254. I.

[13] Bender, Grundſ. I. S. 671, 7. — Thöl, §. 254, Note 3. — Dagegen Cod. de comm. Art. 126.

[14] Treitschke, Encycl. I. 527 f. — Brauer, Erläut. S. 106.

[15] Thöl, §. 254. II.

[1] Andere Benennungen ſ bei Bender, Grundſ. I. S. 638 f.

[2] Pöhls, Wechſelr. S. 251. — Thöl, Handelsr. §. 250. I. — Liebe, Entw. S. 156 f. — D. W. O. Art. 57. — Schw. Entw. §. 60. — Dagegen Treitschke, Encycl. I. S. 534 f.

[3] Daniels, Grundſ. S. 309.

[4] D. W. O. Art. 57 : »Die Ehrenannahme von Seiten einer nicht auf dem »Wechsel als Nothadresse benannten Person braucht der Inhaber nicht zuzu-»lassen.« — Schw. Entw. §. 60. — Leipzig. Protoc. S. 123 f. — Brauer, Erläut. S. 109 f. — Bluntschli, D. W. O. S. 100. — Dagegen Koch, Wechſelr. S. 255.

lassen [5], in welchem Falle aber ein solches Ehrenaccept den Regreß Mangels Annahme nicht ausschließt [6], — oder sprechen doch diese Verpflichtung unter der Voraussetzung aus, daß der Intervenient für die Zahlung hinreichende Sicherheit bestelle [7].

Die Ehrenannahme setzt einen Protestfall voraus, welcher durch Protest Mangels Annahme oder wegen Unsicherheit festzustellen ist [8]. Die Nothwendigkeit eines solchen Protests ist jedoch nicht in dem Sinne zu verstehen, daß das ohne Protest vorgenommene Accept den Intervenienten nicht wechselmäßig verpflichtete [9].

Die Form der Ehrenacceptation ist die des gewöhnlichen Accepts mit einem die Intervention zu Ehren andeutenden, jedoch keineswegs wesentlichen, Zusatze [10].

Die Bemerkung des Ehrenaccepts aber in einem Anhange zum Proteste (Interventionsprotest als Anhang zum Hauptproteste), — wie die D. W. O. sie verlangt [11], — ist ein nur particularrechtliches Erforderniß [12], und zwar selbst dann, wenn der Trassat oder ein Nothadressat zu Ehren acceptirt [13].

Im Zweifel gilt die Ehrenannahme als Intervention zu Ehren des Trassanten [14]; ist dieselbe „per onor del giro“ ohne Angabe

---

[5] Leipzig. W. O. §. 17. — Augsburg. W. O. Kap. VI. §. 1.

[6] Treitschke, Encycl. I. S. 535 a. E. f.

[7] Hannöv. W. O. §. 33. — S. auch Souchay in der Zeitſ. für deutsch. Recht Bd. XI. S. 44 f.

[8] Thöl, Handelsr. §. 259. I. 1.

[9] Bluntschli, D. W. O. S. 101.

[10] Thöl, §. 251. I. — Koch, Wechselr. S. 261.

[11] D. W. O. Art. 58, Abs. 1 u. Art. 88. 5. — Code de comm. Art. 158. — Koch, Wechselr. S. 259, Note 18.

[12] Thöl, §. 259. II.

[13] Dagegen Treitschke, Encycl. I. S. 556 f.

[14] Daniels, Grundſ. S. 316. — Bender, Grundſ. I. S. 655. — D. W. O. Art. 59. — Deſſ. W. O. Art. 67. — Schw. Entw. §. 61.

des Honoraten geschehen, so ist sie auf den ersten Indossanten zu beziehen [15].

Ihre Wirkungen aber sind die nämlichen, wie die des Accepts eines Nothadressaten [16], nur daß der Ehrenacceptant allein auf den gegen die sämmtlichen Nothadressaten rechtzeitig erhobenen Protest Mangels Zahlung zu letzterer verpflichtet [17], so wie auch der Regreß Mangels Zahlung gegen den Honoraten und dessen Nachmänner durch rechtzeitige Präsentation und Protestation bei jenem bedingt ist [18].

Insbesondere ist aber für das gemeine Recht hervorzuheben, daß der Wechselinhaber durch das Ehrenaccept den Regreß Mangels Annahme verliert, da in jener Zulassung ausgedrückt liegt, daß ihm dasselbe genüge [19]; — so wie ferner, daß es für die angebliche Verpflichtung des Intervenienten dem Honoraten die Ehrenannahme zu notificiren an jedem Rechtsgrunde fehlt [20].

§. 73.

Die Ehrenzahlung.

Die Ehrenzahlung gilt, wenn aus dem Wechsel oder Proteste der Honorat, welcher freilich nach der D. W. O. in diesem letz-

---

15 Treitschke, Encycl. I. S. 553. — Anders Thöl, §. 253. II.

16 Thöl, §. 251. II. — Dies. Lehrb. §. 68. — D. W. O. Art. 60. 61. 58. — Schw. Entw. §. 63. 64.

17 Thöl, §. 251. II.

18 Leipzig. Protoc. S. 128 f. — D. W. O. Art. 62. — Schw. Entw. §. 65.

19 D. W. O. mit Einleit. u. Erläut. S. 173 f. — Brauer, Erläut. S. 112. — Dagegen Treitschke, Encycl. I. S. 573 f. — Bender, Grundf. I. S. 652 a. — Mittermaier, Grundf. §. 349. XIV.

20 Thöl, §. 252. IV. — Dagegen Heise u. Cropp, Abhandl. Bd. II. S. 318 f. — Bender, Grundf. I. S. 656. 3.

tern bezeichnet werden soll[1], nicht ersichtlich, als Intervention für denjenigen, zu dessen Ehren acceptirt worden oder doch der Wechsel als angenommen zu betrachten wäre, wenn der betreffende Intervenient ein Ehrenaccept gegeben hätte.

Eine solche Zahlung befreit aber den Honoraten von der Regreßnahme des abbezahlten Präsentanten[2] und die Nachmänner jenes von allem Regresse[3]. Verweigert demnach der Wechselinhaber die ihm angebotene Ehrenzahlung, so verliert er jedenfalls den Regreß gegen diese letzteren[4], so wie er desselben auch gegen den Honoraten entbehrt, wenn die Ehrenzahlung von einem Intervenienten angeboten worden, der bereits ein Ehrenaccept gegeben[5].

Der Ehrenzahler tritt in die Rechte des abbezahlten Wechselinhabers gegen den Honoraten, dessen Vormänner und den Acceptanten ein[6]; in das Regreßrecht gegen den Honoraten jedoch, falls er ein Ehrenaccept gegeben[7], nur insofern als ihm der Wechsel

---

[1] D. W. O. Art. 88. 5 u. Art. 98. 10. — Koch, Wechselr. S. 338.

[2] Einert, Wechselr. S. 330.

[3] Thöl, Handelsr. II. S. 378 a. — Einert, Wechselr. S. 333 f.

[4] Thöl, a. a. O. §. 250. II. — Bender, Grundſ. I. S. 667. 4. — D. W. O. Art. 62, Abſ. 3 u. Art. 98. 7. — Schw. Entw. §. 65, Abſ. 3, §. 89. — Bluntschli, D. W. O. S. 104 f. — Theilzahlungen braucht der Inhaber nicht anzunehmen, und zwar auch nicht nach der D. W. O. Leipzig. Protoc. S. 132.

[5] D. W. O. Art. 62, Abſ. 2 u. Art. 98. 7. — Schw. Entw. §. 65, Abſ. 2. — Dieſ. Lehrb. §. 72.

[6] Bender, Grundſ. I. S. 668 a. — Einert, Wechselr. S. 326 und S. 334 i. A. — Mittermaier, Grundſ. §. 349. XVII. — D. W. O. Art. 63, Abſ. 2. — Schw. Entw. §. 67, Abſ. 7. — Code de comm. Art. 159. — Bluntschli, D. W. O. S. 106. — Es beruht dieß auf einem Rechtssatze des Wechselrechts. — Dieſ. Lehrb. §. 66. — Koch, Wechselr. S. 267 f. — Aus einem Mandate, einer negotiorum gestio oder einer Cession, welche allerdings unterliegen können (Einert, Wechselr. S. 325 f., Thöl, Handelsr. §. 252. II. u. III.), lassen sich die wechselmäßigen Rechte der Intervenienten nicht erklären.

[7] Das Nämliche gilt vom Regresse der zahlenden Nothadresse gegen den Nothadressanten.

rechtzeitig zur Zahlung präsentirt und die hierbei geleistete Ehrenzahlung im Proteste vermerkt, oder wenn dieselbe später geschehen, die erfolglose Zahlungsaufforderung daselbst festgestellt worden [8]. Zur Ausübung jener Wechselrechte kann aber der Ehrenzahler die Aushändigung des Wechsels [9], so wie der gegen den Bezogenen oder Aussteller des eigenen Wechsels, und gegen den oder die Nothadressaten, resp. den Ehrenacceptanten rechtzeitig erhobenen Proteste gegen Erstattung der Protestkosten verlangen [10]. Der Intervenient kann jedoch auch den fälligen Wechsel ohne Protest bezahlen und seine Regreßrechte dadurch wahren, daß er selbst den Protest rechtzeitig leviren läßt [11]. Hat er die Unterlassung der Protesterhebung verlangt, so steht dem zuwider handelnden Wechselinhaber kein Anspruch auf Ersatz der Protestkosten zu, so wie derselbe auch, wenn durch die stattgehabte Protestation die Ehrenzahlung abgewendet

---

[8] Dies. Lehrb. §. 72 zu Note 18. — Hoffmann im Arch. f. pract. Rechtswissensch. Bd. I. 3. S. 62 f.

[9] Und zwar auch dann, wenn nach stattgehabter Theilzahlung für den Rest intervenirt wird (Treitschke, Encycl. I. S. 580). Leisten dagegen mehrere Intervenienten Theilzahlungen, so hat keiner einen Vorzug vor dem andern auf den Wechsel. Dagegen Bender, Grunds. I. S. 670 h.

[10] D. W. O. Art. 63, Abs. 1: „Dem Ehrenzahler muss der Wechsel und „der Protest Mangels Zahlung gegen Erstattung der Kosten ausgehändigt „werden." Art. 98. 7. — Schw. Entw. §. 67, Abs. 1.

[11] Gelpke, im Arch. f. deutsch. Wechselr. Bd. II. S. 69 f. — Hamburg. Einführ.-Ordn. §. 8: „Wenn gleich ein Ehren-Acceptant nach „Art. 62 und 63 der D. W. O. nur verpflichtet ist, sein Accept gegen ihm „geschehende Einlieferung des vom Inhaber ordnungsmässig erhobenen Protestes M. Zahlung einzulösen, so bleibt es demselben dennoch gestattet, nach „Massgabe des hieselbst bestehenden Gebrauchs, die Zahlung auf Verfall auch „bereits vor erhobenem Protest zu leisten. — Er tritt durch solche Zahlung „in die Rechte des Inhabers gegen den Honoraten, dessen Vormänner und „den Acceptanten, und hat sodann die zur Ausübung dieser Rechte von der „W. O. vorgeschriebenen Förmlichkeiten an der Stelle des Inhabers seinerseits zu erfüllen." Lübecker Einführ. Ordn. Art. 5. — Holst. Einf. Ordn. §. 12.

wird, den Regreß wie in Folge verweigerter Zahlungs-Annahme verliert [12].

§. 74.

Mehrheit von Ehreninterventienten. — Ehreninterventienten und Nothadressaten.

Es kommen hier folgende Verhältnisse in Betracht:

I. Anerbieten mehrerer zum Ehrenaccepte im engern Sinne des Worts.

Der Wechselinhaber kann die mehreren Accepte sich gefallen lassen, oder dieselben ausschlagen, oder das eine oder das andere nach seiner Willkühr annehmen [1].

II. Präsentation zur Zahlung.

1) Der Wechsel enthält eine Nothadresse und ein Ehrenaccept, welches zu Ehren eines Begebers jener Statt gefunden hat. Der Wechselinhaber muß zur Wahrung seines Regresses gegen den Adressanten und Honoraten, resp. dessen Nachmänner, den Wechsel zuerst der Nothadresse und dann dem Ehrenacceptanten zur Zahlung präsentiren.

2) Der Wechsel enthält mehrere Ehrenaccepte im engern Sinne des Wortes. Hier muß der Wechselinhaber zur Wahrung seines Regresses gegen den Honoraten und dessen Nachmänner die Präsentation zur Zahlung an sämmtliche Ehrenacceptanten vornehmen [2], ohne daß er jedoch hierbei an die Beobachtung einer bestimmten Reihenfolge gebunden wäre.

---

[12] D. W. O. mit Einl. u. Erl. S. 181. — Nicht aber jeden Regreß, wie Thöl, Handelsr. II. S. 399 meint.

[1] Thöl, Handelsrecht II. S. 390. — S. jedoch dies. Lehrb. §. 72.

[2] Dies. Lehrb. §. 72.

III. Die Zahlung.

Die Zahlung kömmt dem Wechselinhaber zu Statten, mag sie ihm von einer Nothadresse, einem Ehrenacceptanten oder einem dritten Intervenienten geleistet worden sein; er kann dieselbe also, wenn sie ihm von einer Nothadresse und einem Ehreninterventienten oder Mehreren angeboten wird, von dem einen oder dem andern nach seiner Wahl annehmen [3].

Unter Mehreren, welche zu Ehren interveniren wollen, gebührt dagegen der Vorzug bezüglich der Zahlung demjenigen, welcher durch dieselbe die meisten Wechselverpflichteten befreit [4], gleichgültig, ob unter denen, welche die Ehrenzahlung beabsichtigen, Ehrenacceptanten sich befinden oder nicht [5]. Derselbe Grundsatz findet auch auf Collisionen zwischen Nothadressaten und Ehreninterventienten Anwendung [6]. Die Nichtbeachtung dieses Vorzugs zieht aber für den zahlenden Ehreninterventienten den Verlust des Regresses gegen diejenigen Vormänner nach sich, welche durch die Leistung der von Andern angebotenen Zahlung befreit worden wären [7]. Doch setzt dieses Präjudiz den dem Ehrenzahler von dem von ihm in Regreß genommenen Vormanne gelieferten Nachweis voraus, daß eine diesem nützliche Ehrenzahlung von anderer Seite ange-

---

[3] Thöl, §. 257. III. — Brauer, Erläut. S. 117.

[4] Treitschke, Encyc. I. S. 542. — Thöl, §. 258. I. — D. W. O. Art. 64, Abs. 1. — Schw. Entw. §. 66, Abs. 1. — Unrichtig wird als Anwendung dieses Princips behauptet, daß bei Commissionstratten der Intervenient zu Ehren desjenigen, auf dessen Rechnung der Wechsel gezogen, den Vorzug habe (Mittermaier, Grundſ. §. 349. VII.), weil hier überhaupt von einer wechselrechtlichen Intervention nicht die Rede sein kann. (Dies. Lehrb. §. 71 zu Note 8.) — Dagegen Borchardt, W. O. S. 116.

[5] Brauer, Erläut. S. 117. — Mehrere, die für den nämlichen Honoraten eintreten wollen, stehen sich gleich. Leipzig. Protoc. S. 130.

[6] Thöl, §. 258. II.

[7] Thöl, §. 258. — D. W. O. Art. 64, Art. 98. 7. — Schw. Entw. §. 66 u. §. 89. — Dagegen Braunschweig. Entw. §. 74 und Liebe, Motive S. 161 f.

boten worden und daß diese Thatsache jenem bekannt gewesen sei[8]. Die Bestimmung der D. W. O. aber, wonach aus dem Wechsel oder Proteste ersichtlich gewesen sein muß, daß ein Anderer, welchem der Ehrenzahler nachstehen mußte, den Wechsel einzulösen bereit war[9], ist particularrechtlicher Natur.

Sechstes Kapitel.

Der Aval.

§. 75.

Begriff des Avals. — Dessen Bedeutung im Allgemeinen.

Das Wort »Aval« bezeichnet eine Unterschrift, die auf dem Wechsel unter einer andern Unterschrift steht[1]; dann ein Verhält-

[8] Thöl, II. S. 396. — Dieser Beweis kann geführt werden durch einen eigenen Protest, welchen der bedrängte Mitbewerber aufnehmen läßt und dem Honoraten einsendet. Doch ist ein solcher Protest nicht das allein zulässige Beweismittel. Dagegen der Sächs. Entw. §. 205 und Einert, S. 352 f. — S. aber Liebe, Motive S. 161 f.

[9] D. W. O. Art. 64: »Unter Mehrern, welche sich zur Ehrenzahlung er»bieten, gebührt demjenigen der Vorzug, durch dessen Zahlung die meisten »Wechselverpflichteten befreit werden.

»Ein Intervenient, welcher zahlt, obgleich aus dem Wechsel oder Proteste »ersichtlich ist, dass ein anderer, dem er hiernach nachstehen müsste, den »Wechsel einzulösen bereit war, hat keinen Regress gegen diejenigen Indos»santen, welche durch Leistung der von dem Andern angebotenen Zahlung »befreit worden wären.« D. W. O. Art. 98. 7. — Schw. Entw. §. 66 u. §. 89. — Brauer, Erläut. S. 119.

[1] Von »firmare a valle« Treitschke, Encyc. I. S. 242 f. — Aval ist = locus inferior. Dufresne, Gloss. s. v. aval, avalare, avalterrae. — Die Franzosen leiten das Wort »aval« von „à valoir« ab. Treitschke, Encyc. I. S. 242). — So auch Bender, Grundſ. II. S. 68 a.

niß wechselrechtlicher Mitverpflichtung, welches von der gewöhnlichen Form, in der es begründet wird, so genannt ist, und als Mitverpflichtung mit dem Wechselaussteller, einem Indossanten oder Acceptanten vorkommen kann.

Der Umstand aber, daß durch den Aval, welcher zwar, weil dem Credit des betreffenden Wechselverpflichteten nachtheilig, wenig gebräuchlich ist [2], die Sicherheit des Wechselgläubigers durch Hinzutreten eines neuen Wechselschuldners erhöht wird, veranlaßte die Bezeichnung desselben als Wechselbürgschaft [3]. Es kann nun freilich die Absicht zu intercediren dem Aval zu Grunde liegen, dieselbe sogar in dessen Form hervortreten, allein auf dem Gebiete des Wechselrechts äussert sich dieses Verhältniß nicht, weil der Aval nach seiner Form und dem Handelsgebrauche ein Wechselversprechen enthält [4].

Uebrigens kann die Sicherheit des Wechselgläubigers noch in anderer Weise als durch Aval, und zwar sowohl in wechselrechtlicher [5] als auch in civilrechtlicher Art [6] erhöht werden.

§. 76.

Allgemeine Grundsätze. — Arten des Avals.

Der Unterschrift eines Wechselverbundenen kann auf dem Wechsel oder auf einer Copie [1] eine andere Unterschrift bei-, unter-

---

[3] Daniels, Grundſ. S. 335. — Einert, Wechselr. S. 137 f.

[2] Vergl. z. B. den Code de comm. Art. 141 u. 142 mit dem Bad. Landr. Anh. Art. 141 u. 142. — Bender, Grundſ. II. S. 68.

[4] Thöl, Handelsr. §. 261. — D. W. O. mit Einl. u. Erläut. S. 213 f.

[5] Durch Indossament oder Accept. Thöl, Handelsr. §. 267. — Treitschke, Encyc. I. S. 248 f. — Das Indossament enthält sogar eine unverkleidete Bürgschaft, wenn es den Beisatz hat: „Valuta in übernommener Gewährleistung für NN.", ein Beisatz, der jedoch wechselrechtlich irrelevant ist. — Dagegen Bender, Grundſ. II. S. 81. — Treitschke, Encyc. I. S. 246.

[6] Thöl, Handelsr. §. 266. — Dies. Lehrb. §. 17. II. 2.

[1] Daniels, Grundſ. S. 338. — D. W. O. Art. 81, Abs. 1. u. Art. 98. 10. — Der Aval kann nicht auf einer besondern Urkunde geschehen, wie

oder übergesetzt sein; so derjenigen des Trassanten oder des Ausstellers eines eigenen Wechsels, so ferner derjenigen eines Indossanten, Acceptanten oder Ehrenacceptanten. — Die nachträgliche Unterschrift kann mit dem üblichen Zusatze „als Bürge", „per aval" oder einer ähnlichen Formel [2], oder auch ohne einen solchen Statt gefunden haben, in welchem letzteren Falle sich oft nicht ermitteln läßt, welches die Avalunterschrift ist. Doch ist dieses, so wie auch der Umstand, ob die Avalunterschrift mit oder ohne Zusatz gegeben worden, wechselrechtlich irrelevant, indem von den mehrern Mitunterschriebenen jeder für das ganze, mit Ausschluß der Einreden der Theilung und der Vorausklage haftet [3], und die Ungültigkeit der Verpflichtung des Einen auf die Wechselverbindlichkeit des oder der Andern ohne Einfluß ist [4].

Im Einzelnen sind folgende Verhältnisse zu unterscheiden:

1) Die Tratte hat mehrere Unterschriften. — Die mehrern Mitunterschriebenen haften als Mittrassanten, gleichgültig, ob die

---

Stern, die Lehre von den Wechseln S. 67 meint, wenn nicht das particuläre Gesetz dieß gestattet, was z. B. der Cod. d. comm. Art. 142 thut.

[2] Bender, Grundſ. II. S. 69. — Treitschke, Encyc. I. S. 243.

[3] Brauer, Erläut. S. 138. 2. — D. W. O. Art. 81: „Die wechselmässige Verpflichtung trifft den Aussteller, Acceptanten und Indossanten des „Wechsels, so wie einen Jeden, welcher den Wechsel, die Wechselcopie, „das Accept oder das Indossament mit unterzeichnet hat, selbst dann, wenn „er sich dabei nur als Bürge (per aval) benannt hat.

„Die Verpflichtung dieser Personen erstreckt sich auf Alles, was der Wech„selinhaber wegen Nichterfüllung der Wechselverbindlichkeit zu fordern hat.

„Der Wechselinhaber kann sich wegen seiner ganzen Forderung an den „einzelnen halten; es steht in seiner Wahl, welchen Wechselverpflichteten er „zuerst in Anspruch nehmen will." D. W. O. Art. 98. 10. — Schw. Entw. §. 68 u. 89. — Dagegen Code de comm. Art. 142: „. . . le donneur „d'aval est tenu solidairement et par les mêmes voies que les tireurs et endos„seurs, sauf les conventions différentes des parties."

[4] Dieſ. Lehrb. §. 16 u. §. 23.

Unterschriften neben oder über und unter einander stehen, und wie der Wechsel gefaßt ist [5].

2) Der eigene Wechsel hat mehrere Unterschriften. Die mehreren Mitunterschriebenen haften als Mitaussteller [6].

3) Das Indossament hat mehrere Unterschriften. Die mehreren Mitunterschriebenen haften als Mitindossanten, mag der Avalgeber aus dem Wechsel ersichtlich sein oder nicht, wie letzteres dann der Fall ist, wenn das Indossament eines Blanco-Wechsels mehrfach unterschrieben worden, oder das betreffende Giro auf ein Indossament auf den Inhaber oder in bianco folgt [7].

4) Der Unterschrift des acceptirenden Trassaten ist eine andere Unterschrift beigefügt. — Der Avalgeber ist nicht Acceptant, weil er nicht bezogen ist; er ist ebensowenig Ehrenacceptant, weil der Wechsel trassirtermaßen honorirt worden; er haftet aber wie ein Acceptant [8].

---

[5] Thöl, Handelsr. §. 262. I. — W. O. v. Schwarz.-Rudolst. §. 3. — Dagegen: Treitschke, Encyc. I. S. 243. — Dessau. W. O. §. 13: „Ist ein Wechsel in der einfachen Zahl ausgestellt und von Mehrern unter-„schrieben, so wird der zuerst Unterzeichnete als Hauptschuldner betrachtet „und die übrigen haften nur als Bürgen. Lautet aber der Inhalt des von „Mehrern unterschriebenen Wechsels in der Mehrzahl, so ist anzunehmen, dass „sie Einer für Alle und Alle für Einen haften. Wer also bei einem solchen „Wechsel nur als Bürge, als Assistent oder Zeuge betrachtet seyn will, muss „diese Eigenschaft bei seiner Unterschrift ausdrücklich erklären.“

[6] Sachsen-Altenburg. W. O. Kap. I.: Von denen eigenen Wechseln, §. 6: „Weil sich öfters zuträgt, dass zwei oder mehrere zugleich einen „Wechsel ausstellen, so hat es, wenn die clausula: in solidum, einer vor „alle, und alle vor einen, darinn enthalten, ohnedem dabei sein Bewenden, „dass dem Creditori frei stehet, einen jeden nach Belieben auf die ganze „Forderung zu beklagen, alleine, wenn auch obige Clausel nicht vorhanden „wäre, hat ebensowenig das beneficium excussionis oder divisionis statt, und „bleibet jeder von denen Ausstellern in solidum verbunden . . .“

[7] Thöl, §. 262. II. — Dagegen Treitschke, Encyc. I. S. 244.

[8] Thöl, §. 263. I. — Dagegen Treitschke, Encyc. I. S. 244. Der Cod. d. comm. Art. 142 spricht vom Avalisten des Acceptanten nicht; der

5) Diejenigen, welche das Accept einer Nothadresse oder ein Ehrenaccept im engern Sinne des Wortes mitunterschrieben haben, haften als Ehrenacceptanten [9].

In diesen verschiedenen Fällen muß sich aber die Mitunterzeichnung auf dem Wechselpapiere örtlich so darstellen, daß sie in unzweifelhafter Beziehung zu der von einem Andern durch seine Unterschrift documentirten Wechselerklärung steht [10], und darf auch die aus jenem räumlichen Verhältnisse sich ergebende Annahme der Absicht des Mitunterzeichners, die Folgen dieser Wechselerklärung übernehmen zu wollen, nicht durch eine dessen Unterschrift beigefügte unzweideutige Bemerkung ausgeschlossen sein [11].

Auf den einlösenden Avalisten gehen aber an sich die Rechte aus dem Wechsel nicht über [12].

Gerichtsgebrauch schließt sich aber der im Texte angenommenen Ansicht an. Nonguier, lettres de change §. 175.

[9] S. dies. Lehrb. §. 72. — Thöl, §. 263. II.

[10] Berl. Ob. Tr. im Arch. f. d. W. V. S. 457 f.; daher denn eine Namensunterschrift quer durch den Context des mit einem Accepte nicht versehenen Wechsels selbst dann nicht als Mitunterzeichnung eines Accepts angesehen werden kann, wenn sie sich auf dem Secundawechsel befindet u. die Prima ein Accept enthält. — Ebenso begründet die auf die Rückseite eines Wechsels geschriebene Erklärung „die umstehende Schuld zu übernehmen und an dem und dem Tage zu zahlen" keine Wechselbürgschaft: Kletke, Präjud. S. 219, Nr. 555.

[11] Berl. Ob. Tr. im Arch. f. d. W. Bd. IV. S. 457 f.; wie z. B. durch das der Mitunterschrift eines Ehemanns unter dem Accepte seiner Ehefrau beigefügte Wort „genehmigt". Borchardt, die D. W. O. mit den von den Gerichten ausgesprochenen Grunds. S. 149, Not. 46 a.

[12] Stuttg. Ob. Tr. bei Seuffert, Arch. X. Nr. 82. — Dagegen Schw. Entw. §. 69: „Der Bürge, welcher den Wechsel einlöst, erlangt „die Ansprüche und Regressrechte, welche demjenigen zustanden, für welchen „er sich verbürgt hat."

Siebentes Kapitel.

Die Klagen aus dem Wechsel. — Die Wechselverjährung.

I. Die Klagen aus dem Wechsel im Allgemeinen.

§. 77.

Die Eigenthümlichkeiten dieser Klagen.

Die Klagen aus dem Wechsel (die Wechselklagen im weitern Sinne des Wortes [1]) zerfallen in die Wechselklage im engern Sinne und in die Wechselregreßklagen. Wiewohl nun diese Klagen verschiedene Voraussetzungen und Zwecke haben, so kommen ihnen doch folgende gemeinsame Eigenthümlichkeiten zu:

1) Der Wechselgläubiger kann seinen ganzen wechselrechtlichen Anspruch gegen den einen oder den andern der in gleicher Weise wechselmäßig Verbundenen nach Willkühr einklagen [2], so wie ihm auch die Wahl zwischen der Klage wider den Acceptanten, resp. den Aussteller des eigenen Wechsels, und der Klage gegen die Vormänner, und ebenso das jus variandi zusteht [3].

---

[1] D. W. O. Art. 49.

[2] D. W. O. Art. 81. 49. 26, Abs. 2 u. Art. 98. 6 u. 10. — Cod. de comm. Art. 164.

[3] Treitschke, Encyc. I. S. 44. — Thöl, Handelsr. II. S. 321. — D. W. O. mit Einl. u. Erl. S. 158 f. — D. W. O. Art. 49, Abs. 1 u. Art. 26, Abs. 2. — Art. 98. 6. — Kletke, Präjud. S. 203. Nr. 510. — Dagegen Dessau. W. O. §. 114.

Fallen mehrere Wechselschuldner in Concurs, so kann der Wechselinhaber seine ganze Wechselforderung bei den mehreren Massen anmelden. Welche Rechte aber er daselbst geltend zu machen befugt, ist bestritten. Nach einer Ansicht kann er, wenn er von der zuerst zahlenden Masse eine Dividende erhalten, bei der Dividende der zweiten Masse nur den noch nicht bezahlten Betrag seiner Gesammtforderung in Anschlag bringen u. s. f.[4]. Nach einer andern Meinung empfängt der Wechselinhaber bis zu seiner völligen Befriedigung von jeder Concursmasse die nach dem Gesammtbetrage seiner Forderung zu berechnende Dividende[5]. Richtiger jedoch wird in folgender Weise unterschieden:

---

[4] Treitschke, Encyc. I. S. 289 u. II. S. 362 f. — Daniels, Grundf. S. 361 f. — Borchardt, D. W. O. S. 103. — Walter, Syst. §. 365; Günther, Concursproc. S. 62, der diese Meinung als die gewöhnliche, wiewohl kaum ganz richtige, bezeichnet. — Dessau. W. O. §. 44: „Sind „einem Wechselgläubiger mehrere Wechselinteressenten verhaftet und bricht „über alle Concurs aus, so kann er sich mit der ganzen Summe in allen „Concursen melden. Gelangt er jedoch in einem derselben zur ganzen oder „theilweisen Zahlung, so tilgt oder mindert dieselbe ipso jure seine Forderung in allen übrigen Concursen."

[5] Bender, Grundf. II. S. 475 f. — Pöhls, Wechselr. S. 633 f. — Mittermaier, Grundf. §. 355. 10. — Brauer, Erläut. S. 138. — Schw. Entw. §. 57: „Sind Regresspflichtige in Concurs gerathen, so ist „der Regressnehmer berechtigt, bei jeder Concursmasse seine ganze Forderung „an Capital, Zinsen, Auslagen u. s. w. geltend zu machen. Er muss jedoch „dasjenige, was er aus einer Masse erhält, der andern in Abzug bringen. — „Den Wechsel, den Protest und die quittirte Retourrechnuug ist er erst derjenigen Masse auszuliefern verbunden, welche den Rest seiner Regresssumme „bezahlt." Meine Kritik, S. 23. — Cod. de comm. Art. 542 und Franz. Gesetz vom 28. Mai 1838. — Códico de comercio Art. 537. — Niederl. Handels-Gesetzb. Art. 97. — Bremer Einführ. Ordn. §. 11: „Gerathen mehrere dem Wechselinhaber wechselmässig Verpflichtete „in Insolvenz, so ist derselbe bei jeder Masse seine gesammte Forderung an „Capital, Zinsen und Auslagen bis zu seiner völligen Befriedigung geltend zu „machen befugt, muss sich jedoch dasjenige, was er aus einer andern Masse „erhält, in Anrechnung bringen lassen. Er braucht erst derjenigen Masse, „welche ihm den Rest seiner Forderung bezahlt, den quittirten Wechsel nebst

Sind die mehreren Wechselverbundenen Correalschuldner, — wie die mehreren Mittrassanten, Mitindossanten, Mitacceptanten, Mitaussteller eines eigenen Wechsels, so hebt eine Theilzahlung die Obligation theilweise auf, und ist sonach die aus der Concursmasse eines andern derartigen Schuldners zu erhebende Dividende nach dem Restbetrage zu berechnen.

Hat der Wechselinhaber aus der Masse des Acceptanten oder Ausstellers des eigenen Wechsels einen Theil der Wechselsumme empfangen, so ist der Regreßanspruch an die Masse des Trassanten oder eines Indossanten um eben so viel gemindert.

Ist endlich aus der Masse des einen Vormannes ein Theil der Regreßsumme bezahlt worden, so muß die Dividende aus der Masse der andern Vormänner nach der vollen Regreßsumme berechnet werden [6].

Die Wechselforderung genießt übrigens weder nach gemeinem Rechte, noch auch nach der D. W. O. eines Vorzugsrechts im Concurse [7].

„Protesturkunde auszuliefern". — §. 12 : „Der mit einer Masse eingegangene „Accord verhindert den Wechselinhaber nicht, seine gesammte Forderung „nach Massgabe des §. 11 gegen die übrigen Wechselverpflichteten oder deren „Debitmassen geltend zu machen, und im Falle eines Accordes der letztern „die Accordgelder für den ursprünglichen Gesammtbetrag seiner Forderung „bis zu seiner vollständigen Befriedigung zu erheben." Nassau. Wechselproc. Ordn. v. 7. Nov. 1848, §. 31 u. 32.

[6] Thöl, Handelsr. §. 292. III.

[7] Mittermaier, Grundſ. §. 355 zu Note 6. — Brem. Einf. G. §. 10 : „Das Wechselrecht ertheilt dem Gläubiger keinen Vorzug vor andern chiro- „graphischen Gläubigern." — Das particularrechtlich vorkommende Vorzugsrecht der Wechselforderungen ist durch folgende Einführungsgesetze der D. W. O. aufgehoben worden : Bayer. Einführ. Ordn. §. 10; — Braunschw. Einf. Ordn. §. 7. — Hannöv. Einf. Ordn. §. 5. — Ein Vorzugsrecht im Concurse haben die Wechselforderungen z. B. noch : in Preussen (A. Ger. Ordn. Th. I. Tit. 50, §. 471), in Schleswig (Seuffert, Arch. Bd. VII. Nr. 96 u. A.) und in Würtemberg (Prioritäts-Gesetz v. 15. April 1825, Art.

2) Die Wechselklagen können im Wechselprocesse, ebenso aber auch im ordentlichen Processe geltend gemacht werden[8].

3) Die Einrede-Vertheidigung gegen dieselben ist beschränkt.

§. 78.

Der Wechselproceß insbesondere.

Der Wechselproceß, über dessen Form das Gesetz des Klageorts entscheidet[1], und der auch für ausländische Wechsel statthaft ist[2], erscheint nach gemeinem Rechte als eine Art des Executivprocesses[3], welche sich durch folgende Eigenthümlichkeiten auszeichnet:

---

13 u. 15, und Pfandentwickl. Gesetz v. 21. Mai 1828, Art. 43). S. aber über den letztern Staat Heß im Arch. f. deutsch. Wechselr. Bd. II. S. 122. Ueber das für eine Wechselforderung bestellte Pfandrecht, s. dies. Lehrb. §. 17 a. E.

[8] Arch. f. deutsch. Wechselr. Bd. III. S. 203 f. — Kletke, Präjud. S. 217. Nr. 550. — Brem. Einf. G. §. 17: „Der Kläger kann zu jeder „Zeit den Wechselprocess aufgeben und seine Sache im ordentlichen Processe „fortsetzen." — S. auch dies. Lehrb. §. 21, Note 4.

[1] Arch. f. d. W. Bd. IV. S. 180.

[2] Dies leugnet für ausländische Wechsel, welche den Bestimmungen der D. W. O. nicht entsprechen, ohne zureichenden Grund Purgold im Arch. f. d. W. Bd. III. S. 78 f.; s. auch Arch. f. d. W. IV. S. 443 f. — Dagegen Hoffmann im Arch. f. pract. Rtswiss. Bd. I. 2. S. 72 f. — S. auch dies. Lehrb. §. 7. Not. 6.

[3] Treitschke, Encyc. II. S. 204 f. — Heffter, System des Civilproc. §. 412 zu Note 327 u. 328. — Morstadt, Civilproceß-Schlüssel S. 245. — Großh. Hess. Ges. über das Wechselverf. in den Provinz. Starkenburg und Oberhessen v. 4. Juni 1849, §. 38: „Soweit dieses Gesetz keine Abweichung „enthält, sind in Wechselsachen die für das gewöhnliche Verfahren und ins„besondere die für den Executiv-Process geltenden Bestimmungen anzu„wenden." — Viele Schriftsteller betrachten jedoch, wiewohl ohne Grund, den Wechselproceß als eine eigene summarische Proceßart. — P. C. Scherer, der Wechselproceß, 2te Ausg. Erlang. 1818. — Danz, summar. Proc. §. 85 f. — Claproth, summar. Processe §. 54 f. — Bender, Grundf. §. 447 f. — Daniels, Grundf. S. 379 f. — Thöl, §. 149 u. §. 304 f.

1) Der Beklagte kann keine Cautionen verlangen [4];
2) Widerklagen, insoferne sie nicht Wechselklagen sind, können nicht mit der Wirkung der gleichzeitigen Verhandlung mit der Vorklage angestellt werden [5];
3) die Rechtsmittel, welche gegen ein condemnatorisches Urtheil ergriffen werden, haben keinen Suspensiv-Effect [6].

Dagegen ist der Personalarrest, mittelst dessen die auf eine Wechselklage ergangene Verurtheilung regelmäßig vollstreckt werden kann, nicht als eine Eigenthümlichkeit des Wechselprocesses zu betrachten [7]. — Ein besonderer Gerichtsstand besteht nach gemeinem Recht für Wechselklagen nicht [8].

---

[4] Claproth, a. a. O. §. 68. — Brem. Verordn. zur Einführ. der Allg. D. W. O. §. 20. — Mecklenburg. Einführ. Ordn. §. III. 2. — Großherz. Hess. Gesetz v. 4. Juni 1849, §. 18.

[5] Claproth, a. a. O. §. 70. — Lippisch. Wechselproc. Gesetz v. 5. Juli 1849, §. 8. — Großh. Hess. Gesetz §. 19.

[6] I. R. A. §. 107. — Fortsetzung des R. A. Anfangs v. 1671: Nachdem auch fünftens . . . (nicht publicirt). — Brem. Einf. G. §. 31. — Oesterr. Verordn. v. 25. Januar 1850 (für die Länder des bürgerl. Gesetzb.) §. 12 b. u. §. 14. — Ob die Execution in diesem Falle mit oder ohne Caution des Gläubigers Statt finden solle, ist dem richterlichen Ermessen anheimgestellt. — Unrichtig behauptet Danz, §. 95 zu Note i, daß die Bestimmung des I. R. A. allein auf die in Handlungssachen ausgestellten Wechsel sich beziehe. S. dies. Lehrb. §. 19, Note 4.

[7] Dies. Lehrb. §. 21, Note 4.

[8] Thöl, §. 305. Anders particularrechtlich. — Treitschke, Encyc. II. S. 204 f. — Pöhls, Wechselr. S. 673 f. — Die Bestimmung der D. W. O. Art. 97, daß der Ort der Ausstellung des eigenen Wechsels als Wohnort des Ausstellers gelte, begründet keinen Gerichtsstand des Wohnorts für die Wechselklage. Stuttg. Ob. Tr. b. Seuffert, Arch. Bd. VII. Nr. 102 u. X. Nr. 87. — Ueber die Adresse „auf mich selbst aller Orten" s. dies. Lehrb. §. 44. Not. 7. — Eigenthümlich aber ist die Bestimmung mehrerer Einführungs- und Wechselproceß-G. zur D. W. O., daß, wenn mehrere Wechselpflichtige zusammen belangt werden, ausser dem Gerichte des Zahlungsorts jedes Gericht competent, welchem Einer der Beklagten persönlich unterworfen. Preuss. Einf. G. §. 5 (Arch. f. d. W. IV. S. 323); Braunschw. Wechselproc. G. §. 1; Großh. Hess. Wechselproc. G. §. 2; Lippe-Detmold. Wech-

Die einzelnen Particularrechte schließen sich, was den Wechselproceß anbetrifft, entweder an das gemeine Recht an [9], oder sie gestatten in Wechselsachen eine eigene, mehr oder weniger nach Analogie des Executivprocesses gebildete [10] Proceßart [11].

Wo aber Meßfreiheit besteht, — welche durch die Einführung der D. W. O. und der damit im Zusammenhange stehenden Wechselproceß-Gesetze nicht als abgeschafft zu betrachten, kann gegen

---

selpr. G. §. 1. — Nach österr. Rechte kann übrigens der Wechselgläubiger, der die executive Pfändung auf die beweglichen Güter seines Schuldners erwirkt hat, dieselbe des nachher ausgebrochenen Concurses unerachtet bei dem nämlichen Gerichte fortsetzen. Arch. f. d. W. Bd. V. S. 431. 442. 444.

[9] Hierher gehören die meisten Wechselproceßgesetze, welche bei Einführung der D. W. O. in den einzelnen deutschen Staaten erlassen worden, wie: das Braunschw. Wechselproceß-Ges. v. 11. Januar 1849; — die Oldenburg. Zusatz-Artik. zur W. O. (als 4ter Abschn. der W. O.) v. 31. März 1849; — die Bremische Verordn. v. 25. April 1849 (§. 13—32); — die Waldeck'sche Wechselproc. Ordn. v. 30. Mai 1849; das Großh. Hess. Gesetz, das Wechselverfahren in den Provinzen Starkenburg u. Oberhessen betr., v. 4. Juni 1849; das Mecklenburg. Gesetz v. 14. Juni 1849; — das Sachsen-Coburg-Gothaische Gesetz v. 27. Juni 1849 (§. 6—25); — die Nassauische Wechselproc. Ordn. v. 27. Juni 1849; — das Lippe'sche Wechselproceß-Gesetz v. 5. Juli 1849. — S. auch Koch, Wechselr. S. 306. IV. — Die hauptsächlichsten Abweichungen vom gemeinen Rechte, welche in einzelnen dieser Wechselproceßgesetze vorkommen, sind: daß die Klage mündlich Statt finden kann, die Fristen abgekürzt sind, und der Beklagte persönlich vor Gericht erscheinen muß.

[10] Mittermaier, Grundſ. §. 353 zu Note 8.

[11] So z. B. das K. Sächs. Gesetz über Schuldarrest u. Wechselproceß v. 7. Juni 1849, welches, wiewohl es den Wechselproceß als eine besondere Gattung des Executivprocesses bezeichnet (§. 30), doch in demselben eine eigene Proceßart statuirt, bei der sowohl mündlich als schriftlich geklagt, und auf die Klage sofort mit Realcitation oder Hausexpedition vorgeschritten werden kann. — So ferner ältere Wechselproceß-Ordnungen, wie z. B. die Reuss. Verordn. (jüngere Linie) v. J. 1717 (im Allgemeinen bestätigt durch Verordn. v. 15. Januar 1849), nach welcher sofort auf die stattgehabte Recognition des Wechsels Wechselarrest verfügt, auf die Klage aber Wechselexpedition angeordnet werden kann.

meßfremde Wechselschuldner regelmäßig [12] zwischen dem Ein- und Ausläuten der Messe nicht verfahren werden, wenn sie nicht in dem Wechsel ausdrücklich oder durch Setzung des Verfalltags auf einen jener Meßtage auf diese s. g. Freiheit verzichtet haben [13].

§. 79.

Die Einreden gegen Wechselklagen.

Abgesehen davon, daß im Wechselprocesse nur solche Einreden zu berücksichtigen sind, welche sofort liquid erbracht werden [1], ist die Exceptional-Vertheidigung gegen Wechselklagen eine beschränkte [2].

---

[12] S. jedoch Gutachten P bei Siegel, Corp. jur. camb. II. S. 180.

[13] Mothes, die Meßfreiheit in Leipzig (im Arch. f. deutsch. Wechselr. Bd. III. S. 174 f.).

[1] Treitschke, Encyc. I. S. 399. — Bender, II. S. 394. — Pöhls, Handelsr. II. 1. S. 676. — Koch, Wechselr. S. 316. — Coburg. Goth. Ver. über Wechselproc. v. 27. Juni 1849, §. 13 : »Im Wechselverfahren »werden nur solche Einreden berücksichtigt, welche, insoferne den Beklagten »die Beweislast trifft, durch öffentliche oder anerkennungsfähige Privaturkun- »den erweislich sind.« — Preuss. Einf. Gesetz v. 15. Febr. 1850, §. 7 : »In denjenigen Landestheilen, in welchen die Allg. Gerichtsordn. gilt, ist auch »auf an sich zulässige Einwendungen, so weit es eines Beweises derselben »bedarf, in Wechselsachen nur dann Rücksicht zu nehmen, wenn dieselben »durch Urkunden, Eideszuschiebung oder Aussagen solcher Zeugen, die so- »gleich zur Stelle gebracht sind, dargethan werden. Auswärtige Zeugenver- »höre, wenn sie gleich im Termine beigebracht werden, gelten nur so weit, »als sie mit Zuziehung des Gegentheils oder eines von ihm dazu bestellten »Bevollmächtigten aufgenommen sind . . « (S. auch Borchardt, D. W. O. S. 155 a. E.) Die nachträgliche Ausführung einer wegen Illiquidität im Wechselprocesse unzulässigen Einrede ist ohne besonderen Vorbehalt zulässig (O. A. G. in Darmstadt im Arch. f. pract. Rechtsw. Bd. V. S. 112).

[2] Es ist hier übrigens lediglich von solchen Einreden die Rede, welche ex materialibus causae hergenommen sind. — Die Schwarzb. Rudolst. W. O. §. 5 bestimmt : »Wider einen Wechsel sollen keine Exceptiones, als legiti- »mationis ad causam, ferner solutionis, compensationis et pacti de non pe- »tendo, und zwar die drei letztern nur so denn, wenn sie in continenti

Allgemein statthaft sind nur solche Einreden, welche aus dem Wechselrechte selbst hervorgehen, d. h. die ihr rechtliches Fundament im Wechselrechte haben, mögen sie unmittelbar oder mittelbar aus dessen Bestimmungen folgen [3], — also namentlich diejenigen, welche aus der Form [4] oder dem Inhalt der Wechselerklärung [5], aus der Nichtbeachtung einer wechselmäßigen Solennität oder Frist [6], oder aus der Wechselunfähigkeit des Beklagten [7] hergenommen sind.

Andere Einreden sind dagegen jedenfalls nur dann statthaft, wenn sie dem Beklagten unmittelbar gegen den Kläger oder denjenigen, aus dessen Rechte dieser klagt [8], zustehen [9]. Unter dieser

---

„liquidae, statt haben". . . . Noch strenger ist der Schw. Entw. §. 102 : „Ausser den Einwendungen, welche die Competenz des Gerichts oder sonstige „wesentliche Mängel des Verfahrens betreffen, kann der Beklagte gegen das „Recht des Klägers aus dem Wechsel oder der Anweisung nur solcher Einre- „den sich bedienen, welche auf einer Bestimmung dieser W. O. beruhen. — „Alle übrigen nicht aus dem Wechselrechte entspringenden Einreden sind „unstatthaft mit der einzigen Ausnahme, dass der Beklagte die Tilgung seiner „Verbindlichkeiten durch Zahlung oder Erlass geltend zu machen berechtigt „ist, insofern diese Einreden ihm unmittelbar gegen den Kläger zustehen. — „— Der Einwand der Simulation oder Compensation, so wie Widerklagen „dürfen niemals statt finden."

[3] Treitschke, Encyc. I. S. 398. — Pöhls, Wechselr. S. 677. — Preuss. Landr. Th. II. Tit. 8, §. 916. — Preuss. Motive S. LXXVIII. — Seuffert, Arch. Bd. V. S. 279 f. — Gengler, Lehrb. S. 672. — D. W. O. Art. 82 : „Der Wechselschuldner kann sich nur solcher Einreden bedienen, „welche aus dem Wechselrechte selbst hervorgehen, oder ihm unmittelbar „gegen den jedesmaligen Kläger zustehen." — D. W. O. Art. 98. 10.

[4] Dies. Lehrb. §. 16 u. §. 15, Not. 7.

[5] Bluntschli, D. W. O. S. 125. — D. W. O. Art. 9, Abs. 2; Art. 14 u. 15.

[6] Bluntschli, D. W. O. S. 125. — D. W. O. A. 62. 45. 19. 31. 77 f. — Seuffert, Arch. IX, Nr. 208. — Dies. Lehrb. §. 53 zu Not. 17.

[7] Dies. Lehrb. §. 22.

[8] Borchardt, die D. W. O. mit den von den Gerichten ausgesprochenen Grundsätzen, S. 77, Zus. 16. — Die exceptio rei judicatae aus der Abweisung eines durch ein vor Verfall gegebenes Blancoindossament legitimirten Wechselinhabers steht auch dem andern Wechselinhaber entgegen, welcher aus einem

Voraussetzung können der Wechselforderung nicht allein Exceptionen entgegengesetzt werden, welche sich auf deren Aufhebung [10] oder bereits stattgehabte gerichtliche Geltendmachung [11] beziehen, sondern auch Einreden, die aus deren Begründung hergenommen. In dieser Hinsicht kann der Beklagte der Klage aus dem Wechsel nicht blos solche Einwendungen entgegensetzen, welche auf die Eingehung des Wechselgeschäftes selbst Bezug haben [12], sondern auch insoweit auf

---

nach erhobenem Proteste auf den Wechsel gesetzten Blancoindossamente gegen den nämlichen Wechselschuldner klagt. Berl. Ob. Tr. im Arch. f. d. W. Bd. V. S. 342 f.

[9] Treitschke, Encyc. I. S. 398. — Thöl, §. 240. IV. u. V. — D. W. O. Art. 82. — Leipzig. Protoc. S. 168. — Arch. f. d. W. Bd. III. S. 200. — Es sind nämlich nur die aus dem Wechselrechte selbst hervorgehenden Einreden rei cohaerentes. Beseler, Syst. Bd. III. S. 452. — Blaschke, Wechselr. S. 244.

[10] Wie die Einrede der Compensation (Arch. f. d. W. II. S. 425); Haimerl, im Magaz. f. Rechts- und Staatswissensch. Bd. II. S. 98 f.; Borchardt, a. a. O. S. 152, Zus. 86; Kitka, Erläut. S. 86 f.; — dagegen Kalessa, S. 100 f.; welche auch aus andern als Wechselforderungen begründet werden kann (Kitka, a. a. O. S. 112 f.) und insoweit zulässig ist, als nicht das particuläre Recht dieselbe beschränkt (Arch. f. d. W. I. S. 201); Oesterr. Einf. O. für Ungarn §. 3: „Die Compensation gegenseitiger „Forderungen ist im Wechselprocesse nur dann zulässig, wenn der Wechsel„schuldner dem Kläger eine fällige, entweder durch ein rechtskräftiges Er„kenntniss oder durch einen gerichtlichen Vergleich anerkannte, und dem „Schuldner unmittelbar gegen den Kläger zustehende Gegenforderung entge„genzusetzen vermag." — In der Form der Einrede der Compensation kann aber die Einrede der nicht erhaltenen Valuta (Thöl, §. 297. II; Arch. f. d. W. V. S. 348) oder Deckung (Präjud. des Berl. Ob. Tr. bei Heckert, preuss. Wechselr. S. 55 K; Kletke, Präjud. S. 221, Nr. 559; Arch. f. d. W. IV. S. 93, Nr. 3) geltend gemacht werden. — Hierher gehört ferner der Einwand, daß das Accept nachträglich mit Einwilligung des Klägers auf dem Wechsel aufgehoben worden. Borchardt, a. a. O. S. 132, Zus. 40.

[11] Nämlich die exceptio rei judicatae (Borchardt, a. a. O. S. 107, Zus. 3) und die exceptio litis pendentis (s. jed. Borchardt, a. a. O. S. 106, Zus. 2).

[12] Wie die Einrede der betrüglichen Verleitung zur Unterzeichnung des Wechsels (Kletke, Präjud. S. 222, Nr. 562 u. 565); der

das dem Wechsel unterliegende materielle Verhältniß zurückgehen, als er den Mangel an Causa der Wechselobligation, oder die Illegalität oder sonstige Ungültigkeit der Rechtsursache, aus welcher dieselbe hervorgegangen, darthut [13]. Dagegen ist ein Zurückgehen auf das der Wechselobligation unterliegende Rechtsverhältniß nicht

betrüglichen Ausfüllung des Wechselformulars (dies. Lehrb. §. 16, Not. 2; s. auch Borchardt, a. a. O. S. 153, Zus. 89); s. ferner dies. Lehrb. §. 64, Not. 14; die Einrede des Zwangs (Borchardt, a. a. O. S. 77, Zus. 16; Arch. f. d. W. IV. S. 449 f.); der Trunkenheit (Borchardt, a. a. O. S. 78, Zus. 22), nicht aber der Simulation (Berl. Ob. Tr. im Arch. f. d. W. IV. S. 340 f.; Seuffert, Arch. IX, Nr. 68 und Borchardt, a. a. O. S. 76, Not. 70; — Arch. f. d. W. I. S. 429 f; III. S. 204), ausgenommen in dem Falle eines dem Kläger zur Last fallenden Betrugs (Arch. f. d. W. III. S. 403 f.).

[13] Weber, im Arch. f. pract. Rechtswissenschaft, Bd. III. S. 181; Berger, die österr. W. O. S. 102. — Sachs. Weimar. Einf. G. §. 6: „. . . Insbesondere bleibt in dem Falle, dass ein ungültiges Geschäft einer „Wechselerklärung zum Grunde läge, — unbeschadet der wechselmässigen „Wirksamkeit des letztern —, die Ausführung der Ungültigkeit unter dem „Aussteller und Empfänger der Wechselerklärung und den Nachmännern des „letztern, — so weit diese um die Ungültigkeit wussten, — vorbehalten.“ — Daher ist zulässig: der Einwand, daß durch eine unter den Parteien getroffene Verabredung die Geltendmachung des Wechsels von der Bedingung einer zu Gunsten des Nehmers sich ergebenden Differenzforderung abhängig gemacht worden (Arch. f. d. W. III. S. 414 f.); die Einrede, daß der Wechsel für eine Spielschuld ausgestellt worden (Kletke, Präjud. S. 226, Nr. 576; Thöl, §. 297. I; Kitka, Erläut. S. 366, welchem letzteren jedoch nicht durchgehends beizutreten, und über die Bestimmungen der Particularrechte Treitschke, Encycl. II. S. 462 f.) — die exceptio usurariae pravitatis (Altenburg. W. O. Kap. V. §. 8; Würtemb. W. O. v. 1759, Kap. VI. §. 16. 17; Arch. f. d. W. II. S. 28); die exceptio Senatusc. Vellejani den Beweis vorausgesetzt, daß in der Eingehung der Wechselschuld eine Intercession von Seiten der Wechselschuldnerin gelegen (l. 2 §. 4 D. ad senatusc. Vellej. [16. 1]): „Omnis omnino obligatio senatusconsulto Vellejano compre„henditur, sive verbis, sive re, sive quocunque alio contractu intercesserint“; — Weber, im Arch. f. pract. Rechtswiss. Bd. III. S. 178 f. — Unger, die Inhaberpapiere, S. 159, Not. 33. — Preuss. Motive, S. XXVII, mit welchen die Leipzig. Protoc. S. 7 nicht in Widerspruch stehen, da daselbst lediglich von der Wechselfähigkeit der Frauen die Rede und nicht von

insoweit zulässig, daß mittelst einer aus dem Wesen desselben hergenommenen Einrede die Wechselklage elidirt werden könnte [14].

Was insbesondere aber die Einrede der Zahlung anbetrifft, so erscheint dieselbe als eine aus dem Wechselrechte selbst hervorgehende, wenn auf dem Wechsel allgemein bemerkt ist, daß derselbe bezahlt sei [15]. Andern Falls kann diese Einrede nur insoferne mit Erfolg vorgeschützt werden, als die Zahlung an den Kläger Statt gefunden hat [16], und hier auch nur mit folgenden Unterscheidungen: Der Acceptant, resp. Aussteller des eigenen Wechsels, kann der Forderung der Wechselsumme die Einrede, daß dieselbe bereits bezahlt sei, gleichgültig von wem sie bezahlt worden, entgegensetzen [17], nicht aber die Einrede der Zahlung der Regreßsumme durch einen

---

der Möglichkeit, die Wechselklage mittelst einer Exception zu elidiren. S. auch dies. Lehrb. §. 22, Not 4. — Unrichtig aber ist die Behauptung, daß die exc. Senatusc. Vellej. nicht allein demjenigen entgegengesetzt werden könne, dem gegenüber die Frau intercedirte (dageg. Weber, im Arch. f. pract. Rtsw. III. S. 189 f. u. O. A. G. in Darmstadt in ders. Zeitſ. Bd. IV. S. 352 f. — Die Unstatthaftigkeit jener Exceptio nehmen an: die Hanau. W. O. VI; Gelpke, in der Zeitſ. f. Handelsr. H. 3. S. 131. 137.

[14] Walter, Syst. §. 367. IV. — Denn es ist die Wechselforderung keine Forderung aus einem Kaufe, Darlehen, Versicherungsgeschäfte u. s. w., und auch die analoge Anwendung der Bestimmungen des römischen Rechts über die Zulässigkeit der exceptio doli gegenüber der actio ex stipulatu nicht gerechtfertigt. — Mein Auff. in der Krit. Uebersch. Bd. V. S. 390. — Unstatthaft ist demnach: die exceptio non adimpleti contractus (Pöhls, Wechselr. S. 677; Bähr, die Anerkennung, S. 277); die s. g. exceptio non numeratae pecuniae (Lehrb. §. 2, Not. 15 u. 16; §. 17, Not. 8; Hanau. W. O. VII); die exceptio Senatusc. Macedoniani (Thöl, II. S. 49, Not. 8; dagegen Arch. f. d. W. III. S. 100; Unger, die Inhaberpapiere, S. 154 u. Not.); die exceptio ordinis (dagegen Borchardt, a. a. O. S. 153, Zus. 88; Arch. f. d. W. Bd. V. S. 86.)

[15] Thöl, §. 294. II. — Seuffert, Arch. IX. Nr. 207.

[16] Thöl, §. 295. — Arch. f. deutsch. Wechselr. Bd. II. S. 332 f. IV. S. 340; und vorausgesetzt, daß das ganze dem Einwande der Zahlung zu Grunde liegende Geschäft völlig abgewickelt ist. Arch. f. d. W. III. S. 355.

[17] Borchardt, a. a. O. S. 151, Zus. 84.

Vormann [18]; der Vormann hat gegen die Forderung der Regreßsumme die Einrede, daß dieselbe durch ihn oder einen seiner Vormänner bezahlt worden, — nicht aber die Einrede, daß die Wechselsumme vom Acceptanten, resp. Aussteller des eigenen Wechsels gezahlt sei [19].

III. Die einzelnen Klagen aus dem Wechsel.

A. Die Wechselklage.

§. 80.

Grundsätze.

Die Wechselklage im engern Sinne des Worts ist die Klage aus dem Wechsel, welche gegen den Acceptanten, den Ehrenacceptanten im weitesten Sinne des Worts, den Aussteller des eigenen Wechsels und die Avalisten dieser Personen geht.

Sie steht dem gehörig legitimirten Wechselinhaber zu, und zwar:

1) gegen den Acceptanten dem Remittenten oder letzten Indossatar (dies. Lehrb. §. 64), so wie dem Ehrenzahler im engern Sinne des Worts, indem derselbe in die Rechte des abbezahlten Wechselinhabers eintritt (dies. Lehrb. §. 73); nach der D. W. O. überdieß dem Nothadressaten, welcher zu Ehren gezahlt (§. 69). Auch ist zur Klage gegen den Acceptanten, und zwar durch den bloßen Besitz des

---

[18] Arch. f. deutsch. Wechselr. Bd. II. S. 451 f. — Dagegen Thöl, §. 295. II. 1.

[19] Ist nämlich die Regreßklage durch den Protest Nr. 3. begründet, so kann die Einrede die Zahlung der Wechselsumme nur als Einrede des simulirten Protests vorkommen, und von dieser gilt das oben Note 11 Gesagte. S. auch die Präjudiz. des Berlin. Ober-Trib. b. Heckert, das Preuss. Wechselr. S. 54, Nr. c und Nr. f. — Borchardt a. a. O. S. 68, Zus. 1. — Kletke, Präjud. S. 223. Nr. 567. Dageg. Seuffert, Bd. XI. Nr. 87.

Wechsels [1], der Indossant, der denselben eingelöst hat, legitimirt (§. 53. III), so wie nach der D. W. O. der Trassant (§. 39);

2) gegen den Aussteller des eigenen Wechsels dem ersten Nehmer oder letzten Indossatar oder Ehrenzahler;

3) gegen den Ehrenacceptanten dem ersten Nehmer oder letzten Indossatar, falls dieser ein Nachmann des Honoraten ist (dies. Lehrb. §. 68 u. 72).

Die Wechselklage bedarf der Regel nach weder zu ihrer Begründung noch zu ihrer Erhaltung einer wechselmäßigen Solennität [2]; auch kann sie ohne vorausgehende Vorweisung des Wechselbriefs an den Acceptanten [3], resp. Aussteller des eigenen Wechsels [4] angestellt werden, sobald die Wechselsumme fällig, beziehungsweise der dem Accepte beigefügte dies eingetreten ist [5].

Ausnahmsweise jedoch ist Präsentation zur Zahlung und rechtzeitige Protesterhebung erforderlich:

---

[1] Berlin. Ob. Tr., im Arch. f. d. W. IV. S. 200 f.

[2] D. W. O. Art. 44.

[3] O. A. G. in Rostock bei Seuffert, Arch. X, Nr. 279; in Berlin, bei Kletke, Präjud. S. 194, Nr. 479; München, bei Kletke, a. a. O. S. 195, Nr. 481.

[4] Berlin. Ob. Tr., im Arch. f. d. W. III. S. 198 f. u. S. 112; — Stuttgart, bei Seuffert, Arch. Bd IX, Nr. 330; ferner Arch. f. d. W. Bd. V. S. 84 u. S. 107. — Kitka, Erläut. S. 308 f.; — Ladenburg, in den Bad. Annalen, Jahrg. XXI. S. 52 f. — Dagegen O. A. G. in Cassel bei Seuffert, Arch. Bd. II, Nr. 97; Darmstadt, im Arch. f. pract. Rechtswiss. Bd. V. S. 34; ferner Arch. f. d. W. Bd. I. S. 442 f. und Bd. V. S. 81. — Mannhardt, über die Nothwendigkeit der Präsentation u. Protestirung eigener Wechsel deren Aussteller gegenüber, Schleswig u. Flensburg, 1855. — Ohne Grund beruft man sich auf die D. W. O. Art. 41 u. 98, Nr. 6, so wie darauf, daß Art. 98 auf Art. 44 nicht verweist.

[5] S. jed. dies. Lehrb. §. 62 u. 63. Der Wechselschuldner, bei welchem die Wechselsumme nicht rechtzeitig abgeholt wird, kann dieselbe deponiren. S. auch Pöschmann, im Arch. f. d. W. II. S. 208 f.

1) An den Domiciliaten zur Wahrung der Wechselklage gegen den Acceptanten, resp. den Aussteller eines eigenen Wechsels (dies. Lehrb. §. 40 und §. 46).

2) An den Trassaten, resp. Domiciliaten zur Begründung der Wechselklage gegen den Ehrenacceptanten, so wie nach der D. W. O. an diesen selbst zur Erhaltung des Rechtes aus dem Ehrenaccepte (dies. Lehrb. §. 68 und §. 72).

Die Klage geht aber auf Bezahlung der Wechselsumme[6] sammt Verzugszinsen zu 5 Procent[7] und nach der D. W. O. zu 6 Procent[8] vom Tage der Präsentation des Wechsels an den Wechselschuldner in dessen Geschäftslocale oder Wohnung[9], so wie ferner auf Erstattung der Kosten[10] und zu Gunsten des Ehrenzahlers, so wie desjenigen, der den Wechsel eingelöst hat, Bezahlung einer Provision[11].

---

[6] S. jed. auch dies. Lehrb. §. 36.

[7] Thöl, Handelsr. §. 111. — S. auch Treitschke, Encyc. II. S. 834 f.

[8] D. W. O. Art. 50 u. 51 (diese Art. sprechen jedoch nur v. der Regreßklage). S. aber Slavicek, im Magaz. f. Rechts- und Staatswiss. Bd. III. S. 110 f.

[9] O. A. G. in Rostock bei Seuffert, Arch. Bd. X, Nr. 279. 4; — Berlin. Ob. Tr. bei Borchardt, die D. W. O. mit den v. d. Gerichten ausgesp. Grundſ. S. 39, Zus. 1. — Böhm, Ob. Land. Ger. im Arch. f. d. W. V. S. 433. — Dagegen Treitschke, Encyc. II. S. 834 u. S. 798. — Wird ohne vorausgegangene Präsentation des Wechsels geklagt, so begründet die Klage-Mittheilung den Lauf von Proceßzinsen. S. auch Borchardt, a. a. O. S. 138, Zus. 53.

[10] Arch. f. deutsch. Wechselr. Bd. I. S. 56 f. — D. W. O. Art. 81, Abs. 2 und Art. 98. 10. — Brauer, Erl. S. 137. — Seuffert, Arch. Bd. X, Nr. 84. Beim nicht indossirten eigenen Wechsel ist jedoch der Aussteller nicht verbunden, die Kosten des M. 3. erhobenen Protests zu ersetzen. Seuffert, Arch. VII, Nr. 229. — Auch ist in Betreff der Erstattung der Proceßkosten der Umstand, daß der Wechsel vor Anstellung nicht präsentirt worden, von Einfluß. Hoffmann, im Arch. f. pract. Rtsw. Bd. V. S. 31 a. E.

[11] Arch. f. d. W. Bd. I. S. 60; Bd. IV. S. 448b; Seuffert, Arch. Bd. VII, Nr. 228; XI, Nr. 88. — Brauer, Erl. S. 137 f. — S. auch Seuffert, Arch. VIII, Nr. 225.

B. Die Wechselregreßklagen.

§. 81.

Die Wechselregreßklagen im Allgemeinen.

Die Wechselregreßklagen sind: die Klagen auf Sicherstellung, nämlich die Regreßklage Mangels Annahme und die Klage wegen Unsicherheit des Acceptanten, resp. Ausstellers des eigenen Wechsels, dann die Regreßklage Mangels Zahlung.

Diese Klagen sind begründet, wenn eine Störung im regelmäßigen Gange des Wechselgeschäfts eingetreten [1] oder doch zu befürchten ist, — daher sie denn regelmäßig einen zur Feststellung der Ursache, welche die Störung veranlaßt hat oder zu veranlassen droht, aufgenommenen Protest voraussetzen. — Gemeinsam ist ihnen endlich auch, daß sie nur gegen die Vormänner gehen, gegen diese aber in der Art, daß der Kläger an keine Reihenfolge gebunden (springender Regreß, regressus per saltum) [2] und der übersprungene Vormann von der Regreßnahme nicht befreit ist [3].

---

[1] Bender, Grundſ. II. S. 163. — Abweichende Ansichten s. bei Einert, Wechselr. S. 201 f.

[2] Mittermaier, Grundſ. §. 346. III. — D. W. O. Art. 26, Abſ. 2, Art. 49 u. Art. 98. 10.

[3] Dieſ. Lehrb. §. 77 zu Note 3. — Nach einigen W. O. jedoch kann, wiewohl dieselben den springenden Regreß gestatten, auf den übersprungenen Wechselschuldner nicht zurückgegriffen werden. Niederl. Handelsgesetzb. Art. 86. — Schw. Entw. §. 50: „Der Regress M. Z. kann gegen die „Indossanten und den Aussteller, und zwar gegen alle oder mehrere zugleich, „oder gegen einen derselben ergriffen werden, u. ist an die Reihenfolge der „Indossamente nicht gebunden. — Wird einer der frühern Indossanten in „Anspruch genommen, so sind die übersprungenen Nachmänner desselben von „ihrer Verbindlichkeit befreit; hält der Regressnehmer sich an den Aussteller, „so sind sämmtliche Indossamente ihrer Verpflichtungen entbunden." Desgl. §. 26 bezüglich des Regresses auf Sicherstellung.

Nach einzelnen W. O. jedoch besteht ein Reihenregreß (regressus per ordinem) in der Art, daß der Wechselinhaber zunächst seinen Indossanten ausklagen muß, und erst, nachdem die Fruchtlosigkeit der Klage sich ergeben oder die notorische Insolvenz des nächsten Vormannes constatirt ist, an den Indossanten dieses u. s. f. zurückgehen darf[4].

§. 82.

Die Regreßklage M. Annahme.

Allgemeine Voraussetzungen dieser Klage sind: Präsentation des Wechsels zur Annahme an den Trassaten, nicht unbeschränkte Acceptation und gehörige Protesterhebung vor der Verfallzeit[1]. Hierzu kömmt im Falle von Nothadressen: Präsentation an den oder die Nothadressaten in der gehörigen Ordnung, Nichterlangung einer unbeschränkten Acceptation von Seiten des einen oder des andern, und Protestlevirung.

Unter diesen Voraussetzungen und auf den Fall, daß nicht eine Ehrenannahme im engern Sinne des Worts Statt gefunden, ist nach Gemeinem Rechte der Wechselinhaber[2] durch den Besitz

---

[4] Sachsen-Altenburg. W. O. Kap. III. §. 5: „Wenn ein solcher „girirter Wechselbrief wegen nicht erfolgter Zahlung protestirt worden, so „hat der Inhaber und Creditor zuförderst seinen Regress an den letzten Indossirer, von welchem ihm der Wechsel zugekommen, zu nehmen, alsdann „soll er an den nächst vorhergehenden, wofern derselbe guten Credites ist „und noch zu zahlen hat, und also ordentlich bis zum Ausgeber zurück„gehen, und stehet ihm nicht frei, solche Ordnung zu überschreiten, es wäre „denn, dass einer expresse Ordre hätte, wenn der Brief nicht bezahlet würde, „denselben an einen andern als den letzten Indossirer zu senden“ ... Leipzig. W. O. §. 19. — Cöthen. W. O. Art. 61. — Schwarzb. Rudolst. W. O. §. 4.

[1] Thöl, Handelsr. §. 223 i. A.

[2] Treitschke, Encyc. II. S. 105. — D. W. O. mit Einl. u. Erl. S. 115. — Cod. de comm. Art. 120. — Braunschw. Entw. §. 40—42.

des aufgenommenen Protests zur Anstellung der Regreßklage gegen den einen oder den andern seiner Vormänner legitimirt. Nach der D. W. O. kann sogar auf den bloßen Protest M. A. jeder Indossatar so wie der Remittent den Regreß nehmen, also nicht allein der letzte Indossatar oder der bereits in Regreß genommene Vormann desselben, auch nicht bloß derjenige, welcher den Protest hat erheben lassen, oder dessen Vormann, sondern ebenso ein späterer Indossatar [3]. Daher steht denn auch, wenn der Wechsel von einer Nothadresse oder einem andern Intervenienten zu Ehren angenommen worden ist, die Regreßklage dem Honoraten und dessen Vormännern zu [4].

Die Regreßklage Mangels Annahme geht auf Bestellung genügender Sicherheit [5] gegen Aushändigung des M. A. aufgenom-

---

[3] D. W. O. Art. 26: „Der Remittent sowie jeder Indossatar wird durch „den Besitz des Mangels Annahme aufgenommenen Protestes ermächtigt, von „dem Aussteller und den übrigen Vormännern Sicherheit zu fordern, und im „Wege des Wechselprocesses darauf zu klagen . . .

„Der Beibringung des Wechsels und des Nachweises, dass der Regress„nehmer seinen Nachmännern selbst Sicherheit bestellt habe, bedarf es nicht." Leipzig. Protoc. S. 60 u. S. 65 f. — D. W. O. mit Einl. u. Erl. S. 116 f. — Ortloff, D. W. O. S. 59 f. — Arch. f. deutsch. Wechselr. Bd. III. S. 219 f. — Schw. Entw. §. 27 u. Mein Aufsatz in der krit. Uebersch. Bd. IV. S. 357.

[4] Dies. Lehrb. §. 68 u. §. 72.

[5] Thöl, §. 223. II. — Koch, Wechselr. S. 181. III. — Leipzig. Protoc. S. 60. — Die Sicherheit kann auch durch Deposition der betreffenden Summe bei Gericht oder einer zur Annahme von Depositen ermächtigten Behörde oder Anstalt Statt finden. D. W. O. Art. 25. — Die Bestimmungen der einzelnen Einführungs-Ordn. s. in dies. Lehrb. §. 65 not. 13. — Die Oesterr. W. O. hat statt des Art. 25, Abs. 2 der D. W. O. folgende Sätze: „Die Art der Sicherstellung und der Ort, wo die zur Sicherheit gegebene „Sache verwahrt werden soll, hängt von der Uebereinkunft der Parteien ab· „Sind sie darüber nicht einig, so muss der sicher zu stellende Betrag bei „Gericht baar erlegt werden. Dem Gläubiger gebührt auf die zur Sicher„stellung erlegte Sache das Pfandrecht, wenn es ihm auch nicht ausdrück„lich eingeräumt worden ist." S. auch Brauer, Erl. S. 71. — Die Be-

menen Protests[6]. Auf die bestellte Sicherheit[7] aber, welche dahin zu leisten ist, daß die Bezahlung der im Wechsel verschriebenen Summe oder des nicht angenommenen Betrags, so wie die Erstattung der durch die Nicht-Annahme veranlaßten Kosten zur Zahlungszeit erfolgen werde[8], hat der Regreßnehmer kein wechselmäßiges Recht[9].

Das Nämliche gilt von den übrigen Nachmännern des Bestellers, welchen, insoferne sie, wie dieß nach der D. W. O. möglich, gegen diesen Regreß suchen[10], die fragliche Sicherheit ebenfalls haftet[11], so daß auf deren Klage regelmäßig nur der richterliche Ausspruch dieser Haftung[12], eine Verurtheilung des Bestellers zu anderer oder

---

fugniß, den Wechsel sofort einzulösen, welche der Cod. de comm. Art. 120 dem mit der Regreßklage in Anspruch Genommenen giebt, steht demselben nach der D. W. O. nicht zu. D. W. O. mit Einl. u. Erl. S. 116. 2.

[6] Das Anerbieten dieser Aushändigung gehört nicht zur Begründung der Klage. Arch. f. d. W. Bd. V. S. 340 f.

[7] Ist Sicherheitsbestellung nicht zu erlangen, so kann Arrest angewendet werden. Koch, Wechselr. S. 183. V.

[8] D. W. O. Art. 25, Abs. 1.

[9] Koch, Wechselr. S. 182.

[10] D. W. O. Art. 27: „Die bestellte Sicherheit haftet nicht blofs dem „Regressnehmer, sondern auch allen übrigen Nachmännern des Bestellers, „insoferne sie gegen ihn den Regress auf Sicherstellung nehmen. Dieselben „sind weitere Sicherheit zu verlangen nur in dem Falle berechtigt, wenn „sie gegen die Art und Grösse der bestellten Sicherheit Einwendungen zu „begründen vermögen." Ueber die Fassung des Art. s. Brauer, Erläut. S. 74. — Der hier unterstellte Fall, daß der nämliche Vormann von verschiedenen Nachmännern auf Sicherheitsbestellung belangt wird, macht deßhalb Schwierigkeiten, weil die Sicherheitsbestellung nur gegen Aushändigung des Protests zu geschehen braucht. Dessenungeachtet ist nicht mit dem Verfasser der D. W. O. mit Einl. u. Erläut. S. 117. 4 anzunehmen, daß jeder Nachmann sich entgegen der R. N. O. v. 1512, I. §. 23 eine Ausfertigung des Protests geben lassen könne. S. vielmehr Koch, Wechselr. S. 186 u. 187. — Schw. Entw. §. 28 u. Mein Auff. in der krit. Ueberschau Bd. IV. S. 357.

[11] D. W. O. Art. 27.

[12] Koch, Wechselr. S. 187. II.

weiterer Sicherheitsleistung aber allein dann erfolgen kann, wenn der neue Regreßnehmer gegen die Art oder Größe der bestellten Sicherheit Einwendungen zu begründen vermochte [13].

Die bestellte Sicherheit muß übrigens zurückgegeben werden [14], sobald deren Grund wegfällt; also wenn der Wechsel nachträglich ohne Beschränkung [15] acceptirt wird [16], oder durch Zahlung oder in anderer Weise erlischt [17]; — überdieß nach der D. W. O., wenn binnen Jahresfrist, vom Verfalltage des Wechsels an gerechnet, gegen den Regreßpflichtigen, welcher die Caution bestellt hat, nicht auf Zahlung geklagt worden ist [18].

§. 83.

Die Regreßklage wegen Unsicherheit.

Allgemeine Voraussetzungen der Regreßklage wegen Unsicherheit sind: Nach Ausstellung des Wechsels eingetretene Unsicherheit des Acceptanten oder Ehren-Acceptanten der Tratte [1], resp. des

[13] D. W. O. Art. 27. — Koch, Wechselr. S. 188.

[14] Koch, Wechselr. S. 192. II.

[15] Geschieht die Acceptation nur auf einen Theil der Wechselsumme, so ist der Natur der Sache nach die bestellte Sicherheit verhältnißmäßig zurückzugeben. — Dagegen die D. W. O. Art. 28. 1. — Leipzig. Prot. S. 61. — Nach der D. W. O. kömmt es übrigens darauf an, ob der Trassat als solcher nachträglich acceptirt oder ein Ehrenaccept Statt gefunden.

[16] Werden die Protestkosten Demjenigen oder Denjenigen, welche Regreß genommen, nicht ersetzt (Leipzig. Protoc. S. 61), so bleibt die bestellte Sicherheit auf den Belauf derselben bestehen. Koch, a. a. O. S. 189.

[17] D. W. O. Art. 28. — Brauer, Erl. S. 75.

[18] D. W. O. Art. 28. 2. — D. W. O. mit Einl. u. Erl. S. 118. 7. Unrichtig behauptet Koch, Wechselr. S. 190, der Regreßnehmer könne, wenn er den Regreß auf Zahlung nach Ablauf eines Jahres nach dem Verfalltage, allein vor Zurückgabe der bestellten Sicherheit nehme, sich noch an diese halten.

[1] Dies. Lehrb. §. 38. 3. — Dagegen nicht des Bezogenen (D. W. O. mit Einl. u. Erl. S. 126; s. jed. Cöthen. W. O. §. 40 u. 41) und auch nicht des Trassanten. Dagegen Cod. de comm. Art. 163 u. 444.

Ausstellers des (indossirten) eigenen Wechsels[2], und Constatirung derselben, so wie ferner nach der D. W. O. der vom Acceptanten und beziehungsweise Aussteller nicht erhaltenen Caution[3], durch einen vor der Verfallzeit[4] erhobenen Protest (Sicherheits-, Securitäts-Protest[5]), welchen leviren zu lassen der bloße Besitz des Wechsels ermächtigt[6]. — Hierzu kömmt im Falle von Nothadressen: Präsentation zur Annahme an den oder die Nothadressaten in der gehörigen Ordnung[7], verweigerte Acceptation von Seiten derselben und Protesterhebung.

Unter diesen Voraussetzungen und auf den Fall, daß keine Ehrenacceptation im engern Sinne des Worts Statt gefunden, ist nach Gemeinem Rechte der Wechselinhaber[8], nach der D. W. O.

---

[2] Derselbe ist in den nämlichen Fällen wie der Acceptant unsicher. D. W. O. Art. 98. 4. — Koch, Wechselr. S. 354.

[3] Nach Gemeinem Rechte braucht die Sicherheitsbestellung nicht vorerst beim Acceptanten, resp. Aussteller des eigenen Wechsels nachgesucht zu werden; nach der D. W. O. Art. 29 dagegen ist dieß erforderlich, ohne daß aber die Ausklagung verlangt wäre. D. W. O. mit Einl. u. Erl. S. 126. 2.

[4] Thöl, §. 225 i. A.

[5] Rechtsfälle aus dem Gebiete des Handelsr. und deren Entscheid. durch das Hamburg. Handelsgericht, Hamburg 1836, Th. II. S. 145 f. — Treitschke, Encyc. II. S. 453 f. — Koch, Wechselr. S. 197, Note 23. — Brauer, Erl. S. 78. 5. — Bestritten ist zwar, ob nach Gemeinem Rechte zur Herstellung der Unsicherheit des Wechselschuldners Protest erforderlich (Treitschke, Encyc. II. S. 454; Pöhls, Wechselr. S. 494; Leipzig. Prot. S. 63); richtiger aber wird die Frage bejaht. Bender, Grundf. II. S. 150. — S. jed. Borchardt, die D. W. O. mit den von den Gerichten ausgespr. Grundf. S. 32, Zus. 5.

[6] D. W. O. Art. 29. — Schw. Entw. §. 30: „Wenn der Acceptant vor „dem Verfalltage seine Zahlungen einstellt, oder in Concurs verfällt, so ist „der Wechselinhaber berechtigt, hierüber Protest erheben zu lassen, und „Regress auf Sicherstellung zu nehmen.“

[7] Treitschke, Encyc. II. S. 455. — D. W. O. Art. 29.

[8] Treitschke, II. S. 456. — Schw. Entw. §. 30 u. Mein Auff. in der krit. Ueberf. Bd. IV. S. 358.

aber jeder Indossatar [9], so wie der erste Nehmer der Tratte zur Anstellung der Regreßklage auf Sicherstellung gegen den einen oder den andern Vormann durch den Besitz der bezeichneten Proteste legitimirt.

Rücksichtlich der zu bestellenden Sicherheit gelten aber die in §. 82 entwickelten Grundsätze [10].

§. 84.

Die Regreßklage Mangels Zahlung.

Die allgemeinen Voraussetzungen dieser Klage sind: rechtzeitige Präsentation des Wechsels zur Zahlung an den Trassaten, den Acceptanten oder den Aussteller des indossirten eigenen Wechsels [1], beziehungsweise an den Domiciliaten, und Herstellung dieser Präsentation so wie der nicht erlangten Zahlung oder stattgehabten bloßen Theilzahlung, — welche übrigens anders als nach Gemeinem Rechte [2] der Wechselinhaber nach der D. W. O. nicht zurück-

---

[9] D. W. O. Art. 29 und 98. 4.

[10] Ueber die Fälle, in welchen hier die bestellte Sicherheit zurückzugeben ist, s. Koch, Wechselr. S. 196. — Unrichtig aber ist die Behauptung dieses Schriftstellers, daß der durch die D. W. O. Art. 28. 1 bezeichnete Auflösungsgrund „sobald die vollständige Annahme des Wechsels nachträg„lich erfolgt ist" hier niemals eintreffen könne, da sich der Wechselinhaber möglicher Weise eine Ehrenacceptation gefallen lassen kann.

[1] Und zwar an den Acceptanten oder Aussteller selbst, und nicht an deren Concurscurator, wenn sie auch bereits in Concurs gefallen sind. Arch. f. pract. Rechtswissensch. Bd. II. H. 1. S. 149 f.; Koch, Wechselr. S. 341 u. Arch. f. d. W. IV. S. 431 f. — Die Leipz. Protoc. besagen freilich (S. 153): „Es ward der Redactionscommission .... in Gemässheit eines „diesfallsigen Antrags anheimgegeben, ob ein Ausdruck gefunden werden „könne, woraus sich ergebe, dass im Falle eines eingetretenen Concurs- „oder Gantverfahrens die Präsentation u. s. w. nicht bei dem Cridar, sondern „bei dem Curator der Masse zu bewirken sei."

[2] Pöhls, Wechselr. S. 437. — Thöl, Handelsr. §. 208. B. — Mittermaier, Grunds. §. 343 zu Note 31. — Cod. de comm. Art. 156. — Có-

weisen darf[3], durch rechtzeitig erhobenen Protest (Protest Mangels Zahlung)[4].

Nicht erforderlich dagegen ist zur Begründung der Regreßklage M. Z. die vorgängige Vorlegung des Wechsels sammt Protest an den zu beklagenden Vormann[5] und ebensowenig nach Gemeinem Rechte[6] wie nach der D. W. O. zur Wahrung der Klage die Notification des Protests, wiewohl letzteres Gesetz den Wechselinhaber zur sofortigen schriftlichen Benachrichtigung[7] seines unmittelbaren Vormannes von der Nichtzahlung des Wechsels, und diesen wieder zur Benachrichtigung seines nächsten Vormannes[8] unter dem Prä-

---

dico de comercio Art. 502. — Sachsen-Altenburg. W. O. Kap. II. §. 6. — Dieß gilt auch für den Fall, daß ein Particular-Accept Statt gefunden. Preuss. Motive S. XLVII f. — Dagegen Treitschke, Encyc. II. S. 788 f.

[3] D. W. O. Art. 38: „Der Inhaber des Wechsels darf eine ihm angebotene Theilzahlung selbst dann nicht zurückweisen, wenn die Annahme „auf den ganzen Betrag der verschriebenen Summe erfolgt ist.“ — D. W. O. Art. 98. 5. — Leipzig. Protoc. S. 72. — Schw. Entw. §. 41 u. §. 89.

[4] Dies. Lehrb. §. 63. — Die Rechtzeitigkeit der Protesterhebung schließt auch die Rechtzeitigkeit der Präsentation in sich. Archiv für deutsches Wechselrecht, Bd. I. S. 56 f. — D. W. O. mit Einl. und Erläut. S. 139 f. — S. auch Brauer, Erläut. S. 90. 1. b. Aus der Protesturkunde muß aber nicht allein die Rechtzeitigkeit der Protesthandlung, sondern auch diejenige der Beurkundung sich ergeben. Arch. f. d. W. Bd. V. S. 91 f.; Seuffert, Arch. Bd. X. Nr. 83.

[5] Arch. f. d. W. Bd. IV. S. 345 f.

[6] Thöl, Handelsrecht, §. 224. I. 1. — Dagegen Treitschke, Encyc. II. S. 38 f. und S. 188 f.

[7] Es genügt die einfache schriftliche Notification der Nichtzahlung, und ist auch nicht einmal die Versendung einer beglaubigten Abschrift des Protests erforderlich. Ortloff, D. W. O. S. 80. 2.

[8] D. W. O. Art. 45, Abs. 1 und 2: „Der Inhaber eines Mangels Zahlung „protestirten Wechsels ist verpflichtet, seinen unmittelbaren Vormann inner- „halb zweier Tage nach dem Tage der Protesterhebung von der Nichtzahlung „des Wechsels schriftlich zu benachrichtigen, zu welchem Ende es genügt, „wenn das Benachrichtigungsschreiben innerhalb dieser Frist zur Post „gegeben ist.

judize der Verbindlichkeit zum Schadensersatze [9], so wie gewisser wechselrechtlicher Nachtheile gegenüber den übersprungenen Vormännern [10] verpflichtet.

Einzelne W. O. jedoch haben das strenge Notificationssystem in dem Sinne, daß der Regreß Mangels Zahlung durch die Notification der Nichtzahlung mit erster Post bedingt ist, und zwar entweder in der Art, daß die an den unmittelbaren Vormann geschehene Benachrichtigung den Regreß gegen alle Vormänner wahrt [11], oder so, daß eine solche an alle die Vormänner geschehen muß, welche man im Obligo erhalten will [12].

„Jeder benachrichtigte Vormann muss binnen derselben, vom Tage des „empfangenen Berichts zu berechnenden Frist seinen nächsten Vormann in „gleicher Weise benachrichtigen."

D. W. O. Art. 47: „Hat ein Indossant den Wechsel ohne Hinzufügung „einer Ortsbezeichnung weiter begeben, so ist der Vormann desselben von „der unterbliebenen Zahlung zu benachrichtigen." D. W. O. Art. 98. 6. — Lutteroth, im Arch. für deutsch. Wechselr. Bd. I. S. 416 f. — Frankfurt. Einf.-Ordn. §. 8: „Der Art. 47 der D. W. O. ist so zu „verstehen, dafs wenn ein Indossant den Wechsel ohne Hinzufügung einer „Ortsbezeichnung weiter begeben hat, der Inhaber oder Indossant befugt ist, „statt desselben dessen Vormann zu benachrichtigen." — Ueber den Beweis der Notification durch Postattest s. die D. W. O. Art. 46. — Koch, Wechselrecht, S. 234 f. — Ditscheiner, Wechselrecht, S. 340 f. — Seuffert, Arch. Bd. III. Nr. 287.

[9] D. W. O. Art. 45, Abs. 3. — Koch, Wechselr. S. 233.

[10] Dies. Lehrb. §. 85. — Ueber dieses vermittelnde System der D. W. O. s. die Leipz. Protoc. S. 88 f. und S. 94 f. — Bluntschli, D. W. O. S 88 f.

[11] Frankfurt. W. O. Art. 28 und 29. — Preuss. Entw. §. 44—47.

[12] So das englische und das nordamerikanische Wechselrecht. Borchardt, D. W. O. S. 96. — Nach der Dessau. W. O. Art. 26, 72 und 76 muß der Wechselinhaber dem Vormann, an welchen er sich zuerst halten will, mit nächster Post die Nichtzahlung notificiren und falls er binnen 24 Stunden nicht vollständige Befriedigung erhält, gegen ihn Contraprotest erheben, und hiermit gegenüber allen andern Vormännern, ohne daß er hierbei an eine Reihenfolge gebunden wäre, fortfahren, wodurch der Regreß gegen alle erhalten wird.

Nach einem dritten Systeme (dem Verjährungssysteme) endlich ist die Notification nur in dem Sinne erfordert, daß der gerichtlichen Regreßnahme binnen der Verjährungsfrist eine aussergerichtliche vorausgeschickt werden muß [13].

Unter den oben erwähnten Voraussetzungen kann aber der als letzter Indossatar, und bei nicht indossirten Tratten der als Remittent nach den Grundsätzen über Legitimation zur Zahlungserhebung legitimirte Wechselinhaber auf den Wechsel und den Mangels Zahlung erhobenen Protest hin die Regreßklage gegen den einen oder den andern seiner Vormänner anstellen [14].

Doch kann er, wenn er den etwaigen Nothadressen oder dem Ehrenacceptanten den Wechsel nicht rechtzeitig zur Zahlung präsentirt, und über die hier nicht erlangte vollständige Zahlung nicht Protest hat leviren lassen, nur gegen die Vormänner des Adressanten oder Honoraten regrediren, und nur gegen diesen letztern und dessen Vormänner im Falle ausgeschlagener Ehrenzahlung.

Hat aber eine Ehrenzahlung Statt gefunden, so steht die Regreßklage des abbezahlten Wechselinhabers dem Ehrenzahler gegen den Honoraten und dessen Vormänner zu, währenddem der in Regreß genommene Indossant, derjenige, welcher den Wechsel als Rimesse erhalten [15] oder ihn eingelöst hat, — wozu jeder Wechselverbundene gegen Erstattung der Wechselsumme sammt Zinsen und

---

[13] Code de comm. Art. 165 f. — Thöl, Handelsr. §. 224. I. 3. — Der Schw. Entw. kennt weder eine Verpflichtung zur Notification, noch eine solche zur aussergerichtlichen Regreßnahme. Meine Krit. S. 22 a. E. und Mein Auff. in der krit. Ueberschau Bd. IV. S. 361 f.

[14] Bei unterbrochener Indossamenten-Reihe aber gegen die der Lücke nachfolgenden Vormänner. Arch. f. d. W. III. S. 339. — Jolly, in demselb. Arch. Bd. V. S. 67. — Blaschke, Wechselrecht. S. 191, Not. 4. — Dageg. Kitka, in der Allg. Oesterr. Gerichtszeitung, Jahrg. 1853, Nr. 136.

[15] Koch, Wechselr. S. 243.

Kosten berechtigt ist [16], auf den Wechsel und Protest Mangels Zahlung gegen seine Vormänner regrediren kann [17].

Ausnahmsweise kann übrigens ohne Protest Mangels Zahlung Regreß genommen werden, nämlich gegen denjenigen Wechselverpflichteten, welcher dessen Erhebung erlassen hat [18], vorausgesetzt jedoch, daß die Präsentation zur Zahlung rechtzeitig Statt gefunden, was hier kraft einer einfachen Rechtsvermuthung zu Gunsten des Regredienten anzunehmen ist [19].

---

[16] So schon nach Gemeinem Rechte. — Koch, Wechselrecht, S. 236. I. — D. W. O. Art. 48 : „Jeder Wechselschuldner hat das Recht, gegen Erstattung der Wechselsumme nebst Zinsen und Kosten die Auslieferung des quittirten Wechsels und des wegen Nichtzahlung erhobenen Protests von dem Inhaber zu fordern." D. W. O. Art. 98. 6. — Zum ersteren Art. war der Zusatz vorgeschlagen : „die Verweigerung der Annahme der angebotenen „Zahlung befreit den Anbietenden, so wie seine Nachmänner von allen weiteren Ansprüchen, sofern über die Verweigerung Protest aufgenommen und „die Wechselsumme gerichtlich niedergelegt wird." — In der Discussion vereinigte man sich nun dahin, daß zum Eintreten des angedrohten Präiudizes die Deposition der Wechselsumme nicht erforderlich sei, und ließ schließlich das Präjudiz selbst fallen, indem man aber von der Voraussetzung ausging, daß selbstverständlich der die Zahlung Ausschlagende zum Schadensersatze verpflichtet werde. Leipzig. Protoc. S. 183 f. Brauer, Erläut. S. 100. 2. — Ortloff, D. W. O. S. 85. Dagegen Koch, Wechselr. S. 236 und D. W. O. mit Einleit. und Erläut. S. 157 f., welche nach der nicht passenden Analogie der verweigerten Annahme einer Ehrenzahlung das Präjudiz festhalten wollen.

[17] Dies. Lehrb. §. 53. III. — Der Indossant ist durch den bloßen Besitz des nothleidenden Wechsels und des Protests zur Regreßklage legitimirt. Arch. f. d. W. Bd. IV. S. 200 f. — Im Falle einer Theilzahlung muß sich der Zahler mit einer quittirten Abschrift des Wechsels und einer Abschrift des Protests begnügen (Koch, Wechselr. S. 236) und kann sonach nicht regrediren.

[18] Durch die Worte : ohne Protest — ohne Kosten — retour sans frais — retour sans protêt. — Soll diese Clausel jedem Wechselinhaber zu Statten kommen, so muß sie auf dem Wechsel selbst stehen. — Doch geschieht die betreffende Aufforderung öfter brieflich oder mündlich an den Wechselinhaber. — Einert, Wechselrecht, S. 257.

[19] Einert, a. a. O. S. 256 f. — Liebe, Entw. S. 138 f. D. W. O. Art. 42 : „Die Aufforderung keinen Protest erheben zu lassen („ohne Pro-

§. 85.

Fortsetzung.

Gegenstand der Regreßklage Mangels Zahlung ist die Regreßsumme [1]. Die einzelnen Ansätze, welche dieselbe begreift, sind vom Regreßnehmer in einer s. g. Retourrechnung [2] zusammenzustellen, welche, insoweit sie nicht durch Wechsel und Protest gerechtfertigt ist, mit Belegen versehen sein muß [3]. Diese Rechnung ist dem Regreßpflichtigen gegen die Zahlung nebst Wechsel und Protest quittirt auszuhändigen [4].

Rücksichtlich der Ansetzung der Regreßsumme ist aber zu unterscheiden:

1) Regredirt der letzte Indossatar, oder der Remittent der nicht indossirten Tratte, so begreift die Regreßsumme die Wechsel-

---

»test,« »ohne Kosten« etc.) gilt als Erlass des Protestes, nicht aber als »Erlass der Pflicht zur rechtzeitigen Präsentation. Der Wechselverpflichtete, »von welchem jene Aufforderung ausgeht, muss die Beweislast übernehmen, »wenn er die rechtzeitig geschehene Präsentation in Abrede stellt.

»Gegen die Pflicht zum Ersatze der Protestkosten schützt jene Aufforde»rung nicht.« D. W. O. Art. 98. 6. — Schw. Entw. §. 48. — S. auch Seuffert, Arch. Bd. IX, Nr. 209.

[1] Nach der Üsance vieler Orte hat der Regreßnehmer die Wahl, auf die Regreßsumme oder auf die Erstattung der von ihm gegebenen Valuta sammt Zinsen zu klagen. — S. aber die Leipz. Protoc. S. 108 f.

[2] Formulare bei Ditscheiner, Wechselrecht, S. 371 f. S. auch Stern, die Lehre von den Wechseln, S. 268 f. — Gengler, Lehrbuch des deutschen Privatr. S. 651.

[3] Treitschke, Encyc. II. S. 332. — Thöl, Handelsrecht, II. S. 322. — D. W. O. Art. 50, Abs. 4: »Der Curs ist auf Verlangen des Regresspflich»tigen durch einen unter öffentlicher Autorität ausgestellten Curszettel oder »durch das Attest eines vereideten Mäcklers oder in Ermanglung derselben »durch das Attest zweier Kaufleute zu bescheinigen.« D. W. O. Art. 51 a. E. und Art. 98. 6. — Leipzig. Protoc. S. 111. — Ueber die öffentlichen Curszettel s. Treitschke, Encyc. I. S. 311 f.

[4] D. W. O. Art. 54 und 98. 6. — Schw. Entw. §. 55.

summe, die Kosten, welche die Nicht-Honorirung des Wechsels veranlaßt hat [5], so wie eine Provision von $1/3$ Procent der Wechselsumme [6].

Die Wechselsumme ist nach dem Curse, den sie am Zahlungsorte zur Verfallzeit hat, zu berechnen [7]; nach der D. W. O. jedoch muß der Gesammtbetrag der Ansätze, welche die Regreßsumme bilden, nach dem Curse bezahlt werden, den ein am Zahlungstage [8] vom Zahlungsorte auf den Wohnort des Regreßpflichtigen gezogener Sichtwechsel hat [9].

---

[5] Thöl, Handelsr. §. 218. II. — D. W. O. Art. 50, Abs. 1—3: „Die „Regressansprüche des Inhabers, welcher den Wechsel Mangels Zahlung hat „protestiren lassen, beschränken sich auf:

„1) die nicht bezahlte Wechselsumme nebst 6 Procent jährlicher Zinsen „vom Verfalltage ab,

„2) die Protestkosten und andere Auslagen,

„3) eine Provision von $1/3$ Procent.

„Die vorstehenden Beträge müssen, wenn der Regresspflichtige an einem „anderen Orte als dem Zahlungsorte wohnt, zu demjenigen Curse gezahlt „werden, welchen ein vom Zahlungsort auf den Wohnort des Regresspflich„tigen gezogener Wechsel auf Sicht hat.

„Besteht am Zahlungsorte kein Curs auf jenen Wohnort, so wird der Curs „nach demjenigen Platze genommen, welcher dem Wohnorte des Regress„pflichtigen am nächsten liegt." D. W. O. Art. 98. 6. — Schw. Entw. §. 51. — Nicht aber die Kosten, die bei der Anschaffung des Wechsels entstanden sind. Liebe, Entw. S. 144. 3.

[6] Treitschke, Encyc. II. S. 298. — D. W. O. Art. 50 und Art. 98. 6.

[7] Thöl, Handelsr. S. 218. I. — Die meisten W. O. lauten unbestimmt; so z. B. die Altenburg. W. O. Kap. III. §. 5, welche den Regreßanspruch als ein Recht auf Befriedigung „wegen Capitals, Interesse, Schäden und Unkosten" bezeichnet. — Ueber den Geldcurs s. Siebenhaar im Arch. für deutsch. Wechselr. Bd. I. S. 183 f.

[8] Dagegen Koch, Wechselr. S. 241.

[9] D. W. O. Art. 50 und Art. 98. 6. — Schw. Entw. §. 51 u. §. 89. — Bluntschli, D. W. O. S. 94. — Koch, Wechselr. S. 241. — Wohnt der Regreßpflichtige am Zahlungsorte, so fällt die Cursvergütung weg. — Ueber den Wechselcurs s. Treitschke, Encyc. I. S. 308 f. — Siebenhaar, im Arch. für deutsch. Wechselr. Bd. I. S. 186.

Von der Regreßsumme, so weit sie die Wechselsumme befaßt, können Zinsen zu 5 Procent und nach der D. W. O. zu 6 Procent vom Zahlungstage an bis zum Tage der Erstattung verlangt werden [10], so wie auch die Unkosten von der Klage an nach dem landesüblichen Zinsfuße zu verzinsen sind [11].

2) Regredirt ein Indossant, so begreift die Regreßsumme, die er von seinem Vormanne ansprechen kann, die von ihm rembursirte Summe [12], die Kosten, die der Regreßnehmer gehabt und eine Provision von $1/3$ Procent. Die Rembourssumme ist nach Gemeinem Rechte nach dem Curse, welchen sie zur Zeit des Rembourses an dem Wohnorte des Regredienten hat, zu berechnen [13]; nach der D. W. O. ist der Gesammtbetrag der Regreßsumme nach dem Curse zu bezahlen, den ein zur Zeit des Rembourses vom Wohnorte des Indossanten auf den Wohnort des Regreßpflichtigen gezogener Sichtwechsel hat [14].

Von der rembursirten Summe können Zinsen vom Tage des Rembourses an bis zu deren Erstattung [15], so wie von

---

[10] Thöl, Handelsr. §. 218. III. — D. W. O. Art. 50. — Schw. Entw. §. 51 (5%).

[11] Koch, Wechselr. S. 241 a. E. — Code de comm. Art. 185.

[12] Diese Summe kann übrigens, wenn der rembursirende Indossant ein Ausländer ist, höhere Ansätze als die zu Nr. 1 bezeichneten umfassen. D. W. O. Art. 52. — Schw. Entw. §. 53. — Brauer, Erläut. S. 103.

[13] Doch ist die Frage, ob hier eine Cursvergütung in Ansatz gebracht werden kann, und welche? — sehr bestritten. Treitschke, Encyc. II. S. 343 f. — Der Anspruch auf Cursvergütung wird durch das franz. Recht verneint. Code de comm. Art. 179. 180. 182. 183. Frémery, étud. p. 155 f. — S. aber Liebe, Motive, S. 145 f. — Der Indossant hat der quittirten Retourrechnung eine neue Retourrechnung nebst den nöthigen Belegen beizulegen.

[14] D. W. O. Art. 51. — Leipzig. Protoc. S. 110. — Schw. Entw. §. 53.

[15] D. W. O. Art. 51. — Schw. Entw. §. 52 (5%).

den Unkosten des Indossanten vom Tage der Klage an verlangt werden.

Ausnahmsweise beschränkt sich nach der D. W. O. der Regreßanspruch des letzten Wechselinhabers sowohl, wie des Indossanten auf die Wechselsumme, wenn der Regredient auf die ihm deßhalb gemachte Einwendung nicht zu bescheinigen vermag, daß er seiner Verpflichtung zur rechtzeitigen Notification der Nichtzahlung des Wechsels nachgekommen [16].

§. 86.

Die Regreßnahme durch Rückwechsel, und die Regreßklage im Falle nicht honorirten Rückwechsels.

Die Regreßnahme Mangels Zahlung kann auf aussergerichtlichem Wege versucht werden, und insbesondere durch einen Rückwechsel [1] (Retourwechsel, Herwechsel, Gegenwechsel, Widerwechsel, Ricorswechsel, Ritratte, ricambio, retraite) [2]. Der Rückwechsel aber ist ein vom Regreßsuchenden auf einen Regreßpflichtigen in der Absicht der Regreßnahme gezogener Wechsel [3].

---

[16] Dies. Lehrb. §. 84. — D. W. O. Art. 45 a. E. — Dem Regreßnehmer, der seinen unmittelbaren Vormann benachrichtigt hat, schadet die von diesem unterlassene weitere Notification selbst dann nicht, wenn er gegen einen früheren Vormann regredirt. Hat er dagegen nicht notificirt, so kann ihm auch der entferntere Vormann diese Versäumniß entgegensetzen, so wie endlich dem Regreßnehmer die in einer andern als der gesetzlich bestimmten Reihenfolge vorgenommene Notification entgegensteht. — D. W. O. mit Einleit. und Erläut. S. 154 f.

[1] Schon im 15. Jahrh. im Gebrauch. v. Martens, Versuch, S. 72 und Anhang S. 32. — Mittermaier, Grundſ. §. 347, Note 1.

[2] Code de comm. Art. 178, welcher jedoch eigenthümliche Bestimmungen enthält. — Der Rückwechsel ist mit der Rückwechselung (rechange) nicht zu verwechseln. Code de comm. Art. 177. — Einert, Wechselr. S. 297 f.

[3] Bender, Grundſ. II. S. 170 f. — Gengler, Lehrbuch des deutschen Privatr., S. 650, Note 16. — Ueber fingirte Rückwechsel s. Treitschke, Encyc. II. S. 426 f. — Koch, Wechselr. S. 245 f.

Die Wechselsumme kann in demselben durch folgende Ansätze gebildet werden:

1) Nach gemeinem Rechte die Wechselsumme des Vorwechsels nach Curs, beziehungsweise die Rembursſumme nach Curs, mit Hinzurechnung des Betrags, der nach dem Stande des Wechselcurses erforderlich ist, damit der Retrassant jene Summe als Valuta für den Rückwechsel empfange [4]; ferner die übrigen in der dem Regreßnehmer gebührenden Regreßsumme enthaltenen Ansätze. Der maßgebende Wechselcurs ist, wenn der letzte Wechselnehmer regredirt, der Curs eines Sichtwechsels vom Zahlungsorte auf den Wohnort des Regreßpflichtigen am Zahlungstag des Vorwechsels [5], im Falle der Regreßnahme eines Indossanten aber der Curs, den ein solcher Wechsel vom Wohnorte des Retrassanten auf denjenigen des Retrassaten am Tage der Remburſirung hatte [6]. — Nach der D. W. O. wird die Wechselsumme des Rückwechsels zunächst durch die dem Regredienten aus dem Vorwechsel gebührende Regreßsumme gebildet [7];

2) die Mäcklergebühren für Negozirung des Rückwechsels [8], und

3) die etwaigen Stempelgebühren [9].

Die Aufnahme der beiden zuletzt bezeichneten Ansätze in die Wechselsumme der Rücktratte ist jedoch nur dann gerechtfertigt,

---

[4] Thöl, §. 219. II. u. §. 240. II.

[5] Thöl, §. 219. III.

[6] Thöl, §. 240. II. u. III., welcher jedoch die Begebungsorte und nicht die Wohnorte für maßgebend hält.

[7] D. W. O. Art. 53, Abs. 1, verb. mit Art. 50 und 51. — Koch, Wechselrecht, S. 245. — Schw. Entw. §. 54. Abs. 1.

[8] Bender, Grundſ. II. S. 173 a. E. — D. W. O. Art. 53, Abs. 2. — Schw. Entw. §. 54, Abs. 2.

[9] Bender, II. S. 174. D. W. O. Art. 53, Abs. 2. — Schw. Entw. §. 54, Abs. 2.

wenn diese auf Sicht zahlbar [10] und unmittelbar auf den Regressaten (a drittura) [11] gezogen ist [12]. Dieß hat den Sinn, daß wenn der Regreßpflichtige den so gezogenen Rückwechsel nicht honorirt, die Regreßklage M. Zahlung aus dem protestirten Vorwechsel auf die Wechselsumme der Rücktratte gegen ihn angestellt werden kann [13]. Dagegen ist der Retrassat, abgesehen von dem Falle stattgehabter Acceptation [14], zur Zahlung des Rückwechsels selbst nicht verbunden [15]. Gegen dessen Zahlung aber kann er die Auslieferung des

---

[10] D. W. O. Art. 53, Abs. 3. — Schw. Entw. §. 54, Abs. 3. — Der in der Leipziger Conferenz gestellte Antrag, statt der Worte „auf Sicht zahlbar" die andern „auf kurze Sicht zahlbar" zu setzen, wurde verworfen. — Leipzig. Protoc. S. 111 f. — S. auch Bluntschli, D. W. O. S. 96.

[11] Treitschke, Encyc. I. S. 120 f. II. S. 422. — Thöl, §. 219. III. 3. — D. W. O. Art. 53. Abs. 3. — Schw. Entw. §. 54, Abs. 3. — Brauer, Erl. S. 104. 2. — Der in der Leipziger Conferenz gestellte Antrag, die Worte „unmittelbar (a drittura)" zu streichen, weil der Rückwechsel oft auf einen Ort zu ziehen sein werde, auf welchen kein Curs notirt worden, wurde verworfen. Leipziger Protoc. S. 111 f. — S. auch §. 85, Note 9.

[12] Die Regreßnahme kann übrigens auch durch einen in anderer Weise gezogenen Rückwechsel versucht werden.

[13] Und zwar vom Nehmer der Rücktratte an der Stelle des Retrassanten, wenn jenem der protestirte Vorwechsel sammt Protest und Retourrechnung übergeben worden, oder vom Retrassanten, der den Rückwechsel eingelöst hat. Derselbe kann aber nicht, wie Thöl, §. 219, Note 7 meint, vom Regressaten das Interesse der Nichtzahlung des Rückwechsels verlangen.

[14] Da die Rücktratte auf Sicht lautet, so wird eine Acceptation selten dabei vorkommen. S. jed. Thöl, §. 167. — Durch die bloße Acceptation erwirbt der Retrassant kein Recht auf Auslieferung des Vorwechsels sammt Protest u. s. w., was im Zusammenhang mit der unrichtigen Ansicht, es finde durch die Acceptation der Rücktratte eine Novation Statt, behauptet wird, so z. B. von Treitschke, Encyc. II. S. 418. S. jed. die Weimar. W. O. §. 139.

[15] Ueberhaupt nicht zur Honorirung. Thöl, II. S. 232 a. E. u. S. 233. — Die entgegengesetzte Ansicht (Treitschke, Encyc. II. S. 418; Liebe, Motive, S. 149) beruht auf einer Verwechslung.

Vorwechsels sammt Protest und quittirter Retourrechnung verlangen [10].

III. Die Wechselverjährung.

Riccius de praescriptione literarum cambialium. Gött. 1781; und in Exercitat. XV.

W. Gelpke, Beiträge zur Kenntniß des Handels- und Wechselrechts, 1tes Heft: der präjudicirte und der verjährte Wechsel. Berlin 1848. — S. 31 f.

§. 87.

Allgemeine Bestimmungen. — Eintreten der Wechselverjährung. *

Das Gemeine Recht kennt keine besondere Wechselverjährung [1]. — Wo also das anzuwendende Particularrecht [2] nicht abweichende Bestimmungen über Wechselverjährung oder über Verjährung überhaupt aufstellt, finden auf Wechselverbindlichkeiten die Grundsätze des Gemeinen Rechts über Klagenverjährung Anwendung [3].

Particularrechtlich dagegen besteht vielfach eine eigenthümliche, an den Ablauf kurzer Fristen geknüpfte Wechselverjährung [4]; und

---

[10] D. W. O. Art. 54. — Schw. Entw. §. 55. — Leipzig. Protoc. S. 112. — Thöl, II. S. 232.

* Gelpke, Zeitschrift f. Handelsr. Heft 3, S. 80 f.

[1] Mittermaier, Grundſ. §. 356. — Bender, Grundſ. II. S. 284.

[2] Dieſ. Lehrb. §. 7, Note 14.

[3] Treitſchke, Encyc. II. S. 572. — Thöl, Handelsr. §. 303. A. Ueber das Erforderniß der bona fides ſ. Seuffert, Arch. Bd. II. Nr. 300.

[4] Rückſichtlich der Verjährungsfriſt befolgen die einzelnen W. O. verſchiedene Syſteme. Thöl, a. a. O. §. 303. B. — Liebe, Motive, S. 191 f. — Borchardt, D. W. O. S. 147 f. 1) Eine Zeit für jede Art von Wechſelverbindlichkeit haben von den jetzt geltenden W. O. die Deſſau. W. O. §. 40 und §. 83 (1 Jahr); die Rudolſtadt. W. O. §. 6 (4 Jahre). — S. auch den Preuſſ. Entw. §. 73 u. Preuſſ. Landr. II. Tit. 8, §. 903 (Gelpke, a. a. O. S. 32). 2) Zwei Zeiten haben und zwar a) für Tratten und

so auch nach der D. W. O. [5], welche die Verjährungszeit mit folgenden Unterscheidungen bestimmt [6]:

1) Die Wechselklage gegen den Acceptanten und den Aussteller eines eigenen Wechsels verjährt in drei Jahren vom Verfalltage des Wechsels an [7] gerechnet [8]; was auch von der Klage gegen den Ehrenacceptanten anzunehmen ist [9].

2) Hinsichtlich der Regreßklage Mangels Zahlung ist wieder zu unterscheiden:

a) die Regreßklage des Inhabers, welcher den Wechsel Mangels Zahlung hat protestiren lassen, und beziehungsweise desjenigen, der in dessen Rechte getreten, verjährt in einer mit dem Tage des erhobenen Protests beginnenden Frist, deren Dauer von 3, 6 oder 18 Monaten sich je nach der geringern oder größern Entfernung des Zahlorts vom Inlande richtet [10].

---

dann für eigene Wechsel: die Altenburg. W. O. Kap. V, §. 9 (4 Wochen; 3 Jahre); b) für eigene Wechsel und Accept einerseits und andererseits für den Regreß der Code de comm. Art. 189. 165—167 (5 Jahre — und: 14 Tage, 2, 4, 6 Monate, 1 und 2 Jahre).

[5] Bei Wechseln, welche vor der Wirksamkeit der D. W. O. ausgestellt worden, kann man sich auf die in derselben angeordnete kürzere Verjährungsfrist berufen, wenn diese seit dem in Krafttreten des neuen Gesetzes verstrichen ist. Arch. f. deutsch. Wechselrecht, Bd. III. S. 330; dagegen Bd. III. S. 333 und S. 341.

[6] Leipzig. Protoc. S. 184 f. — Stern im Arch. f. d. W. IV. S. 274 f.

[7] S. aber dies. Lehrb. §. 62 und §. 63. — Der Verfalltag zählt nicht mit. Gelpke, Zeits. f. Handelsr. Heft 3. S. 98 f.

[8] D. W. O. Art. 77 u. Art. 100. — Es kann hiernach der Mißstand eintreten, daß ein Vormann, gegen den regredirt wird, sich an dem Acceptanten nicht mehr erholen kann, weil die Klage gegen diesen bereits verjährt ist. S. Leipzig. Protoc. S. 188 f. — Ortloff, D. W. O. S. 112 f. — Stern, a. a. O. S. 277 f. — Nach dem Schw. Entw. §. 83 u. §. 90 beträgt die Verjährungsfrist nur Ein Jahr vom Verfalltage oder dem Tage der abgelaufenen Prolongation an gerechnet.

[9] Hoffmann im Arch. f. pract. Rechtsw. Bd. I. H. 3, S. 66 f.

[10] D. W. O. Art. 78: »Die Regressansprüche des Inhabers (Art. 50) gegen »den Aussteller und die übrigen Vormänner verjähren:

»1) in drei Monaten, wenn der Wechsel in Europa, mit Ausnahme von »Island und den Faröern, zahlbar war;

b) Die Regreßklage des einzelnen Indossanten verjährt in einer Frist von 3, 6 oder 18 Monaten, je nach der Entfernung des Wohnorts des Regreßnehmers vom Inlande [11]. Die Frist läuft gegen den einzelnen Indossanten von dem Tage an, an welchem er den Wechsel, ehe er hierzu mit der Wechselklage in Anspruch genommen worden, eingelöst hat, sonst

---

„2) in sechs Monaten, wenn der Wechsel in den Küstenländern von Asien „und Africa längs des mittelländischen und schwarzen Meeres oder in den „dazu gehörigen Inseln dieser Meere zahlbar war;

„3) in achtzehn Monaten, wenn der Wechsel in einem andern aussereuro„päischen Lande oder in Island oder den Faröern zahhlar war.

„Die Verjährung beginnt gegen den Inhaber mit dem Tage des erhobenen „Protests." D. W. O. Art. 98, Nr. 10. — D. W. O. mit Einleit. und Erläut. S. 209 a. E. u. f. Doch wird der Tag, an welchem der Protest erhoben worden, nicht mitgezählt. Berlin. Ob. Tr. bei Kletke, Präjud. S. 212. Nr. 536. — S. ferner Gengler, deutsch. Privatrecht, S. 668, Note 7. — Der Schw. Entw. §. 84 bestimmt: „Die Regressansprüche des „Inhabers gegen die Indossanten und den Aussteller erlöschen: 1) binnen „Monatsfrist, wenn der Wechsel in der Schweiz zahlbar war; 2) in 3 Mona„ten, wenn der Wechsel an einem andern Orte Europa's, ausserhalb der „Schweiz, zahlbar war; 3) in 12 Monaten, wenn der Wechsel an einem „aussereuropäischen Orte zahlbar war. — Die Verjährung beginnt mit dem „Tage der Protesterhebung.

[11] D. W. O. Art. 79: „Die Regressansprüche des Indossanten (Art. 51) „gegen den Aussteller und die übrigen Vormänner verjähren:

„1) in 3 Monaten, wenn der Regressnehmer in Europa, mit Ausnahme von „Island und den Faröern, wohnt;

„2) in 6 Monaten, wenn der Regressnehmer in den Küstenländern von „Asien und Africa längs des mittelländischen und schwarzen Meeres, oder in „den dazu gehörigen Inseln dieser Meere wohnt;

„3) in 18 Monaten, wenn der Regressnehmer in einem andern aussereuro„päischen Lande oder in Island oder den Faröern wohnt."

„Gegen den Indossanten läuft die Frist, wenn er, ehe eine Wechselklage „gegen ihn angestellt worden, gezahlt hat, vom Tage der Zahlung, in allen „übrigen Fällen aber vom Tage der ihm geschehenen Behändigung der Klage „oder Ladung." — D. W. O. Art. 98, Nr. 10. — Auf den Aussteller eines eigenen Wechsels findet die Verjährung des Art. 79 keine Anwendung. Kletke, Präjudiz. S. 213. Nr. 539. — Die in Art. 78 u. Art. 79 bestimmten Fristen sind aus dem Entw. für Holstein §. 30 u. für Oesterreich §. 237 entnommen. — Der Schw. Entw. §. 85 bestimmt hier: „Die Regressansprüche

aber von dem Tage der ihm geschehenen Behändigung der Klage oder Ladung [12].

Bestimmungen über die Verjährung der Regreßklage Mangels Annahme oder wegen Unsicherheit enthält die D. W. O. nicht [13].

Der Lauf der Wechselverjährung, — auf welche, anders als nach Gemeinem Rechte [14], nach der D. W. O. nicht verzichtet [15] und deren Anfang und Dauer auch nicht vertragsmäßig abgeändert werden kann [16], wird durch Hindernisse, die der Anstellung der Klage entgegenstehen, nicht gehemmt [17].

„des Indossanten gegen seine Vormänner und den Aussteller verjähren: „1) binnen Monatsfrist, wenn der Regressnehmer in der Schweiz wohnt; „2) in 3 Monaten, wenn der Regressnehmer an einem andern Orte Europa's, „ausserhalb der Schweiz, wohnt; 3) in 12 Monaten, wenn der Regressnehmer in einem aussereuropäischen Lande wohnt. — Diese Fristen werden „von dem Tage an berechnet, an welchem der Regressnehmer freiwillig den „Wechsel eingelöst hat, oder an welchem gegen ihn auf Einlösung des „Wechsels Klage erhoben wurde.“

[12] D. W. O. Art. 79, Abs. 2 und Art. 98, Nr. 10. — Es läuft sonach gegen den beklagten Indossanten die Verjährung gegenüber seinen Vormännern, bevor er gegen diese eine actio nata hat (Koch, Wechselr. S. 298); doch steht ihm zur Abwendung dieses Nachtheils das Mittel der Streitverkündigung zu. — Unrichtig ist die Ansicht Brauer's, Erläut. S. 135, daß schon die Behändigung der Klage oder Ladung die Regreßklage des Indossanten gegen seine Vormänner begründe. — S. auch Bluntschli, D. W. O. S. 123. — Stern im Arch. f. d. W. Bd. IV. S. 276. — Nicht weniger begründet ist aber die Ansicht Hoffmann's im Arch. f. pract. Rtsw. I. 3. S. 84 f., daß hier dem Kläger der Beweis der Einhaltung der Verjährungszeit obliege.

[13] Brauer, Erläut. S. 134.

[14] Bender, Grundf. II. S. 307 f.

[15] Hoffmann im Arch. f. pract. Rechtsw. Bd. I. 2. S. 74 f.

[16] Denn es läßt die D. W. O. die vertragsmäßige Abänderung gesetzlicher Bestimmungen nur in gewissen gesetzlich bestimmten Fällen zu (Art. 9. 14. 15. 19. 24). D. W. O. mit Einl. u. Erl. S. 211. — Borchardt, D. W. O. S. 146. — Arch. für deutsch. Wechselr. Bd. III. S. 345 f.

[17] Denn es bezieht sich der Satz „agere non valenti non currit praescriptio“ nur auf gewisse rechtliche Hindernisse (Puchta, Pandect. §. 90. 3;

Dagegen wird die Verjährung durch Behändigung der Klage oder Ladung [18] gegenüber dem Beklagten und nur diesem [19], unterbrochen [20], in welcher Hinsicht die von letzterem vorgenommene Streitverkündigung die Stelle der Klage vertritt [21]. —

Seuffert, Arch. Bd. II. Nr. 321; Arg. D. W. O. Art. 79. Abs. 2); daher das Amortisations-Verfahren den Lauf der Verjährung nicht hemmt; Koch, Wechselr. S. 287. — Anders verhält es sich jedoch hinsichtlich des Moratoriums, wenn dasselbe den Gläubiger an der Ausklagung des Wechselschuldners hindert, und zwar nicht allein nach gemeinem Rechte (const. 8 in f. C. qui bonis cedere (7. 71); Treitschke, Encyc. II. S. 32 u. S. 580), sondern auch da, wo die D. W. O. gilt. Brauer im Arch. f. d. W. Bd. V. S. 35. — Nach einzelnen Particulargesetzgebungen schläft, so lange der Concurs dauert, die Verjährung der Wechselklagen (K. Sächs. Gesetz vom 7. Juni 1849, §. 20); hier wird die Frage nach dem Zeitpunkte, in welchem der Concurs beendigt ist, wichtig. Mothes im Arch. f. d. W. Bd. I. S. 266 f.

[18] D. W. O. Art. 80 verb. mit Art. 79, Abs. 2; — Schw. Entw. §. 86. — Brauer, Erläut. S. 136. 2 a; — auch bei der Einklagung im Concurse des Wechselschuldners (Stuttg. Ob. Tr. bei Seuffert, Arch. Bd. IX. Nr. 208; dagegen Kletke, Präjud. S. 216. Nr. 546). — Der Ladung steht die Hausexpedition gleich (dies. Lehrb. §. 78 not. 11); nicht aber die Anmeldung der Wechselklage (Arch. f. d. W. Bd. V. S. 226) oder Anerkennung der Schuld (Seuffert, Arch. Bd. IV. Nr. 141). S. ferner dies. Lehrb. §. 62, Note 14. — Ist der Beklagte nicht zu finden, so kömmt die Bestimmung der const. 2 C. de annali except. (7. 40) in Anwendung.

[19] D. W. O. Art. 80. Abs. 1 u. Art. 98, Nr. 10. — Arch. f. d. W. Bd. V. S. 430 f. — Will demnach ein Regreßnehmer sich den Regreß gegen alle seine Vormänner offen halten, so muß er gleich gegen alle Klage erheben. — D. W. O. mit Einl. u. Erl. S. 208. — Für das Gemeine Recht ist zu bemerken, daß Aussteller und Indossanten nicht correi debendi sind. Dagegen Liebe, Entw. S. 194 a. E. u. S. 195. — Koch, Wechselr. S. 300.

[20] Nach unterbrochener Verjährung findet nur die 40jährige Proceßverjährung Statt. — D. W. O. mit Einl. u. Erl. S. 210. Dagegen Seuffert, Arch. IV. Nr. 142 u. Kletke, Präjudiz. (erste Fortsetz.) S. 120. Nr. 1024 (O. A. G. in Dresden). — Gengler, deutsch. Privatr. S. 670, Note 12.

[21] D. W. O. Art. 80, Abs. 2 u. Art. 98, Nr. 10. — Großh. Hess. Einf. G. §. 12 (die Provinz Rheinhessen betreffend): „Die in Art. 80, Abs. 2 „der D. W. O. der Streitverkündigung verliehene Wirkung findet durch „Notification der Klage Statt." — Hierdurch erhält der beklagte Indossant ein Mittel, die Verjährung gegenüber seinen Vormännern zu unterbrechen. Unrichtig Brauer, Erläut. S. 136 a. E.

Sonstige civilrechtliche Unterbrechungen kommen hier nicht in Betracht [11].

§. 88.

Die Wirkungen der Wechselverjährung.

Nach Gemeinem Rechte hebt die Verjährung die Wechselforderung schlechthin auf, so daß diese auch nicht durch Klage im ordentlichen Processe oder Einredeweise geltend gemacht werden kann [1]. Denselben Grundsatz erkennt im Allgemeinen die D. W. O. ebenfalls an [2], währenddem andere Wechselordnungen im Zusammenhange mit der Verschiedenheit der Ansichten über die Natur der Wechselschuld abweichende und wieder sehr verschiedene Bestimmungen über die Wirkungen der Wechselverjährung aufstellen [3].

Dagegen ist sowohl nach Gemeinem Rechte wie auch nach der D. W. O. die Wechselverjährung ohne Einfluß auf das dem Wechselversprechen unterliegende Verhältniß [4], aus welchem während der

---

[11] Koch, Wechselr. S. 300. — Gengler, deutsch. Privatr. S. 670, Note 11.

[1] Thöl, Handelsr. §. 303. II.

[2] D. W. O. Art. 83 u. Art. 98, Nr. 10.

[3] Thöl, §. 303. II. — Von den Systemen der noch heute in Deutschland geltenden W. O. sind hervorzuheben: 1) der trassirte Wechsel gilt als bezahlt, der eigene Wechsel, aus welchem nach Wechselrecht nicht weiter verfahren werden kann, ist ein documentum guarentigiatum, welches eine executivische Klage begründet. Altenburg. W. O. Kap. V. §. 9 (s. auch Einert, Wechselr. S. 593); — 2) verjährte Wechsel ohne Unterschied gelten als aussergerichtliche Schuldverschreibungen, als bloße Handschriften. Cöthen. W. O. §. 23. — Rudolst. W. O. §. 6. — S. auch Arch. f. d. W. V. S. 446 u. Haimerl's Magazin, Bd. XI. S. 213 f.

[4] Thöl, §. 303. II. (S. 550). — Die D. W. O. Art. 83 spricht hiergegen nicht. — Dagegen Koch, Wechselr. S. 322 f. — Ditscheiner, Wechselr. S. 418. — Gelpke, a. a. O. S. 21. Doch liegt nicht jedem Wechselversprechen ein anderes Rechtsverhältniß unter (dies. Lehrb. §. 13). Weber, im Arch. f. pract. Rtswiss. III. S. 177. — Ob aber ein eigener Wechsel nach Ablauf der Wechselverjährung als Schuldschein geltend gemacht werden kann,

diesem angehörigen Verjährungszeit noch geklagt werden kann, wenn der Wechsel nicht an Zahlungsstatt empfangen [5] oder durch Annahme des Wechselversprechens nicht eine Novation vorgenommen worden ist [6].

---

hängt davon ab, ob die Urkunde, abgesehen von ihrer jetzt nicht mehr in Betracht kommenden Eigenschaft als Wechselbrief, die Bedingungen eines wirksamen Schuldscheins vereinigt (Berlin. Ob. Tr. im Arch. f. d. W. Bd. V. S. 101 f. und bei Seuffert, Arch. X, Nr. 88; s. auch dies. Lehrb. §. 23, Not. 4 u. Seuffert, Arch. Bd. VIII, Nr. 79; dagegen Winzer im Arch. f. d. W. II. S. 79 f.). — Für sich allein betrachtet enthält aber ein solcher Wechsel keinen Beweisgrund eines gegebenen Darlehens. Kletke, Präjud. S. 237, Nr. 608.

[5] Dies ist der Fall, wenn der Gläubiger gegen den von seinem Schuldner ihm gegebenen Wechsel Quittung geleistet. Berlin. Ob. Tr. bei Kletke, Präjud. S. 220, Nr. 557 a; Arch. f. d. W. III. S. 197.

[6] Dies ist aber im Zweifel nicht anzunehmen. Siebenhaar, im Arch. f. d. W. Bd. I. S. 171 f. u. S. 180. Die Ausstellung eines trockenen Wechsels über eine schon bestehende Schuld begründet nur im Falle ausdrücklicher Verabredung eine Novation (Berl. Ob. Tr. im Arch. f. d. W. Bd. V. S. 426); ebenso die Acceptation einer Tratte an eigene Ordre (Berl. Ob. Tr. im Arch. f. d. W. V. S. 222 u. bei Seuffert, Arch. IX, Nr. 63; Leipz. Appellat. G. im Arch. f. d. W. Bd. IV. S. 357); anders dagegen, wenn der über eine Waarenforderung gezogene Wechsel acceptirt und vom Zieher weiter begeben worden ist (Berl. Ob. Tr. im Arch. f. d. W. Bd. III. S. 199 u. Kletke, Präjud. S. 220, Nr. 557 c.) — S. auch Lauckhard, Rechtsfälle mit Entscheidungen der französischen und belgischen Gerichtshöfe, Neue Folge, Bd. VII. S. 327 f. — Eine Novation nehmen im Zweifel an: Hoffmann, im Arch. f. pract. Rechtsw. Bd. I. 1. S. 44 f.; Ladenburg, im Arch. f. d. W. Bd. V. S. 122 f. (im Widerspruche mit seiner früheren Ansicht [Bd. I. S. 46]). — Die Ausstellung eines trockenen Wechsels bewirkt Novation (Mannheim. O. Hofger. im Magaz. für badische Rechtspflege Bd. I. S. 512); ebenso die Ausstellung oder Begebung eines Wechsels überhaupt (Appellat. Ger. zu Zwickau bei Kletke, Präjud. S. 231, Nr. 591 u. O. A. G. in Dresden bei Kletke, Präjud. S. 226, Nr. 578 u. erste Fortsetz. S. 128, Nr. 1048. 1049; Frankfurt. Handelskammer bei Malß, auserwählte Gutachten, N. X. S. 28 u. N. XI. S. 30); — nicht weniger die Acceptation durch den Schuldner eines vom Gläubiger trassirten Wechsels (O. A. G. in Dresden bei Seuffert, Arch. Bd. VIII, Nr. 288 u. Kletke, Präjud. S. 229, Nr. 589; gegen die frühere Ansicht

Eigenthümlich aber ist die Bestimmung der D. W. O., daß der Aussteller des trassirten wie des eigenen Wechsels und der Acceptant, deren Wechselverbindlichkeit verjährt ist, dem Wechselinhaber insoweit verpflichtet bleiben, als sie in Folge des Wechselgeschäfts mit dessen Schaden bereichert sind [7], und zwar zur Zeit des wegen dieser Bereicherung erhobenen Anspruchs [8]. Die dem

---

dieses Gerichtshofs bei Seuffert, Arch. Bd. II, Nr. 88 und Nr. 89). — Günther, im Arch. f. d. W. Bd. IV. S. 129 f. (s. auch S. 115) erblickt in der Ausstellung eines eigenen Wechsels als Regel nur die Sicherung der frühern Forderung, in der Acceptation einer vom Gläubiger gezogenen Tratte eine Novation, in der Trassirung und Indossirung eines Wechsels eine Tilgung der frühern Schuld durch Compensation.

[7] D. W. O. Art. 83, Abs. 1 : »Ist die wechselmässige Verbindlichkeit des »Ausstellers oder des Acceptanten durch Verjährung oder dadurch, dass die »zur Erhaltung des Wechselrechts gesetzlich vorgeschriebenen Handlungen »verabsäumt sind, erloschen, so bleiben dieselben dem Inhaber des Wechsels »nur so weit, als sie sich mit dessen Schaden bereichern würden, verpflichtet.« — Art. 98, Nr. 10. — Schw. Entw. §. 87, Abs. 1 u. 2 : »Durch Ver»jährung oder durch Versäumniss einer zur Erhaltung des Wechselrechts »vorgeschriebenen Frist oder Form erlöschen die wechselrechtlichen Verbind»lichkeiten sämmtlicher aus dem Wechsel Verpflichteten. — Der Acceptant und »der Aussteller bleiben jedoch im gewöhnlichen Processe dem Wechselinhaber »insoweit verbindlich, als sie sich mit dessen Schaden bereichern würden. »War der Wechsel für Rechnung eines Dritten gezogen, so haftet der Dritte »aus der Bereicherung.« Art. 89 a. E. — Gelpke, a. a. O. S. 42. — Arch. f. d. W. Bd. V. S. 82, Nr. 4; S. 109 u. 445; Haimerl's Magazin für Rechts- u. Staatswiss. XI. S. 193 f. — Ueber solche Fälle der Bereicherung s. Koch, Wechselr. S. 324 f. u. im Arch. für deutsch. Wechselr. Bd. II. S. 48 f. u. S. 58 f.; s. auch Grävell in demselb. Arch. Bd. I. S. 140 f. — Ueber die Commissionstratten s. Leipzig. Protoc. S. 195. — Grävell, a. a. O. S. 141 f. — Borchardt, D. W. O. S. 161 f. — Der Wechselinhaber kann den Aussteller zur Abtretung seiner Klage gegen den Bezogenen, der nicht acceptirt, aber Deckung erhalten hat, nöthigen, dagegen nicht direct gegen den Trassaten klagen. Koch, im Arch. f. d. W. Bd. II. S. 58 f.; dagegen Ladenburg, im Arch. f. pract. Rechtsw. Bd. V. S. 40 f.

[8] Koch, im Arch. f. deutsch. Wechselr. Bd. II. S. 57 f. — S. aber auch Arch. f. deutsch. Wechselr. Bd. II. S. 338.

Wechselinhaber gegebene Klage ist eine (civilrechtliche [9]) actio in factum [10]. Sie findet gegen die Indossanten nicht Statt [11].

Achtes Kapitel.

Die Klagen auf den Wechsel und die Rechte aus dem abhanden gekommenen Wechsel.

Riccius, exercit. XVI. de literar. cambialium amissione.

---

[9] Die Schlußworte des Preuss. Entw. §. 75: „Dieser Anspruch kann „jedoch nicht im Wechselverfahren verfolgt werden" wurden lediglich aus Redactionsgründen weggelassen.

[10] Koch, Wechselr. S. 324 f. Die Klage ist im Gemeinen Rechte nicht begründet, da nach demselben keineswegs jede Bereicherung, welche mit dem Schaden eines Andern entstanden, für diesen eine actio in factum erzeugt, zur Begründung jener Klage aber nicht dolose Bereicherung des Beklagten gehört. Leipzig. Protoc. S. 195. — Die Ansicht Grävell's im Arch. f. deutsch. Wechselr. Bd. I. S. 138 f., daß das durch die D. W. O. dem Wechselinhaber gegebene Rechtsmittel eine condictio causa data causa non secuta sei, ist ganz unstichhaltig. Koch, im Arch. f. deutsch. Wechselr. Bd. II. S. 40 f. und S. 44 f.

[11] D. W. O. Art. 83, Abs. 2 und Art. 98, Nr. 10. — Schw. Entw. §. 87, Abs. 3. — Dagegen Dessau. W. O. §. 83. — Code de comm. Art. 168—171. — Preuss. Entw. §. 75: „Ist die wechselmässige Verbindlichkeit eines Wechselverpflichteten durch Verjährung . . . . erloschen, „so bleibt der frühere Wechselverpflichtete dem Eigenthümer des Wechsels nur „so weit, als er sich mit dessen Schaden bereichern würde, verpflichtet." Ueber die Gründe, warum die actio in factum gegen die Indossanten in der D. W. O. ausgeschlossen wurde, s. Leipzig. Protoc. S. 193. — S. aber Ladenburg, a. a. O. S. 38 f. und Stern, im Arch. f. d. W. Bd. IV. S. 281 f. — Die Bereicherungsklage geht auch gegen den Aussteller eines an eigene Ordre gezogenen und begebenen Wechsels. — Seuffert, Arch. Bd. VIII, Nr. 83.

§. 89.

Die Klagen auf den Wechsel.

Die Aushändigung des Wechselpapiers [1] kann sowohl mit persönlichen Klagen [2] als auch mit der Eigenthumsklage verfolgt werden, insoweit als die Vindication der Fahrniß nach dem anzuwendenden Particularrechte nicht beschränkt ist [3]. — Die Eigenthumsklage steht dem Aussteller und resp. Indossanten, welcher den Wechsel nicht begeben [4] oder für den verkauften Wechsel die nicht creditirte Valuta nicht empfangen hat [5], so wie auch demjenigen zu, der zur Zeit, wo ihm der Wechsel abhanden gekommen, als Wechselgläubiger legitimirt war [6]. Das dingliche Recht auf den Wechsel aber kann nicht allein gegen den, welcher nichts weiter als die Innehabung des Papiers für sich anzuführen vermag [7], wirksam verfolgt werden, sondern auch demjenigen gegenüber, welcher zur Zeit der Klage in Folge eines inzwischen eingetretenen Moments als legiti-

---

[1] Verschieden von einer Klage auf Aushändigung des Wechselpapiers ist die aus dem Wechselschlusse auf das Geben eines Wechsels, resp. die Ausstellung eines Wechselversprechens. S. dies. Lehrb. §. 13.

[2] Thöl, §. 289. 1.

[3] Mittermaier, Grundſ. §. 352 zu Note 26.

[4] S. jed. dies. Lehrb. §§. 37 und 52 a. E.

[5] l. 19 D. de contrah. emt. (18. 1). — §. 41 J. de rer. divis. (2. 1). — Treitschke, Encyc. I. S. 191 f. — Particularrechtlich (so z. B. nach der Hannöv. W. O. §. 11) ist die Vindication hier auf den Fall beschränkt, daß der Wechsel sich noch in den Händen des ersten Empfängers befindet.

[6] Thöl, §. 290. — Die Klage des Indossatars, welchem der Wechsel abhanden gekommen, kann freilich nur als actio publiciana gelten, wenn nicht die Aechtheit der sämmtlichen Indossamente erwiesen wird.

[7] Auch bei Wechseln auf den Inhaber und in bianco. Es kömmt hier freilich die bestrittene Frage über die Statthaftigkeit der Vindication von Papieren auf den Inhaber in Betracht. Mittermaier, Grundſ. §. 274. III. — Phillips, Grundſ. §. 73 a. E.

mirt zur Zahlungserhebung erscheint [8], mag derselbe in bösem oder in gutem Glauben sich befinden [9]; doch versteht es sich von selbst, daß der redliche Besitzer dem Kläger nicht zu weichen braucht, wenn dieser seine Klage nur als eine publicianische zu begründen vermag [10].

Von diesen Grundsätzen des Gemeinen Rechts weicht die D. W. O. insoferne ab, als sie den Vindicanten gegen den zur Zahlungserhebung legitimirten Besitzer des Wechsels nur unter der Voraussetzung durchdringen läßt, daß diesem böser Glauben oder grobe Fahrlässigkeit bei der Erwerbung des Wechsels nachgewiesen wird [11].

---

[8] Z. B. dadurch, daß der dem Kläger abhanden gekommene Wechsel zuletzt auf ihn indossirt worden, in Folge eines falschen unmittelbaren oder auch mittelbaren Giro's, — oder dadurch, daß Indossamente durchgestrichen worden.

[9] Seuffert, Arch. Bd. III. Nr. 93. — Mittermaier, Grundſ. §. 352. IX. — Koch, Wechselr. S. 288 f. — Andere Ansichten sind: 1) die Vindication ist nicht statthaft gegen den Indossatar, welcher nur mittelbar den Wechsel durch falsches Indossament erworben, weil derselbe ein Recht aus dem Wechsel und sonach das Eigenthum am Wechsel hat. Thöl, II. S. 504. — Allein das Recht aus dem Wechsel beruht hier auf einer Vermuthung, die entkräftet werden kann, — und zwar nicht allein durch den Beweis des bösen Glaubens oder der groben Fahrlässigkeit des Inhabers. — 2) Die Vindication ist gegen den gutgläubigen Besitzer ausgeschlossen; durch den kaufmännischen Gebrauch (Maurenbrecher, Deutsch. Privatr. II. S. 550), — durch die Natur des Wechsels als circulirenden Geldes. — Eichhorn, Einl. in das deutsch. Privatr. §. 149.

[10] Ohne zureichenden Grund behauptet Jolly, im Arch. f. d. W. Bd. IV. S. 36 f. die Unzulässigkeit irgend einer der gewöhnlichen civilrechtlichen dinglich wirkenden Klagen auf Wiedererlangung einer abhanden gekommenen Wechselurkunde.

[11] D. W. O. Art. 74: »Der nach den Bestimmungen des §. 36 legitimirte »Besitzer eines Wechsels kann nur dann zur Herausgabe desselben angehalten »werden, wenn er den Wechsel in bösem Glauben erworben hat oder ihm »bei der Erwerbung des Wechsels eine grobe Fahrlässigkeit zur Last fällt.« Art. 98. Nr. 9. — Schw. Entw. §. 78 u. §. 89. — Leipz. Protoc. S. 141 u. S. 228 f. — Ortloff, D. W. O. S. 110. — D. W. O. mit Einl. u. Erl. S. 196. — Mittermaier im Arch. f. die civil. Prax. Bd. XXXII. S. 127 f. — Bei Beurtheilung der Frage, ob und in welchem Maße Jemand Fahrlässigkeit im Sinne des Art. 74 vorzuwerfen, kömmt es

Hat aber der der Vindication unterworfene Besitzer den Wechsel weiter begeben oder gegen Zahlung der Wechselsumme dem Bezogenen ausgehändigt, so kann er durch den Eigenthümer mittelst der actio negotiorum gestorum jedenfalls zur Herausgabe der Valuta, resp. zum Ersatze der empfangenen Wechselzahlung [12] angehalten werden [13].

§. 90.

Die Rechte aus einem abhanden gekommenen Wechsel *.

Derjenige, dem die Wechselurkunde abhanden gekommen, kann nach Gemeinem Rechte so lange, als er diese nicht wieder hat, keine Rechte aus dem Wechsel geltend machen [1]; wohl aber durch Benachrichtigung des Trassaten und beziehungsweise Ausstellers die Acceptation und resp. Zahlung des Wechsels zu verhindern suchen [2]. Hat er jedoch ein Duplicat der Tratte [3], so kann er auf dieses hin

---

auch auf die Art und Weise an, in welcher an dem betreffenden Handelsplatze der Geschäftsgang ordentlicher Weise geführt wird (O. A. G. in Lübeck bei Seuffert, Arch. Bd. VII. Nr. 347 u. Borchardt, die D. W. O. mit den v. d. Gerichten ausgesprochenen Grundſ. S. 59, Zus. 2); s. ferner Kletke, Präjudiz. S. 210. Nr. 528 und Fortsetz. S. 119. Nr. 1020.

[12] Die Klage geht also nicht der Regel nach auf den Wechselbelauf, wie das Ob. A. G. in Lübeck (bei Seuffert, Arch. Bd. VII. Nr. 346) angenommen.

[13] Thöl, II. S. 505; Jolly im Arch. f. d. W. Bd. IV. S. 41; — auch kann eine condictio sine causa begründet sein, was jedoch nur dann der Fall ist, wenn die Vindication nicht mehr möglich. v. Vangerow, Pandect. III. S. 428.

* Jolly, von verlorenen Wechseln im Arch. f. d. W. Bd. IV. S. 1 f. — Leonhard Wächter, über die Amortisation von Wechseln, in demselben Arch. Bd. IV. S. 241 f.

[1] Thöl, Handelsr. §. 290. I.; — auch nicht im ordentlichen Processe. Dagegen Treitschke, Encyc. II. S. 589.

[2] Thöl, §. 290. II. — Treitschke, Encyc. II. S. 593 f. — S. aber Jolly im Arch. f. d. W. Bd. IV. S. 32 f.

[3] S. auch dies. Lehrb. §. 18 zu Note 7.

die Acceptation, zu welcher übrigens der Bezogene auch in Folge der Annahme des abhanden gekommenen Exemplars nicht verpflichtet ist [4], oder Zahlung nachsuchen, und im Falle verweigerter Honorirung Regreß nehmen. Die Regreßklage Mangels Annahme oder Zahlung wird auch dadurch nicht ausgeschlossen, daß die Honorirung des Duplicats auf Grund der bereits Statt gehabten Acceptation des verlorenen Exemplars verweigert worden ist [5], wohl aber werden jene Klagen durch den Einwand des Regressaten zurückgewiesen, daß schon ein acceptirtes Exemplar bestehe [6].

Von diesen Grundsätzen weicht die D. W. O. [7] insoferne ab, als sie demjenigen, der sich als Eigenthümer eines abhanden ge-

---

[4] Jolly im Arch. f. deutsch. Wechselr. Bd. III. S. 271.

[5] Dies. Lehrb. §. 56. 1. — D. W. O. mit Einl. u. Erl. S. 199. — Eigenthümliche Bestimmungen enthält der Cod. de comm. Art. 150 f.

[6] Jolly im Arch. für deutsch. Wechselr. Bd. III. S. 271. — D. W. O. mit Einl. u. Erl. S. 199 a. E.

[7] D. W. O. Art. 73: „Der Eigenthümer eines abhanden gekommenen „Wechsels kann die Amortisation des Wechsels bei dem Gerichte des Zahlungsorts beantragen. Nach Einleitung des Amortisationsverfahrens kann „derselbe vom Acceptanten Zahlung fordern, wenn er bis zur Amortisation „des Wechsels Sicherheit bestellt. Ohne eine solche Sicherheitsbestellung ist „er nur die Deposition der aus dem Accepte schuldigen Summe bei Gericht „oder bei einer andern zur Annahme von Depositen ermächtigten Behörde „oder Anstalt zu fordern berechtigt.“ D. W. O. Art. 98. 9. — Ueber die Fassung des Art. 73 der D. W. O. s. Arch. f. d. W. Bd. I. S. 213 f. — Der Art. 73 der Oesterr. W. O. lautet:

„Der Eigenthümer eines abhanden gekommenen Wechsels kann die Amortisation desselben bei dem Gerichte des Zahlungsorts beantragen. Das Gericht, bei welchem ein Gesuch um Amortisation eines Wechsels überreicht „worden ist, hat hierüber ein Edict mit der Aufforderung an den Inhaber des „Wechsels, denselben dem Gerichte vorzulegen, zu erlassen, darin die Frist „auf 45 Tage zu bestimmen, und den Anfang derselben, wenn der Wechsel „noch nicht fällig ist, auf den ersten Tag nach der Verfallzeit des Wechsels „festzusetzen.

„Nach Einleitung des Amortisations-Verfahrens und nach der Verfallzeit „des Wechsels kann der Eigenthümer vom Acceptanten Zahlung fordern, „wenn er bis zur Amortisation des Wechsels Sicherheit bestellt. Ohne eine „Sicherheitsbestellung ist er nur die Deposition der aus dem Accepte schul-

kommenen Wechsels zu legitimiren vermag, gestattet, beim Gerichte des Zahlungsorts [8] die Amortisation des Wechsels zu beantragen [9], und nach Einleitung des Amortisationsverfahrens [10], innerhalb der für

---

„digen Summe bei Gericht zu fordern berechtigt. — Brauer, Erläut. S. 129. — Schw. Entw. §. 77. 79 u. 89. — Dem gemeinen Rechte ist die Amortisation der Wechsel unbekannt. Schumm im Beilageheft zu Bd. XIII des Arch. f. die civil. Prax. S. 131 f.

[8] D. W. O. Art. 73. — Nassau. Einf. O. §. 3 (bei dem Justizamte des Zahlungsorts); Preuss. Einf. O. §. 2 (bei dem Handelsgerichte des Z. O., wo Handelsgerichte bestehen); desgleichen K. Sächs. Gesetz v. 24. Dec 1850 §. 1; Bad. Einf. O. Art. 4 (bei dem Amts- oder Handelsgerichte des Z. O.); Holstein Einf. §. 5 (bei dem Wechselgerichte des Z. O.); Coburg-Gotha §. 3 (bei dem Untergerichte des Z. O.); Großh. Hess. Einf. G. §. 3 (in den Provinzen Starkenburg u. Oberhessen beim Stadt- oder Landgerichte, in Rheinhessen beim Handelsgerichte des Z. O.); Weimar. Einf. O. §. 3 (beim ordentlichen Gerichte des Z. O.).

[9] Zur Begründung des Amortisations-Antrags genügt der Natur der Sache nach eine Bezeichnung des Inhalts des abhanden gekommenen Wechsels, und ein Glaubhaftmachen des Eigenthums an demselben. — Großh. Hess. Einf. G. §. 3. — Ueber die Bedeutung des „Glaubhaftmachens" s. Straß, im Arch. f. d. W. Bd. I. S. 144 f. — „Der Eigenthümer des abhanden gekommenen Wechsels hat die Kennbarkeitszeichen desselben gehörig anzugeben, auch den Besitz und Verlust desselben wahrscheinlich zu machen" (Nassau. Einf. G. §. 2; Preuss. Einf. O. §. 2; Bad. Einf. O. Art. 4; Holstein. Einf. O. §. 5; K. Sächs. Gesetz v. 24. Dec. 1850, die Amortisation der Wechsel und Anweisungen betreffend, §. 2; Weimar. Einf. O. §. 3; Schw. Entw. §. 77). — Die Erlassung der Edictalien kann ohne weiteren Beweis Statt finden, wenn der Originalwechsel mit der Klage gerichtlich eingereicht worden, nachher aber verloren gegangen ist. Arch. f. d. W. Bd. II. S. 427 f.

[10] D. h. wenn auf den Amortisations-Antrag die Edictalien erlassen worden sind. Jolly, im Arch. f. d. W. Bd. IV. S. 9; nicht aber erst dann, wenn die Amortisation des Wechsels erkannt worden ist. Dagegen Leipzig. Appellat. Gericht im Arch. f. d. W. Bd. I. S. 212 f. — Die Regulirung des Mortifications-Verfahrens wurde der Gesetzgebung der einzelnen Staaten überlassen. Leipzig. Protoc. S. 140 a. E. u. S. 141. — Die daselbst vorkommenden Bestimmungen über die in der Edictalladung dem unbekannten Wechselinhaber zur Anmeldung zu gebenden Frist sind: Nassau. Einf. O. §. 3: wenigstens 3 Monate, welche, wenn der Wechsel noch nicht verfallen, erst vom Verfalltage an laufen; Preuss. Einf. O. §. 2: mindestens 6

die Wechselklage gegebenen Verjährungsfrist [11] vom erweislichen Acceptanten und resp. Aussteller des eigenen Wechsels, falls der Wechselbrief nicht die Bezeichnung eines Domiciliaten enthält [12], oder derselbe in diesem letztern Falle erst nach rechtzeitiger Protestaufnahme verloren gegangen [13], — nicht aber vom Ehrenacceptanten im weitesten Sinne des Worts [14], und ebensowenig von einem Indossanten oder dem Trassanten [15], in wechselmäßiger Weise Zahlung der fälligen Wechselsumme gegen Sicherheitsbestellung zu fordern, — und in Ermanglung von Sicherheitsbestellung gerichtliche Deposition [16]. — Die bestellte Sicherheit wird zurückgegeben, sobald der

Monate und höchstens 1 Jahr vom Verfalltage ab gerechnet; Bad. Einf. O. Art. 4: binnen einer Frist, welche, wenn der Wechsel noch nicht verfallen, erst vom Verfalltage an zu laufen beginnt; Hannöv. Einf. O. §. 4: der Anmeldungstermin ist, wenn der Wechsel noch nicht fällig, erst auf eine geräumige Zeit nach dem Verfalltage zu bestimmen; Holstein. Einf. O. §. 5: mindestens 12 Wochen von der letzten (dritten) Bekanntmachung an gerechnet; K. Sächs. Gesetz v. 24. Dec. 1850 §. 5: mindestens 6 Monate u. höchstens 1 Jahr; Gotha. Einf. O. §. 3: mindestens 3 Monate u. höchstens 1 Jahr von Zeit der Ausfertigung der Bekanntmachung. — Großh. Hess. Einf. O. §. 3: höchstens 3 Monate vom Verfalltage an, wenn der Wechsel noch nicht verfallen; Weimar. Einf. O. §. 3: mindestens 6 Monate, höchstens 1 Jahr vom Verfalltage ab. S. auch die Oesterr. W. O. A. 73 (oben Note 7).

[11] Jolly, im Arch. f. d. W. Bd. IV. S. 16.

[12] Arch. f. d. W. Bd. IV. S. 442 u. Jolly, a. a. O. S. 14 f.

[13] Jolly, a. a. O. S. 21.

[14] Arg. D. W. O. Art. 73. — Lutteroth, im Arch. f. d. W. Bd. I. S. 47 f. — Brauer, Erläut. S. 112, Nr. 2.

[15] Arg. D. W. O. Art. 73. — Preuss. Motive S. LXXI. — Anderer Ansicht sind in Beziehung auf den Trassanten: Koch, Wechselr. S. 287. III. u. Jolly, im Arch. f. d. W. Bd. IV. S. 20, letzterer jedoch nur für den Fall, daß der Wechsel erst nach gehöriger Protesterhebung M. 3. verloren gegangen und noch nicht acceptirt war.

[16] Bei sofortiger Liquidität der seine Klage begründenden Thatsachen kann der Mortificant im Wechselprocesse klagen (Koch, Wechselr. S. 286; Kletke, Präjud. S. 207, Nr. 521; dagegen Leonhard Wächter, im Arch. f. d. W. IV. S. 247). — Auch kann er sein gerichtlich anerkanntes Recht in wech-

Wechsel amortisirt oder der Eigenthumsstreit zwischen dem Zahlung Fordernden und dem Inhaber endgültig entschieden ist [17]; unter welchen Voraussetzungen die Wechselsumme auch aus dem Deposito gehoben werden kann.

Der Einleitung des Amortisationsverfahrens unerachtet kann aber der Acceptant, wenn nicht ein richterliches Zahlungsverbot erwirkt [18] oder die Wechselsumme nach Ablauf der Protestzeit von ihm hinterlegt worden [19], durch den legitimirten Wechselinhaber zur Zahlung angehalten werden [20], durch welche die noch nicht erfüllten Ansprüche des Mortificanten an ihn dahinfallen [21]. Hat dagegen der Acceptant bereits an diesen gezahlt, so kann er sich an der bestellten Sicherheit erholen [22], resp. die von ihm hinterlegte Wechselsumme aus dem Deposito erheben, wogegen der Verlierer sich an den abbezahlten Wechselinhaber halten kann (dies. Lehrb. §. 89 a. E.).

---

selmäßiger Weise zur Vollstreckung bringen (Jolly, a. a. O. IV. S. 9). — Unrichtig dagegen ist die Meinung des letztgenannten Schriftstellers (a. a. O. S. 12 a. E. f.), daß der Acceptant erst nach Ablauf der Protestzeit zur Deposition angehalten werden könne (D. W. O. Art. 73).

17 D. W. O. Art. 73. — Koch, Wechselr. S. 285.

18 Nach dem Schw. Entw. §. 77 soll das Gericht zugleich mit der Erlassung der Edictalien dem Bezogenen die Zahlung untersagen.

19 Dies. Lehrb. §. 65.

20 Koch, Wechselrecht, S. 286.

21 Jolly, im Arch. f. d. W. Bd. IV. S. 13.

22 Jolly, a. a. O. S. 11.

Register.

A.

B.

C.

D.

M.

N.

O.

P.

Seite

Q.

T.

U.

V.

W.

Druck von Wilhelm Keller in Gießen

MIX
Papier | Fördert gute Waldnutzung
FSC® C083411

Kolibri 360 GmbH
Ferdinand-Jühlke-Straße 7
99095 Erfurt, Deutschland
produktsicherheit@kolibri360.de